ELOGIOS PARA *ICEBREAKER*

"Un libro conmovedor, una historia que nos narra con lujo de detalle la vida del Campeón Nacional de Patinaje Artístico de E.U. de 1996."

—*American Skating World*

"Es admirable ver como una persona logró tener no sólo la visión necesaria para fijarse un objetivo, sino la perseverancia para alcanzarlo. Esta historia puede inspirar a cualquiera."

—Dick Button, medallista de oro y ganador del
Premio Emmy como comentarista de deportes

"Una autobiografía conmovedora . . . la franqueza, en ocasiones sorprendente, de Galindo es patente a lo largo de todo el libro . . ."

—*Publishers Weekly*

"Eric Marcus, quien hizo un magnífico trabajo al capturar la agonía y el éxtasis al decribir a Greg Louganis, ahora logra el mismo resultado con Rudy Galindo."

—Dick Schaap, corresponsal del noticiero de la ABC y
conductor del programa de ESPN *The Sports Reporter*

"Un libro que cautiva . . . Es difícil no darle a Galindo buenas calificaciones por su perseverancia."

—Francine Prose, *People*

"Cuando Rudy Galindo salió adelante después de todo lo sufrido dentro de este deporte, nos preguntamos acerca del gran dolor experimentado a lo largo de su vida. En *ICEBREAKER* nos enteramos de todo lo sucedido. *ICEBREAKER* es una historia única, en donde al final todos quedamos maravillados con el título tan merecido de Rudy."

—Christine Brennan, autora del
bestseller nacional *Inside Edge*

"*ICEBREAKER* es como una novela. Sentía enormes deseos de terminarla de una sentada pero a la vez no quería llegar al final porque quizá pasé un largo tiempo antes de que encuentre otro libro tan bueno . . . Una verdadera inspiración."

—Akilah Monita, *Lambda Book Report*

ICEBREAKER

La Autobiografía de

Rudy Galindo

con Eric Marcus

POCKET BOOKS

New York   London   Toronto   Sydney   Tokyo   Singapore

POCKET BOOKS, una división de Simon & Schuster Inc.
1230 Avenue of the Americas, New York, NY 10020

Copyright © 1997 por Rudy Galindo y Eric Marcus

"Rudy, Rudy, Rudy!" por Mark Purdy. Copyright © 1996 *San Jose Mercury News*. Todos los derechos reservados. Reproducido con autorización.

Todos los derechos reservados, incluyendo el derecho a reproducir este libro o algunas de sus partes en cualquier forma. Para más información, por favor dirigirse a Pocket Books, 1230 Avenue of the Americas, New York, NY 10020

ISBN: 0-671-02014-5

Primera impresión en libro de bolsillo de Pocket Books junio 1998

10 9 8 7 6 5 4 3 2 1

POCKET y colophon son marcas registradas de Simon & Schuster Inc.

Jacket design por Brigid Pearson
Cover photo por Howard Schatz

Impreso en los E.U.A.

Para mi mamá, a quien amo y admiro,
Para mi papá y mi hermano, George,
quienes fueron el viento trás mis alas.
Y para mi hermosa hermana, Laura.
Finalmente me doy cuenta que ustedes son
la estrella dorada que brilla sobre mí.
Los amo.

Contenido

CONTENIDO

Agradecimientos

Son muchas las personas, y muy especiales, las que hicieron que *Icebreaker* fuera posible. Algunos de ellos participaron en la producción del libro como tal. Otros fueron partícipes de la historia que aquí se narra. Cualquiera que haya sido su participación, no lo hubiera logrado sin el gran apoyo y estímulo de las siguientes personas:

En primer lugar, quiero dar las gracias a Michael y Nancy Rosenberg de MARCO Entertainment por todas las maravillosas oportunidades que me han brindado. No estaría en donde me encuentro ahora sin ellos. Asimismo, mi mayor agradecimiento para Mickey Freiberg en The Artists Agency.

Gracias a Tommy Collins por los abrazos y el estímulo y por darme la increíble oportunidad de ser parte de su gran familia. Me siento muy honrado.

Gracias a todos aquellos en Pocket Books quienes me brindaron su experiencia, incluyendo a mi editora, Sue Carswell; a la Directora Editorial Emily Bestler; Editora Gina

Agradecimientos

Centrello; Editora Asociada Kara Welsh; así como a Donna O'Neill, Donna Ruvituso, Theresa Zoro, Steve Boldt, y Craig Hillman.

Gracias a mis amigos Reuben Jenkins y Wayne Leonard por estar siempre a mi lado y por haber hecho una gran diferencia en mi vida, a Reuben por ser mi mejor amgio, y a Wayne por haber sido una figura paterna.

Gracias a mi neuvo cuñado, Andy Black, por haber confiado en mí y por decirme que soy el mejor patinador que jamás haya visto.

A la familia Hulick, quien me ha ayudado en las buenas y en las malas, gracias por su apoyo.

Gracias al ya fallecido Rick Inglesi y James Hulick por haber sido grandes entrenadores. Me hubiera gustado saber cómo agradecerles mientras todavía estaban aquí.

Un especial agradecimiento a la familia Yamaguchi por haberme dado el amor y el apoyo que necesité durante la adolescencia. Kristi Yamaguchi siempre ocupará un lugar muy especial en mi corazón.

Gracias a John Brancato y Kevin Peeks, por enseñarme la forma correcta de presentarme en una competencia, un agradecimiento especial a John por la hermosa coreografía para el programa corto del campeonato nacional de 1996.

Un gran reconocimiento para Sharlene Franke por introducir el elemento "funk" en mi programa con *El lago de los cisnes*. Te mereces un 6.0 por tu coreografía.

Mi mayor aprecio para Bill Hare por editar la mejor música en el campeonato nacional, y a Julie Rose, por fabricar los trajes más hermosos.

Muchas gracias Kelly y Marla Black, por darme el apoyo de su familia, y a la familia Cristobal por decirme siempre que iba a ganar el campeonato nacional en San José. Tenían razón. A los padres patinadores de Laura, gracias por darme confianza cuando la necesitaba.

Gracias al Ice Centre por permitirme patinar sin costo cuando realmente estaba luchando por atar cabos. Y gracias a Susan Hammer y a la ciudad de San José, por haberme dado mi momento de oro en el patinaje y en la vida. Realmente conozco el camino hacia San José.

Gracias a la familia McMahon por su apoyo, y la familia Galindo de Los Angeles por habernos dado un hogar cuando más lo necesitamos. Finalmente, quiero dar las gracias a mi coautor, Eric Marcus, por haberme hecho sentir tan bien. La amistad de Eric me facilitó mucho el camino para poder llegar a los más profundo de mi alma y poder así contarles la historia de mi vida. Conforme hablamos, sentí que Eric era parte de mi familia. Me entristecí cuando terminamos nuestro trabajo y se fue a casa, pero sé que nuestra amistad es para siempre.

Mi colaborador, Eric Marcus, quisiera agradecerle a las siguientes personas:

Gracias Rudy (y Laura) por confiarme tu historia. ¡Vaya vida! Muchas gracias a mi agente, Joy Harris, una veradera joya. Gracias a Tom, Mike, y al fallecido Harris Collins por su gran hospitalidad y por darme un asiento de primera fila en el Campeonato Mundial de Patinaje Artístico.

Gracias a mi investigadora y amiga, Jennifer Finlay, haber buscado bajo todos los rincones y por su perverso pero fino sentido del humor. Un agradecimiento muy especial para Kathy Prata y Robert Melton por su meticuloso trabajo de transcripción. Me siento muy agradecido con mis amigos, familia, y colegas por su ayuda y apoyo, especialmente para Christine Brennan, Kate Chieco, Benjamin Dreyer, Stephen Frommer, Daniel Levy, Cecilia Marcus, May Marcus, Steven Milioti, Brett Morrow, Barbara Moulton y Phil y Debra Roselin. Y para mi colega de siempre, Barney M. Karpfinger, no tienes idea lo mucho que te agradezco.

ICEBREAKER

Introducción

A nadie le gusta tomarme fotos frente a la casa donde crecí, y en la que viví con mi madre hasta hace muy poco. No es porque sea un lugar repugnante. ¡Es demasiado agradable! Me parece que los reporteros de diarios y televisión tienen miedo de mostrar la casa móvil de mi mamá, con todas sus comodidades y tan bien cuidada porque entonces de alguna manera disminuiría el dramatismo de mi historia. Sin embargo, les puedo asegurar que, aunque haya crecido en una casa agradable, en un suburbio de clase media, en mi vida han habido muchas tragedias sobre las cuales se puede escribir, y quedarían más para otra vida o dos.

Ahora tengo la oportunidad de contar mi historia con mis propias palabras. En los términos más sencillos, este es el recuento de mi lucha, que no ha sido nada fácil, por alcanzar un sueño. Mi trayectoria, desde la casa móvil de mi madre, en la parte este de San José, hasta que gané el Campeonato Nacional de Patinaje Artístico de los Estados Unidos, en la

1

Pista de San José, está llena de las emociones y los detalles que se pierden en las versiones cortas acerca de mi vida.

También quiero dejar en claro de lo qué no se trata este libro. No es una revelación escandalosa del mundo del patinaje. El patinaje artístico, al igual que cualquier deporte o profesión, tiene sus secretos, conflictos, excentricidades y disputas políticas. No tengo ningún interés en avergonzar a nadie revelando cosas que prefieren mantener en privado. Este libro no es un ajuste de cuentas, es una narración acerca de mi vida y de mis experiencias.

Espero que mi libro le sirva de inspiración a toda la gente que se enfrenta a la adversidad, en especial a los adolescentes, y siendo quien soy, a los homosexuales, lesbianas y personas de ascendencia mexicana. Sin embargo, no me estoy proponiendo como un modelo a seguir. No me puedo ver en ese papel, aunque pienso que me pueden considerar como un ejemplo de alguien que tenía un sueño, lo persiguió y lo logró. No creo que a nadie le haga ningún daño aprender de mi experiencia para obtener el impulso que necesite, o ver lo que yo he logrado y decirse a sí mismo: "Yo también quiero ganar", ya sea que eso represente sacar una buena calificación en un examen, obtener un trabajo mejor, ser un buen padre o luchar por una medalla de oro.

El problema que me causa el ser considerado un prototipo es que me gusta patinar, patinar, patinar, y el solo hecho de ganar una medalla haciendo lo que me gusta hacer no es razón suficiente para que se me convierta en un modelo. Yo no pertenezco a un pedestal, no por haber ganado una medalla. Cuando uno está en un pedestal, la gente espera que sea perfecto, y uno se tiene que cuidar para no cometer equivocaciones. Todos los que me conocen saben que no soy perfecto, y si no lo saben en este momento, lo sabrán después de haber leído mi historia en las páginas que siguen.

1

Sueños
y Pesadillas

No podía dormir. Estuve dando de vueltas, reviviendo la competencia y la ceremonia de premiación del día anterior. Mientras más pensaba en ella, más irreal me parecía. Me decía a mí mismo: "¿En realidad pasó? ¿Es verdad que soy el campeón nacional? ¿Fue tan sólo un sueño?" Estaba tan entusiasmado que encendí la luz y miré alrededor de mi habitación para obtener alguna prueba de que en realidad había sucedido, de que no era producto de mi imaginación.

Miré hacia el suelo, ahí estaba un ejemplar del *San Jose Mercury News* y de inmediato vi mi nombre. Los encabezados decían: "¡Rudy, Rudy, Rudy! Galindo de San José nos ha impactado . . ." Recogí el periódico y empecé a leer el artículo, escrito por Mark Purdy:

¿Es posible que todo un auditorio tenga un nudo en la garganta? Eso sucedió el sábado por la tarde, en la Pista

3

San José. Y era un nudo de tamaño extra grande. El ambiente estaba colmado de emociones que no podían nombrarse.

"No lo puedo describir," dijo Rudy Galindo, cuando se le preguntó cómo se sentía. "No lo puedo describir . . ."

Le perdonamos que se haya quedado mudo. Un chico crece en el este de San José y termina estrujándole el corazón a su pueblo natal, haciendo algo imposible. ¿Hay adjetivos concisos que se adapten a esa escena? ¿Cómo pudo lograrlo?

Rudy Galindo, el quadruple jump viviente de la mala suerte.

Rudy Galindo, cuya carrera en el patinaje parecía acabada hace cinco años, cuando Kristi Yamaguchi lo dejó para perseguir una medalla olímpica por su cuenta, después de haber formado pareja en el patinaje.

Rudy Galindo, quien en el lapso de unos cuantos años perdió dos entrenadores y un hermano a causa del SIDA, y a su padre por una embolia.

Rudy Galindo, a quien le ha faltado tanto el dinero que, a veces, para practicar, tuvo que irse en bicicleta desde la casa móvil de su madre hasta el Ice Centre de San José.

Rudy Galindo, quien quedó en un obscuro octavo lugar el año pasado en el campeonato nacional, y a quien se le consideraba un cero a la izquierda cuando se inscribió en el evento de este fin de semana, sobre todo porque su estilo de patinar evoca más al ballet, por su barba como de chivo y por su corte de pelo erizado que, supuestamente, los jueces iban a detestar.

Rudy Galindo, campeón nacional.

Traten de imaginar cómo se sintió Rudy cuando escuchó esas últimas cuatro palabras. Para ganar su medalla de oro, Galindo venció a otros dos hombres poseedores de cinco títulos nacionales: Scott Davis y Todd Eldredge.

El patinaje sobre hielo, con sus artificios de lentejuela y su gran política, puede originar cinismo a carretadas, pero el observar a Galindo patinando el sábado no sólo implicó el admirar a un ser humano libre de la gravedad y las preocupaciones, fue también el saberse frente al mejor atleta que había en el recinto.

El dramatismo fue aumentando poco a poco. Galindo fue el último en patinar, y eso resultó ventajoso para él. Tal vez en el pasado los jueces sí tendían a darle calificaciones bajas, a causa de su estilo, como él lo ha dado a entender, pero como fue el último en patinar, después de que varias otros de los competidores habían tropezado o tambaleado más de una vez, los jueces no pudieron negarle la calificación que se merecía. Él no se cayó.

Mientras esperaba su turno para salir a escena, Galindo se quedó abajo de la pista, caminando, sentado, con los audífonos de sonido estereofónico del walkman de su hermana, escuchando a un volumen muy alto el rock alternativo que transmitía la estación KOME-FM. De esa manera no podía escuchar los aplausos, no sabía cuál de los otros patinadores había fallado, ni cuales eran hasta entonces sus posibilidades.

"Cuando salí a la pista, no sabía nada de lo que había pasado", comentó Galindo.

Fue un buen plan pues, cuando se quitó los audífonos, los pies de Galindo se hicieron al vuelo. Intentó ocho triple jumps, dos más que cualquier otro competidor, y en los ocho aterrizó perfectamente. Una y otra vez: salto, giro-giro-giro, aterrizaje. Después de cada uno de ellos, el aplauso dentro del auditorio aumentaba, llenando todo el espacio hasta el techo.

Según los funcionarios de la Asociación de Patinaje Artístico de los Estados Unidos, ninguna persona había ganado antes un campeonato nacional en su pueblo natal. Se puede adivinar por qué: la presión de actuar frente a sus amigos y familiares, sentados ahí, junto a la pista, puede resultar peor que actuar ante a un público de televisión a nivel nacional.

Sin embargo, Galindo lo estaba manejando bien— durante su programa, hasta saludó desde lejos a un amigo que estaba en la primera fila—y las palmas de su pueblo natal estaban aplaudiendo a más no poder. Cuando le faltaban 15 segundos para terminar su programa, no quedaba nadie sentado. Había 10,869 personas en el recinto, pero el ruido que hacían era tan fuerte como el que se escucha en un partido de futbol del equipo de los 49.

Cuando su rutina terminó, la ovación se elevó aún más fuerte hacia las alfardas. Galindo miró al cielo e hizo la señal de la cruz, después se fue patinando a esperar sus calificaciones, gritando los nombres de su padre y de su hermano mientras salía de la pista.

El público tenía otra cosa en mente. Empezaron a corear: "¡Seis, seis, seis!". En el patinaje artístico, esa es la calificación de un programa perfecto, y aparece en el pizarrón con la misma frecuencia con la que Tonya Harding graba su propio especial en el Canal de Disney.

Sin embargo, el número mágico apareció para Galindo. Dos jueces oprimieron ese botón. El recinto aumentó a otro decibel. Galindo había ganado. La pantalla del pizarrón de calificaciones lo anunció oficialmente a los pocos segundos.

¿Podía alguien haber escrito un guión mejor para el final? Un chico crece en el este de San José y se convierte en el primer mexicano-norteamericano en ganar el título de campeón nacional de patinaje artístico después de que todas las tragedias del mundo tocaron a su puerta y aún cuando tiene todo el derecho de presumir, no lo hace.

"Todavía estoy impactado", declaró en la conferencia de prensa que dio después del programa, durante la cual se negó a contestarle a quienes lo criticaron, limitándose a decir: "Espero que ahora todos ellos tengan fe en mí".

Con la victoria del sábado, Galindo califica para ingresar a la delegación estadounidense para el campeonato mundial en marzo. También debe recibir miles de dólares por aparecer en exhibiciones de patinaje. Básicamente, en cinco minutos su cuenta bancaria pasó de cero a solvente.

"Creo que ahora ya puedo pagar mis gastos de entrenamiento", nos dijo.

No estaba bromeando. En términos de fútbol, el sábado fue como si la secundaria Yerba Buena se presentara al Super Bowl y le ganara a los Dallas Cowboys. El "equipo" de Galindo fue una operación local modesta en todos los sentidos. La coreografía la realizó una maestra de jazz local, Sharlene Franke, y lo entrenó su hermana, Laura, quien no tiene ningún otro alumno de nivel mundial y quien pasa la mayor parte del tiempo dando clases a niños en el Ice Centre de la Calle 10.

Ahí estaba, en blanco y negro, con fotografías a color. No era sólo un sueño. En realidad había ganado. La idea me quitaba la respiración. Traté de decirlo en voz alta: "Rudy Galindo, campeón nacional". Me solté riendo porque sonaba tan extraño. Pero luego lo repetí una y otra vez y pensé: "Me puedo acostumbrar al sonido de esas palabras".

Terminé de leer el artículo, doblé el periódico, apagué la luz, me metí debajo de las cobijas, abracé mi almohada y me quedé dormido por primera vez en muchos días.

El día de Año Nuevo de 1996, si alguien me hubiera preguntado dónde estaría el 20 de enero, en el último lugar que se me habría ocurrido que me buscaran es en el podium de premiación, en el centro de la pista de patinaje de hielo de San José, con lágrimas corriéndome por la cara mientras aceptaba la medalla de oro por el Campeonato Nacional de Patinaje Sobre Hielo de los Estados Unidos. Si le preguntan a todos mis amigos y a mi familia, a los funcionarios de la Asociación de Patinaje Artístico de los Estados Unidos, a todos los reporteros y comentaristas de deportes que habían estado transmitiendo noticias acerca de mí desde principios de la década de los 80, también les habrían contestado que ese era el último lugar donde yo podría estar.

Podrían haber imaginado que estaría llorando, pues tengo una cierta reputación—que es real—de ser extremadamente emotivo. Algunas personas tienen que ir a terapia durante muchos años para aprender a expresar sus sentimientos; a mí la terapia me podría haber ayudado para aprender cómo no debía expresar mis sentimientos todo el tiempo. Pero ese día en la Arena San José, no había forma de que cualquier persona en mi lugar, con mis antecedentes, con todas las pérdidas por las que había pasado y con todas mis desilusiones, evitara llorar al haber logrado el sueño de toda una vida. No habría sido humano.

Durante cinco de los últimos dieciocho años de mi carrera de patinador, sin quererlo había creado una reputación de que era un patinador "que no podía . . ." No podía patinar durante todo un campeonato nacional sin caerme en forma humillante durante los saltos más sencillos. Me adularon mucho por mi ejecución artística, por mi coreografía y por mis triple jump combinations. Hubo momentos en que obtuve ovaciones de pie en gimnasios llenos de miles de espectadores, pero al igual que el impredecible estado del tiempo en verano en San José, yo no podía patinar durante mi programa de principio a fin sin aterrizar en el trasero en lugar de los pies. Eso sucedió después de haberme pasado una década creando una reputación como el patinador que no podía hacer nada mal, especialmente durante la media docena de años que patiné con Kristi Yamaguchi como pareja de patinaje.

En la casa móvil en la que vivía con mi madre, tenía toda clase de medallas en las repisas y colgadas en las paredes de mi habitación, como evidencia de mis primeros trece años como ganador. Oro, plata, bronce, nacional, internacional, junior, novato, principiante . . . Pero eso era historia, al menos es lo que todos pensaban, hasta que llegó el campeonato nacional de 1996 en mi pueblo natal, San José, donde por fin logré mi lugar en la historia.

Si la suerte estaba en mi contra para ganar el campeonato nacional de 1996, entonces lo había estado casi desde el día en que nací. El 7 de septiembre de 1969, Jess y Margaret Galindo, un chofer de camión y una trabajadora de medio tiempo en la línea de montaje de una fábrica de computadoras, me dieron la bienvenida a su familia. Fui el último de tres hijos. George, mi atractivo hermano (quien era gay) tenía diez años cuando yo nací. Laura, que siempre fue la niña favorita de mi padre, nació cinco años después de George.

Yo no era atractivo ni era el favorito. Pero me parece que tengo algo de George y Laura, porque resulté gay y femenino. Estas dos características no son de gran ayuda para un chico mexico-norteamericano que vive en una zona de la ciudad de clase trabajadora. Si me hubieran pedido mi opinión, me habría gustado ser heterosexual y masculino. Pero hay algunas cosas en la vida que no se pueden escoger.

Mi hogar era una casa móvil del lado obscuro de la carretera al este de San José, en una zona en ruinas donde los chicos suelen dedicarse más a vender drogas que al patinaje artístico. Cuando éramos muy pequeños, mi papá nunca nos permitió jugar en la calle. No quería que ninguno de nosotros se fuera a perder o que nos matara una bala perdida.

A mí me gustaba nuestra casa móvil. No había ninguna razón para que pensara lo contrario. La vecindad completa era un estacionamiento de casas móviles, así que todos mis vecinos vivían igual. Nuestra casa era exactamente como cualquiera se imagina que es una casa móvil. Era de un solo piso, tenía unos cuantos escalones de aluminio en la puerta principal, y las paredes exteriores eran de metal blanco. Adentro había dos habitaciones, un baño, una sala y una cocina decorados con los muebles usados de moda. La casa móvil estaba ubicada en un pequeñísimo lote baldío, donde quedaba justo el espacio adicional para que mi padre estacionara su camioneta pick-up de marca Toyota. Mi papá guardaba su trailer de 18 ruedas en un taller que rentaba y que estaba a tres kilómetros de la casa. Tres veces a la semana transportaba combustible para cohetes, de San José a Las Vegas. Así que, cuando éramos niños, no lo veíamos con frecuencia.

El primer gran evento de mi vida, después de nacer, fue que me hayan mandado a vivir a otro lado. Pasé dos años con mi mamá y después ella tuvo una crisis emocional severa. Mi madre era maniaco-depresiva, pero no fue sino hasta 1983 que le diagnosticaron la enfermedad, y cada cierto número de años descendía a otro estado alucinatorio y se la llevaban en camisa de fuerza. No me gusta ahondar en las cosas malas de mi vida, así que trato de no pensar en lo que le pasó a mi mamá, pero al paso del tiempo, su enfermedad mental llegó a destrozar a nuestra familia.

Afortunadamente, yo era demasiado chico para recordar lo que le pasó a mi madre cuando tuvo su gran crisis nerviosa, o tal vez quedé demasiado traumatizado para recordarlo, pero Laura me ha contado que mi padre tuvo que llamar a una ambulancia porque de pronto ella comenzó a gritar, a tirar cosas, a hablar del diablo y a esconderse en los armarios. Él no sabía qué otra cosa hacer, aparte de pedir ayuda. Cuando la ambulancia llegó, mi madre se resistió a irse. Mide un metro cincuenta centímetros y en esa época estaba raquítica, pero a mi padre y a los dos encargados de la ambulancia les costó mucho trabajo ponerle la camisa de fuerza color crema y llevársela. Luchó con ellos todo el tiempo. Mi hermana, mi hermano y yo estábamos mirando, llorando y abrazándonos desde un rincón de la sala. Los gritos de mi madre se podían escuchar aún después de que la ambulancia había cerrado sus puertas y arrancado.

Antes de irse al hospital psiquiátrico, mi padre entró y le dijo a George que se encargara de la casa, lo cual hizo y, sin que se lo dijeran, Laura se encargó de mí. Eso no era nada nuevo. Desde el día en que mis padres me trajeron del hospital, Laura me trató como si fuera su hijo. A causa de la deficiencia mental de mi madre, Laura no tenía mucha competencia. Desde luego que mi madre me cambiaba los pañales y me daba de comer—casi siempre pudo hacer las cosas básicas—pero cuando se trataba de ponerme atención, darme afecto o atenderme cuando lloraba, recuerdo que lo primero que veía era el cabello rizado y los ojos color café de Laura.

En el Agnew State Hospital el médico le dijo a mi papá que mi madre tendría que quedar hospitalizada mucho tiempo, que pasarían semanas, meses o tal vez más, antes de que pudiera regresar a casa. Debió haber sido un golpe terrible y abrumador para mi padre. Él amaba a mi madre y, al igual que la mayoría de los hombres de su generación, dependía de su esposa para que cuidara de él y de sus hijos. Con mi madre fuera de circulación, no podría realizar su trabajo—que lo obligaba a estar fuera de la casa la mayor parte de los días y las noches de la semana—y al mismo tiempo cuidarnos.

Cuando la ambulancia se fue, llevándose a mis padres, corrimos a la ventana para esperar el regreso de papá a las dos o tres horas. No era el tipo de padre que demostrará físicamente su afecto a sus hijos, así que, por lo general, manteníamos nuestra distancia, pero cuando entró por la puerta esa noche, Laura y George se abalanzaron sobre él y yo seguí su ejemplo.

Papá nos tranquilizó diciéndonos que mi madre estaría bien y luego se fue a la cocina y llamó a su hermana, mi tía Cindy, que vive en el este de Los Angeles, para preguntarle si George, Laura y yo podríamos quedarnos con ella un tiempo. Mi mamá tenía seis hermanas y dos hermanos, la mayoría de ellos vivían a un par de kilómetros de distancia de nosotros, así que habría sido más cómodo pedirle a una de ellas que viniera a cuidarnos, o que los tres nos mudáramos con una de ellas, pero mis padres estaban alejados de la familia de mi mamá.

Mi papá le preguntó a la tía Cindy si podía venir por mí enseguida, porque yo significaba más de lo que él podía manejar sin mi madre, aún con la ayuda de Laura. Le dijo a la tía Cindy que él llevaría a Laura y a George el fin de semana. Para ellos iba a ser muy difícil dejar a sus amigos de la escuela y quería darles unos cuantos días para facilitarles las cosas.

Para ninguno de nosotros fue fácil dejar nuestra casa y, por fortuna, otra vez no recuerdo lo que pasó. He tenido que confiar en los recuerdos de mi tía, de mis primos y de mi hermana en esta parte de la historia y, aún cuando no lo recuerdo personalmente, lo que pasó fue muy desagradable.

Mi prima Irene, la segunda hija de mi tía Cindy, y mi tía Dolly, la hermana de mi tía Cindy, fueron a recogerme. Yo no las conocía, así que cuando mi padre trató de entregarme a ellas, hice lo que muchos niños de dos años habrían hecho: empecé a llorar. Laura estaba ahí y logró calmarme, diciéndome que todo estaba bien, que no debía tener miedo. Pero cuando mi tía y mi prima me sacaron de la casa e intentaron meterme al auto, bueno, parecía que alguien estaba tratando de asesinarme. Tal vez eso fue lo que yo pensé. Grité y pataleé e hice un escándalo desde el momento en que me metieron al auto hasta que llegamos a las orillas de Los Angeles. Luego de doce horas encerradas en un auto con un bebé incontrolable, era muy probable que mi tía y mi prima quisieran matarme.

Estaba profundamente dormido para cuando llegamos a su casa, así que lo que vio mi tía Cindy fue un niñito rubio de mejillas rosadas (el color del pelo y el tono de la piel los debo haber heredado de los antepasados italianos de mi madre, porque la familia de mi padre es 100 por ciento mexicana) que dormía tranquilamente en el asiento trasero del auto. Desde luego que estaba dormido porque había llorado hasta quedarme exhausto y tenía la piel roja de tanto llorar. Apenas si me moví cuando mi tía Cindy me cargó a la casa y me acostó en su cama.

A la mañana siguiente, después de dormir profundamente toda la noche, de la forma en que sólo los niños de dos años son capaces de dormir, me desperté en mi nuevo hogar. La tía Cindy era muy dulce conmigo y me hablaba con una voz suave, así que no me asusté ni lloré, pero era demasiado tímido para hablar con nadie.

Durante los días que siguieron, me quedé por los rincones de las habitaciones donde estaba, sosteniendo mi cobija especial. Aún no estaba seguro de mi nuevo ambiente y no me sentía cómodo alrededor de todos estos extraños que me trataban tan bien. A los pocos minutos de la llegada de Laura y George, ese fin de semana, volví a ser el mismo niño feliz y risueño. De cualquier manera, no permitía que Laura se desapareciera de mi vista y ella nunca me permitía alejarme de la suya. Durante las primeras semanas, George nunca nos quitó la vista de encima a ninguno de los dos. Estoy seguro de que mi padre le dijo que cuidara a su hermanito y a su hermana, y que lo hiciera en serio. Conforme pasó el tiempo y nos fuimos sintiendo más confiados nos dimos más espacio, pero durante los dos años que vivimos con la tía Cindy formamos una pequeña unidad familiar.

Los tres nos encontrábamos ya en esta enorme familia, extensa y amorosa, en una zona de la ciudad para la clase trabajadora, principalmente hispana, ubicada en la sección este del centro de Los Angeles. Cinco de los ocho hijos de mi tía Cindy aún vivían en la casa, y muchos de los diez hermanos y hermanas de mi padre vivían en el mismo barrio, con sus esposas e hijos. Para un niño de dos años era una gran aventura el tener a todos esos niños con quien jugar y un nuevo vecindario que explorar. Yo era el más chico de una docena de niños que jugaban juntos y yo me pegaba al grupo adonde fueran, lo mismo a la casa de alguno de ellos, que estaba a media cuadra, o a una excursión a la playa.

Para mi hermana y mi hermano—especialmente para Laura—fue muy difícil mudarse tan lejos de casa, vivir con extraños en un lugar pequeño y asistir a escuelas nuevas. Aunque la mayoría de mis recuerdos de esa época son felices, sé que Laura sólo soñaba con regresar casa. George ya estaba en camino de convertirse en un adolescente, y en los más de dos años que vivimos en el este de Los Angeles se integró con facilidad a un enorme grupo de chicos del barrio. Desde el primer día, su atractivo físico lo convirtió en un muchacho muy popular con todas las chicas.

Tomando en cuenta la cantidad de niños que mi tía Cindy tenía viviendo en su casa, se comportó como un ángel al aceptarnos. Tenía una casita antigua de dos pisos, ubicada en el patio de atrás de otra casa más grande que daba a la calle. En el primer piso estaba la sala, la cocina, un baño y una habitación. En el segundo había dos habitaciones muy pequeñas con un armario entre las dos, y la única manera de llegar ahí era subiendo una escalera muy empinada.

George y Laura dormían en un sofá-cama en la sala; a veces yo también dormía ahí, aunque durante el primer año casi siempre dormí en una camita con ruedas, en la habitación de mi tía. La tía Cindy quería que yo estuviera cerca en caso que me despertara durante la noche. Descubrió enseguida que mi cobija especial era el secreto de que estuviera feliz a la hora de irme a dormir y, siempre y cuando la tuviera cerca, me quedaba en la cama hasta que ella estaba lista para levantarse por la mañana.

La tía Cindy fue una magnífica madre para mí; me trataba como a su propio hijo. Era una mujer pequeña en una familia de mujeres corpulentas, pero para mí, desde luego, era enorme y me envolvía completamente cuando me tomaba en sus brazos. Debían de verla ahora. Es una mujer diminuta y hermosa, con el pelo plateado, y aún cuando yo sólo mido 1.67, me veo enorme junto a ella. Pero en 1971, cuando la seguía a todos lados a los que iba, apenas podía alcanzar el borde de su vestido. Cuando George y Laura y los demás chicos estaban en la escuela, yo me esforzaba por pasarme cada minuto del día prendido de ese vestido. Supongo que nadie se sorprendió cuando empecé a llamar "mamá" a la tía Cindy; para mí, ella era mi madre.

Mi padre nos visitaba una vez por semana, cuando iba o regresaba de Las Vegas. Por lo general llamaba a la tía Cindy el día anterior, para avisar que iba a llegar, y los tres nos parábamos en el patio al caer la tarde, buscando su camión plateado brillante en el horizonte. En realidad no teníamos que vigilar, porque aún antes de verlo, podíamos oír a la distancia el rugido del motor diesel. Era una calle residencial tranquila, así que era imposible no escucharlo.

Nadie se puede imaginar la gran emoción que sentíamos cuando papá llegaba. Los tres brincábamos gritando: "¡Llegó papá, llegó papá, llegó papá". Había una barda alrededor del patio, así que no podíamos salir corriendo hasta el camión. La tía Cindy o uno de mis primos mayores nos abrían la reja y nos ayudaban a cruzar la calle, aunque en el momento que llegábamos a la mitad nos soltábamos y corríamos hacia la puerta abierta de la cabina del camión. Corríamos más allá de donde estaba mi papá, que invariablemente estaba parado en la calle esperándonos con los brazos cruzados sobre su amplio pecho, con una sonrisa en el rostro y su sombrero vaquero en la cabeza. No me malinterpreten, estábamos muy emocionados de ver a papá, pero nos seguiamos de largo para llegar hasta el área del camión donde dormía papá, en la parte trasera de la cabina, que era como su casa fuera de casa. Él construyó con sus propias manos esa área para dormir, y tenía una gran cama muy cómoda. Nos podían ver moviéndonos debajo de las cobijas, tirando las almohadas por todos lados, metiendo las manos entre las paredes de la cabina y del colchón, en una desordenada búsqueda de monedas de plata de un dólar. Ese era un juego que papá inició cuando nos mudamos a casa de la tía Cindy, pero en realidad no sabíamos que se trataba de un juego. Nos hacía pensar que las monedas de plata se le caían de las bolsas mientras dormía y nos decía que quien las encontrara se las podía quedar. George y Laura era tan buenos conmigo, que siempre me dejaban las monedas que estaban obviamente "escondidas" para que yo las encontrara.

Si mi padre se quedaba hasta el día siguiente nos dejaba que jugáramos atrás de la cabina con nuestros primos y nunca se enfadaba con nosotros, a pesar del desorden que armábamos. Sin embargo, casi siempre se quedaba sólo un par de horas y después regresaba a San José. No nos gustaba que se fuera, especialmente a George, que se quedaba sentado junto a la ventana muchas horas después de que mi padre se había ido, incluso cuando ya todos se habían ido a dormir en la casa. George adoraba a nuestro padre, en verdad lo admiraba, así que era muy difícil para él tener un padre de medio tiempo durante esa época tan importante de su adolescencia. Estoy seguro de que la ausencia de nuestro padre durante esos dos años, y el hecho de que pasó tan poco tiempo en casa durante los años restantes, fueron la raíz de muchos de los problemas que tuvo George cuando creció.

Durante los dos años que vivimos con la tía Cindy, mi papá trajo a mi mamá a visitarnos sólo tres veces, y no fueron reuniones familiares felices. En su primera visita, que ocurrió al año de que la hospitalizaron, mi madre no parecía saber quiénes éramos cuando nos vio parados en el patio. Nosotros ya sabíamos que iba a venir porque la tía Cindy nos lo dijo, pero después de la forma en que mamá se comportó ese día en que se la llevaron al hospital, creo que todos estábamos algo asustados. Yo sólo tenía tres años, así que no estaba totalmente consciente de la situación, pero percibía que Laura y George estaban nerviosos por lo que permanecí cerca de Laura, mientras mi papá hablaba con mi mamá en el patio.

Si mi madre no nos reconoció como sus hijos, nosotros apenas si la reconocíamos como nuestra madre. Físicamente se veía casi igual. Seguía siendo pequeña y bonita, muy parecida a Laura en la actualidad, con el pelo café oscuro y espeso, piel color oliva muy suave y los ojos color café. Pero en comparación a como había sido ese día horrible el año anterior, ahora estaba totalmente aislada. Parecía un zombie, apenas si levantaba los pies al caminar, no decía una palabra y su rostro era totalmente inexpresivo. Yo me asusté y me escondí detrás de Laura, que sólo se quedó ahí parada con George, mirando con los ojos muy abiertos mientras mi papá saludaba a la tía Cindy. Luego todos entraron a la casa.

Durante todo el tiempo que mi mamá estuvo ahí, que fueron sólo unas cuantas horas, se quedó sentada en una silla de la sala sin decir una sola palabra; de vez en cuando miraba a las paredes o por la ventana. Nos miró a los tres cuando nos aventuramos a entrar, pero en ningún momento intentó hablar con cualquiera de nosotros. En cuanto nos pudimos escapar, Laura, George y yo nos fuimos a jugar con uno de nuestros primos.

En mi familia los padres no se sentaban con sus hijos para entablar pláticas serias e informativas acerca de asuntos cotidianos, mucho menos acerca de algo tan grave como una enfermedad mental. Además, yo era demasiado pequeño para escuchar o comprender a profundidad lo que estaba sucediendo, pero nadie hizo el esfuerzo de explicarme de una manera que yo—o Laura y George—pudiera entender lo que le pasaba a nuestra madre. Así que todos nos sentíamos confundidos y atemorizados. No comprendíamos por qué mamá se comportaba de una manera tan extraña y lo único que queríamos era que saliera de ese estado de alguna forma. Cuando nos vino a visitar, no teníamos ni idea de que estaba bajo la influencia de sedantes muy fuertes, ni de que sufría de una enfermedad mental grave. Según nosotros, así era nuestra madre.

En su segunda visita a los pocos meses, papá trajo a mamá para que se quedara una semana. Su idea era darnos una oportunidad, tanto a mi madre como a nosotros, de conocernos de nuevo antes de llevarnos a vivir a casa. Papá estaba ansioso de volver a reunir a su familia y probablemente estaba apresurando las cosas, porque mamá todavía estaba en muy mal estado. No estaba catatónica, como la primera vez, pero no siempre era racional y su silencio era muy extraño.

Por ejemplo, mientras mi madre estuvo con nosotros, Laura tuvo un accidente en la casa de una vecina y sufrió quemaduras de segundo grado en la mano. Entró corriendo a la cocina por la puerta de atrás, llorando y sosteniendo su mano quemada. Mamá estaba en la mesa del desayunador y se quedó ahí, mirando hacia la nada mientras Laura lloraba. Mi tía Cindy escuchó el escándalo y vino desde la sala, vio la mano de Laura y dijo que había que llevarla al hospital a urgencias. Le pidió a mi madre que la acompañara, pues seguía siendo tutora oficial de Laura. Fue un error pedírselo.

Mamá reaccionó a la sugerencia de la tía Cindy como si ésta hubiera dicho que iba a llevarse a Laura al patio para cortarle la cabeza. Tal vez pensó que iban a internar a Laura en un manicomio como lo habían hecho con ella. Quién sabe. Pero se levantó, tomó a Laura por los hombros y le gritó a la tía Cindy que no iban a ir a ningún lado. Al principio, la tía Cindy trató de razonar con mi madre, explicándole que la quemadura de Laura era grave y que necesitaba atención médica de inmediato. Era obvio que necesitaba un médico, pero mi madre no estaba del todo cuerda y se negó a aceptarlo. La tía Cindy le rogó a mi madre que soltara a Laura, pero eso tampoco funcionó, así que por fin tomó la mano sana de **Laura** y se la quitó a mi madre. Al perder la pelea, mi madre se desplomó sobre una de las sillas del desayunador, mientras tanto la tía Cindy nos sacó a Laura y a mí por la puerta trasera, nos metió al auto y se dirigió al hospital.

A los pocos meses, mi padre decidió que mamá estaba lo suficientemente bien como para que nosotros regresáramos a casa, o por lo menos eso es lo que él quería creer. En realidad, pasaron diez años más antes de que a mi madre la diagnosticaran como maniaco-depresiva y la estabilizaran con litio y otros medicamentos. De cualquier manera, casi dos años después de que mi tía y mi prima nos habían ido a buscar, mi padre nos llevó a casa.

Por alguna razón, tal vez porque yo sólo tenía cuatro años y me comportaba como cualquiera a esa edad, cuando nos subimos a la camioneta de mi papá tuve la impresión de que íbamos a pasear por la cuadra, que era algo que me encantaba hacer. Por lo general, cuando tenía la suerte de ir en la cabina, mi padre me ponía en sus piernas, tomaba mis manitas, las ponía en el volante y me dejaba creer que yo iba manejando la camioneta. Para mí, eso era el equivalente al cielo.

Cuando recién me subí a la camioneta, no me di cuenta de que habían empacado nuestra ropa en un par de cajas y que el colchón estaba enrollado en la parte trasera. Además, no hubo una gran despedida. Sólo la tía Cindy y un par de mis primas nos miraban desde la acera, así que no había razón para pensar que ya no íbamos a regresar. Sospecho que mi familia recordaba lo histérico que me había puesto la última vez que me habían alejado de mi hogar y no querían que se repitiera. Hicieron un buen trabajo porque, cuando arrancamos, yo reía y manejaba la camioneta de mi padre en dirección a la vía rápida.

Tanto Laura como George sabían hacia dónde nos dirigíamos y, a pesar de lo maravillosos que habían sido la tía Cindy y nuestros parientes y a pesar del hecho de que regresar a casa significaba que viviríamos con mi madre, ellos estaban ansiosos por volver, por estar con papá, por ver a sus amigos y por regresar a sus antiguas escuelas. Para ellos no había lugar mejor que su hogar.

Yo iba como hipnotizado paseando por la vía rápida y me quedé dormido antes de darme cuenta de que no regresábamos a casa de la tía Cindy. Dormí casi todo el camino y no me alteré cuando llegamos al taller de papá, nos metimos a su camioneta con todas nuestras pertenencias y nos dirigimos al estacionamiento de casas móviles. Yo estaba con las tres personas que más quería en el mundo, así que pensé que no importaba a dónde nos dirigiéramos. Todo parecía como una gran aventura.

En lo que se refiere a mi apego por la tía Cindy, no lo puedo explicar, pero cuando llegué a casa sólo pregunté por ella un par de veces y eso fue todo. Supongo que, a pesar de que me refería a ella como mi mamá, en el fondo yo sabía que no lo era. Ahora que estaba de regreso en casa, con mi verdadera madre, me olvidé enseguida de mi tía-mamá Cindy. Pero me estoy adelantando.

Mi madre salió de la casa móvil cuando llegamos. No hubo grandes abrazos ni besos, sólo sonrió, nos ayudó a meter nuestras cosas y luego sirvió la cena: los grasos platillos mexicanos favoritos de mi papá. Todos estábamos algo cautelosos, debido a nuestras antiguas experiencias con mamá, así que, como siempre, me mantuve pegado a Laura y ella a mí. No sé quién consolaba a quién en ese momento, pero resultó que no había nada por qué preocuparse esa noche, porque no pasó nada. Cenamos con tranquilidad, lo cual nunca sucedía en casa de la tía Cindy, donde a la hora de la cena habían diez personas o más.

Después de la cena, mientras Laura y mi madre levantaban la mesa, mi papá se fue a la sala y encendió la televisión. Para entonces ya era bastante tarde, así que George y yo nos preparamos para ir a la cama. Él me ayudó a ponerme el pijama, me llevó al baño pequeño de la casa, que en realidad era pequeño, para que me lavara los dientes, me cargó a la habitación que compartíamos los tres, me tapó, me pasó mi cobija especial y me dio las buenas noches.

Yo aún no estaba listo para dormirme y me quedé mirando todo lo que me rodeaba en la habitación, incluyendo el cartel fosforescente acerca de la paz que estaba en la pared, los trenes de juguete que estaban en la cómoda, las muñecas de Laura apiladas en su cama, la ropa de George tirada sobre su cama y algunos de mis juguetes, en una caja en el piso. George me explicó que ahí era donde habíamos vivido antes de mudarnos con la tía Cindy, pero por más que trataba de recordarlo, nada de lo que me rodeaba me parecía familiar, aunque eso no me molestó, porque sentía que todo era conocido. Así fue como supe que estaba en casa.

2

GALINDO CRECE

Si esta fuera la versión infantil de lo que ha sido mi vida, en este momento les contaría que nos mudamos de regreso a casa, que mi mamá me horneaba galletas todas las tardes, que mi padre y yo jugábamos pelota los fines de semana, que nos sentábamos a cenar y compartíamos nuestras experiencias del día; que mi madre me leía un cuento antes de dormirme y que mis padres me acostaban y me tapaban dándome un abrazo y un beso antes de apagar la luz. Desde luego, la vida real no es un cuento de hadas, sobre todo cuando el padre se pasa casi todas las noches fuera de la casa y la madre actúa a veces como si fuera un personaje salido de una novela de Stephen King.

En sus buenos momentos, mi madre iba de compras, preparaba las comidas, lavaba la ropa y estaba pendiente de las necesidades básicas de nuestra familia. No había conversación, muestras de afecto o el menor interés por lo que Laura, George y yo hacíamos. En los no tan buenos, mi padre tenía que recordarle que hiciera las compras y preparara las comidas. Yo creo que, en esos días, ni siquiera se acordaba de que tenía hijos. En sus malos momentos, había que tener cuidado, porque cualquier cosita la alteraba.

Una vez, unos cuantos meses después de que regresamos, mi mamá le pidió a Laura que aspirara la casa. Por lo general, cuando una madre le pide a uno de sus hijos que ayude a aspirar, no es la gran cosa. Pero de la manera en que mi mamá se lo pidió a Laura, era como si fuera una declaración de guerra. Se estaba preparando para un pleito y Laura hizo lo más que pudo para mantenerse alejada de la línea de fuego. A mi mamá le molestaba que mi padre le pusiera tanta atención a Laura; por ejemplo, que se la llevara al taller cuando iba a trabajar en el camión, y que siempre le estuviera comprando regalos. Estaba celosa de Laura, eso era todo. Así que, cuando mi madre le pidió que aspirara, no le dijo: "Laura, ¿podrías aspirar la casa?" Fue algo así como: "¡Maldita sea, deja de flojear y aspira la casa!".

George sabía hacia dónde se encaminaban las cosas e intentó calmarlas, ofreciendo su ayuda para aspirar, pero ya era demasiado tarde, porque antes de que pudiera terminar de decirlo y antes de que Laura pudiera ponerse a salvo, mi madre ya la había jalado por el cabello y la había empujado al otro lado de la sala.

Toda la casa móvil se sacudió cuando Laura chocó con la pared y dio un pequeño grito al derrumbarse al suelo. Desafortunadamente, ahí no paró todo. Mi mamá dio cinco pasos hacia donde estaba la aspiradora, la levantó con toda su fuerza y la lanzó hacia Laura, sólo que cayó a unos cuantos centímetros de su cabeza. Parecía que todo ocurría en cámara lenta, pero toda esta escena, como de pesadilla, sucedió en unos cuantos segundos, y cuando terminó, mi madre salió, furiosa, de la casa.

Yo me había refugiado en una esquina de la sala y miraba todo desde una distancia segura, pero las rodillas me estuvieron temblando todo el tiempo. Después de que mi mamá se fue, yo estaba tan asustado que no podía moverme. George se acercó a Laura, que lloraba tirada en el suelo, y trató de consolarla acariciándole el cabello, abrazándola y diciéndole que mi mamá no había querido lastimarla. De hecho, no mentía, lo que sucedía era que ella no se podía controlar cuando la invadía esa enorme furia, y después se disculpaba por lo que había hecho. Lo malo es que eso no le impedía volver a hacerlo.

Por lo general, Laura era la que soportaba la ira de mi madre, pero a veces la dirigía hacia mí. Yo tendría alrededor de nueve años la primera vez que ocurrió. Mi mamá me dijo algo desagradable y le contesté; de repente me tenía contra la pared y me estaba dando de puñetazos. Intenté protegerme la cabeza y el estómago lo mejor que pude, rogándole que se detuviera, pero ella siguió golpeándome con los puños, hasta que Laura logró quitármela de encima. A pesar de que yo lloraba mucho, podía ver la expresión de horror en la cara de mi madre por lo que me había hecho. Se cubría la boca con las manos, sus ojos estaban exhorbitados, finalmente corrió a su habitación y dio un portazo.

Laura siempre le contaba a mi padre sobre las explosiones de mi madre, pero él no podía hacer gran cosa porque estaba fuera tanto tiempo. Ahora que analizo la situación, me pregunto si tal vez parte de la razón por la que pasaba tanto tiempo lejos de la casa no sería porque no podía enfrentar la enfermedad de mi madre. Lo que me parece muy confuso es que a veces mi padre era muy juguetón con ella, le daba una nalgada o se acercaba a ella a hurtadillas para darle un beso. Debe haber existido una gran confusión en su interior a causa del amor que sentía por mi madre y por tener que lidiar con su gran ira y sus delirios.

Por lo general, en el año que transcurrió después de nuestro regreso, mi padre hacía tres viajes de ida y vuelta a la semana, de lunes a viernes, entre San José y Las Vegas. Esa noche o dos de la semana que estaba en casa, entraba por la puerta justo a tiempo de lavarse las manos para cenar. A todos nos daba mucho gusto verlo, pero no era como cuando nos iba a ver a casa de tía Cindy. Ahora que estábamos en casa, veíamos a papá más seguido, así que su llegada no era una ocasión tan especial como cuando no vivíamos con él. No salíamos corriendo hacia la puerta o algo así, pero lo saludábamos y Laura siempre le daba un beso en la mejilla.

Si mi papá estaba de buen humor durante la cena, les preguntaba a Laura y a George cómo iban las cosas en la escuela, pero por lo general, se hablaba poco en la mesa. Si estaba de mal humor, regañaba a mi madre por no haberle preparado la comida como a él le gustaba y a nosotros no nos decía nada. Comíamos casi en medio de un silencio total. Después de la cena, mi padre se sentaba a ver televisión—las películas de vaqueros eran sus favoritas—y se tomaba unas cervezas. A veces la veíamos junto con él, pero por lo general George salía con sus amigos del barrio y Laura y yo jugábamos afuera de la casa móvil o en nuestra habitación. Cuando se terminaban las noticias de las diez de la noche, toda la familia ya estaba en la cama y profundamente dormida.

Los fines de semana mi papá se iba temprano con Laura al taller, a arreglar el camión y a prepararlo para la semana siguiente. Laura era la pequeña ayudante de mi padre: le pasaba la herramienta que necesitaba. Se ausentaban el sábado y el domingo, así que yo me quedaba en casa con mi madre y jugaba solo o me iba con ella de compras. Tal vez habría logrado que mi padre me llevara también a mí, pero yo era uno de esos niños que estaba mucho más interesado en vestir las *Barbie* de su hermana, que en meterse debajo del cofre del camión de su papá.

Cuando pienso en mi vida familiar durante ese primer año que volvimos a vivir todos juntos, quisiera poderme acordar de cosas que compartí con mi padre o de que él me levantara y me abrazara o me leyera un cuento. Mi papá era generoso, nos compraba muchos juguetes y ropa, pero lo que yo realmente quería era que mi padre me diera su tiempo y su atención, y eso no me lo podía dar. Yo sé que en parte era porque trabajaba muy duro y le quedaba poco tiempo libre, pero además esa no era su forma de ser. Él era un padre chapado a la antigua: era el proveedor, el que establecía las reglas y el que se sentía orgulloso de lo que sus hijos lograban. Todo eso estaba bien, pero yo era el tipo de niño delicado que necesitaba más que eso, y en los años que siguieron me di cuenta de cómo lo podía obtener. Ese secreto que estaba a punto de descubrir fue el patinaje sobre hielo.

A mi hermana Laura es a quien le debo todo mi agradecimiento por introducirme al deporte que transformó mi vida. Llevábamos alrededor de un año en casa cuando a ella la invitaron a la fiesta de cumpleaños de una de sus amigas en la pista de hielo Eastridge, que se ubicaba a unos cinco kilómetros de nuestra casa. Laura se adaptó al hielo como un pez al agua, y estaba tan emocionada cuando volvió, que durante el resto de la tarde simuló que estaba patinando por toda la casa, resbalándose por los pisos de vinilo. Yo no entendía lo que estaba haciendo, pero me parecía muy divertido así que la empecé a seguir, moviendo los pies; de vez en cuando ella me tomaba de la mano y me daba una vuelta.

Cuando mi padre llegó a casa esa noche, Laura le preguntó si podía tomar clases de patinaje. Como dije antes, papá era muy complaciente cuando le pedíamos algo que queríamos, así que la semana siguiente Laura inició una clase de grupo en la pista Eastridge.

Después de la demostración de patinaje de Laura en la casa, no había manera de obligarme a quedarme jugando en mi cuarto mientras ella se iba a su clase. Yo me habría abrazado de la pierna de mi padre de haber sido necesario, pero todo mundo estaba acostumbrado a que yo quisiera ir a donde Laura fuera, así que me imagino que supusieron que yo también asistiría.

Antes de irnos, le pregunté a George si iría con nosotros y se rió diciendo: "No lo creo". George era un adolescente con una vida social muy activa, y supongo que lo último que quería hacer era pasarse una tarde del fin de semana con sus hermanitos y su padre en una pista de patinaje. Desde luego, yo no entendía por qué no quería ir.

Mi papá nos llevó a la pista Eastridge en su camioneta pick-up. No sé que era lo que yo esperaba, porque nunca había estado en una pista de patinaje, pero estaba tan entusiasmado que mi papá y Laura tuvieron que ponerme el cinturón de seguridad para evitar que brincara en el asiento. Yo protesté un poco, pero sólo nos tomó cinco minutos llegar, así que no tuve oportunidad de emocionarme demasiado. Nunca fui muy bueno para quedarme sentado sin moverme durante mucho tiempo, y sigo sin serlo.

El primer día que fuimos juntos a la pista fue uno de esos días perfectos de otoño en San José, en los que el aire es cálido y seco, y los árboles y todas las plantas quemadas por el calor parecen estar rogando que se inicie la temporada de lluvias. Laura dijo que iba a hacer frío en la pista, así que tuve que usar pantalones largos y una sudadera. Nunca olvidaré lo que sentí cuando pasé por el umbral de la puerta: del aire caliente y seco del exterior al aire frío y húmedo del interior. La sensación del aire frío en mi piel me recordó a la que se tiene cuando uno se para frente a un refrigerador abierto. Sentía un hormigueo en la cara y una agradable sensación al respirar profundo. La piel de los brazos se me puso como carne de gallina y le pedí a Laura que me ayudara a ponerme la sudadera.

La pista era enorme, o por lo menos así lo percibía un niño de seis años. Era un espacio parecido a un granero grande, con techo alto, y estaba iluminado como un gimnasio, con luces de alta intensidad. Fuimos a un mostrador largo donde mi padre rentó un par de patines blancos para Laura y después todos nos sentamos en la zona para cambiarse de zapatos, que estaba llena de muchos chicos y sus padres. Laura se puso los patines y mi papá la ayudó a amarrárselos. Después nos acercamos al hielo, que al principio yo no podía ver a causa de la pared baja que rodeaba a la pista ovalada. Sin embargo, al irnos acercando, el espacio en la pared por el cual la gente entraba y salía de la pista me permitió ver, por unos breves momentos, a muchos chicos y algunos adultos patinando alrededor de la pista, al ritmo de una canción de Karen Carpenter. Iban tan rápido que me parecía que volaban.

Toda la escena me tenía tan hipnotizado que no me di

cuenta en que momento se fue Laura. Miré a mi padre y le pregunté por ella; él me levantó para que pudiera ver mejor y señaló a un grupo de chicos que estaba en el centro de la pista. En ese momento vi a Laura con media docena de muchachas de su misma edad y a su profesor. Mi papá me llevó a las tribunas donde estaban sentados algunos de los papás, y yo miré sin moverme de mi asiento durante toda la media hora que Laura estuvo en la pista.

Al principio, Laura tomaba una clase todos los sábados. Al tercer viaje a Eastridge, mi papá me tuvo que detener para que no saliera corriendo a la pista con mis zapatos deportivos. El sabía que yo quería patinar, pero era tan pequeño que él temía que me lastimara. En algún momento debe haber decidido que era menos factible que me lastimara con los patines puestos que si me soltaba y salía corriendo por el hielo en zapatos deportivos, así que me llevó al mostrador y le preguntó al empleado si tenía un par de patines que me quedaran. El tipo se agachó para ver mi tamaño, fue al sitio en que guardaban todos los patines, y me trajo un par; eran blancos. Mi papá se sonrojó y le preguntó que si estaba bromeando. Yo no sabía cuál era el problema porque los patines se veían perfectamente bien, eran iguales a los de Laura. "Esos son para niñas", me dijo mi padre, en un tono de voz muy molesto. Los niños usan patines color café.

Cuando lo recuerdo, comprendo la confusión del empleado. Por lo delgado que yo era y por mis hombros angostos, mi pelo rubio y mi apariencia femenina, no se le podía culpar por haber pensado que era una niña. En cierta forma, mis ademanes eran más femeninos que los de Laura. No es que yo tratara de ser femenino; sencillamente así era.

Hasta entonces, nadie había dicho o hecho nada para darme a entender que yo era extraño o diferente a otros niños, pero por la forma en que mi padre reaccionó, me di cuenta de que algo andaba mal. Me habían confundido con una niña, lo cual, al parecer, era algo malo y humillante para un hombre como mi padre. Yo no ayudé en nada al soltarme llorando. No entendía bien lo que sucedía, pero sentía como si hubiera hecho algo muy mal, y las lágrimas me parecieron la reacción apropiada.

Para cuando mi padre empezó a amarrar mis patines renta-dos, color café, dejé de llorar y me limpié las lágrimas de las mejillas con la manga de mi sudadera. Mi papá no dijo una sola palabra en todo ese tiempo, y tampoco hizo ningún intento por consolarme. Era un hombre de estilo vaquero y estoy seguro que le molestó mucho que alguien confundiera a su hijito con una niña. Les aseguró que no fue la última vez que eso ocurrió, pero fue la única en que mi padre estuvo presente. Después de ese primer viaje al mostrador para rentar patines, mi papá me dejaba ir solo; siempre que había un empleado nuevo, me traía unos patines blancos. En ese preciso momento yo me soltaba llorando porque me sentía avergonzado, y entre lágrimas tenía que explicar que necesitaba patines color café.

Una vez que mi papá terminó de amarrarme los patines, me levante. De repente había crecido. Las navajas, de cinco centímetros de alto, me daban toda una nueva perspectiva del mundo y me ofrecían un desafío considerable para ir de un lugar a otro. Mi papá me tomó de la mano para ayudarme a mantenerme en pie mientras caminábamos por los tapetes de hule, hasta la orilla de la pista. Estaba tan ansioso por meterme, que casi arrastré a mi papá junto conmigo. Me soltó justo a tiempo, y yo volé por el hielo como un velero en un lago. Bueno, tal vez no con tanta gracia como un velero, pero claro que volé.

Muchas veces me han preguntado qué sentí la primera vez que toqué una pista de hielo, y siempre contesto que es algo imposible de describir. Quizá la mejor respuesta sea que las sensaciones son indescriptibles, porque no importan las palabras que utilice, mi descripción no alcanza a reflejar la experiencia real. A pesar de ésto, quiero decir que, mientras patinaba por la pista, sentí como si hubiera dejado atrás la ley de la gravedad. Era como volar. Era estimulante. Me hizo sentirme vivo. Me sentía poderoso. Era divertido y me atrapó de inmediato.

Durante ese año, cada vez que Laura iba a Eastridge a tomar su clase yo también iba, y patinaba alrededor de la pista todas las veces que podía. Nunca me tuvieron que apresurar para meterme a la pista, aunque en muchas ocasiones Laura me tuvo que arrastrar para sacarme de ella.

Mientras patinaba, siempre estaba pendiente de lo que aprendían en el grupo de Laura, pero no fue sino hasta que ella inició sus clases privadas que empecé a poner más atención. Mi hermana había logrado mucho con sus clases en grupo y el maestro sugirió que empezara a tomar clases privadas con una maestra de nombre Colleen Blackmore, que resultó ser una australiana de pelo café, muy atractiva, que siempre traía puesto un pantalón de un tono amarillo abejorro y una chaqueta del mismo color.

Durante las clases que Laura tomaba los cinco días a la semana con Colleen, yo me quedaba cerca de las tablas, como se denomina a la pared baja alrededor de la pista, y miraba todo lo que ella le enseñaba. Después trataba de hacer lo mismo. Así fue como aprendí a hacer pequeños saltos de conejito, y como dominé los shoot-the-ducks, que es cuando uno doble una piera y mantiene la otra estirada, mientras se desliza por el hielo. También aprendí el primer salto que enseñan en el patinaje, el waltz jump, y el siguiente salto, el salchow. Aprendí todo eso sólo mirando.

A veces me costaba trabajo seguirles el paso porque soy zurdo, y Laura diestra, entonces tenía que improvisar y hacerlo todo al revés. Me daba cuenta de que Colleen se reía a veces, cuando yo intentaba realizar saltos de media revolución y, más adelante, de revolución completa, que al principio me obligaban a aterrizar con el trasero. Colleen no era la única que pensaba que yo era divertido: yo mismo me quedaba ahí sentado, riéndome de mí. A veces la caída me lastimaba en serio, pero me estaba divirtiendo tanto que no podía dejar de reír.

Con frecuencia, al terminar la lección de Laura, Colleen venía hacia mí, me daba una palmadita en el hombro y me decía: "Rudy, eres bueno!". Yo vivía para escuchar esa adulación, y a la siguiente vez me esforzaba aún más por hacerlo todo perfecto. Al parecer, Colleen pensaba que era lo suficientemente bueno como para iniciar mis propias lecciones, y le planteó a mi padre la posibilidad de darme clases. El sabía cuánto me gustaba patinar y, después de haberme visto, también sabía que era un buen patinador, con un gran potencial.

Mi papá quiso sorprenderme con la noticia, así que un día en la pista, en lugar de mandarme al mostrador para rentar patines, me llevó a la tienda para profesionales. Laura se nos había adelantado al área de vestidores y ya se estaba amarrando los patines que papá le había comprado cuando inició sus clases individuales. En el local, mi papá tomó un hermoso par de patines negros para patinaje artístico, marca Reidell, y me preguntó qué opinaba de ellos. Le dije que eran muy bonitos, porque en realidad lo eran, sobre todo si se comparaban con los patines de color café que rentábamos. Después me dio las gracias y dijo: "Creo que debes tener tus propios patines, si es que vas a tomar clases particulares". La quijada casi se me cayó al suelo y dije: "¿De verdad?". Sonrió y asintió con la cabeza. Imagínense mi reacción. Empecé a brincar de arriba a abajo, muy emocionado, y casi me caigo encima del mostrador de la tienda.

Cuando por fin mi papá me obligó a detenerme un momento, me probé mi propio par de patines. Ahora iba a ser igual a todos los demás patinadores de verdad: entraría al gimnasio con mi bolsa sobre el hombro, iría directamente al área de vestidores y me pondría mis patines negros. No puedo describir lo que significa en la pista que uno tenga su propio par de patines. Era un símbolo de status y me hacía sentir muy especial.

En cuanto mi papá terminó de ayudarme a ponerme los patines, salí corriendo a la pista de hielo, para mostrarle a Laura lo que me habían comprado. Entré y corrí hasta el centro, donde Colleen estaba dándole la clase a Laura. Deberían de haber visto la expresión de su cara cuando le dije: "Laura, mira lo que tengo". Ella no sabía nada acerca de los patines nuevos y mi padre no le había mencionado que su clase particular estaba a punto de convertirse en una clase para dos. Laura miró mis patines relucientes, sin rasguño alguno y dijo: "Oh no, ahora vas a andar siempre detrás de mí". Bueno, pues tuvo razón.

El año en que inicié las lecciones fue digno de recordarse por dos razones, que no tienen nada que ver el patinaje: Nos mudamos a una casa nueva y me enamoré por primera vez.

Mi papá había estado ahorrando dinero durante varios años para comprar una casa nueva en un barrio cercano y más seguro, pero empezó a pensarlo con más calma cuando Laura y yo iniciamos las clases de patinaje. Desde el principio quedó muy claro que ambos éramos buenos, y que era posible que en el futuro siguiéramos la carrera del patinaje. Mi padre temía que no tuviera el dinero suficiente para comprar una casa nueva, para los gastos de las clases y, además, para todos los gastos relacionados con dos patinadores en la familia, así que decidió esperar un poco antes de comprometerse a pagar los abonos elevados de una hipoteca.

En realidad, tampoco nos podíamos quedar donde estábamos porque la casa era demasiado pequeña para tres chicos que estaban creciendo. Cuando nos mudamos, yo tenía siete años, Laura doce y George diecisiete. La habitación que compartíamos, que Laura denominaba nuestro armario, era demasiado pequeña para los tres desde que regresamos de la casa de la tía Cindy. Durante los últimos dos años que vivimos en la casa móvil, George, cuando pasaba la noche en casa, dormía en el sillón de la sala, aunque muchas veces se quedaba a dormir con amigos.

Creo que mi padre pensó que mamá también mejoraría si nos cambiábamos a un lugar más grande, sobre todo después de que pasó por otra de sus crisis. Ocurrió un día en que mi padre venía de regreso de uno de sus viajes y George había salido. Mi mamá no estaba trabajando en esa época, por lo que tendría que haber estado en casa cuando regresamos de la escuela, pero no fue así. Pensamos que había salido a comprar algunos abarrotes, porque su auto no estaba. Sin embargo, después de que transcurrieron dos horas nos espezamos a preocupar en serio.

Alrededor de las cinco de la tarde, Laura y yo nos salimos a sentar a los escalones de la casa móvil para esperarla, y a la media hora vimos que su Honda azul se perfilaba en la distancia y venía por la calle. Mi madre venía manejando muy rápido, demasiado rápido, y cuando por fin frenó, perdió el control del auto y se estrelló con la casa móvil que estaba justo frente a la nuestra. Casi de inmediato, metió reversa, le dio la vuelta al auto, se dirigió a nuestra casa, y se detuvo en medio de una nube de polvo, rechinando los frenos.

Para entonces, Laura y yo estábamos de pie, abrazados y muy asustados. Las puertas delanteras y traseras se abrieron, y salió mi madre con tres tipos que parecía que vivían en las calles. Fue toda una escena.

No sé de donde sacó Laura el valor, pero empezó a gritarle a mi madre que se alejara de la casa. "Lárgate de aquí y llévate a tus amigos". Mi mamá azotó la puerta del auto, empezó a caminar hacia nosotros y le respondió, también a gritos: "Voy a entrar a mi casa junto con mis amigos". Laura le volvió a gritar que no entrara, y después me jaló, me metió a la casa y atrancó la puerta.

Desde adentro vimos a mi madre corriendo de ventana en ventana, tratando de encontrar lo forma de entrar. Aún cuando alguna de las ventanas hubiera estado abierta, estaban demasiado lejos del suelo para que las pudiera alcanzar, pero golpeó las paredes exteriores y la puerta, exigiéndonos que abriéramos. Después de un rato de ese escándalo, Laura volvió a salir y le dijo que se fuera: "No me importa a dónde te vayas, sólo lárgate de aquí". Yo no podía creer la fuerza que comunicaba la voz de Laura. Mi madre y sus amigos se volvieron a subir al auto y se fueron. Laura entró, volvió a cerrar la puerta y después nos sentamos en el sofá, a esperar que llegara mi padre. Los dos estábamos temblando: Laura porque estaba enojada y yo porque estaba asustado.

Unas semanas después de este incidente, que envió a mi

madre al hospital por unos días, mi padre nos llevó a todos, incluyendo a mi mamá, a un estacionamiento para casas móviles que estaba del otro lado de la vía rápida, y nos mostró una casa móvil doble, de tres habitaciones y dos baños, que había decidido comprar. No era Graceland, pero para mí era un palacio comparado con el lugar en el que vivíamos. ¡Había tanto espacio! Corrí de una habitación a otra, imaginándome lo que pasaría cuando al fin nos mudáramos.

Al mes siguiente, mi padre consiguió que algunos amigos le ayudaran a empacar nuestras pertenencias y a llevarlas a la casa nueva. Yo estaba ansioso de irme, y como no tenía buenos amigos donde vivíamos, no hubo despedidas tristes. Mi padre había sido muy estricto en no dejarme salir de la casa móvil, y cuando lo hacía, me tenía que quedar cerca. Había algunos chicos con los que jugaba en raras ocasiones, pero principalmente jugaba en casa, con Laura o solo.

La casa nueva era magnífica y mi mamá parecía estar mejor. No se enfadaba tan seguido y cuando presentíamos que iba a tener un ataque, era más fácil alejarnos de ella; así que, por ese lado, el cambio creó una gran diferencia.

Sólo había una cosa que no me gustaba de la casa nueva: por primera vez en mi vida, Laura y yo no compartíamos una habitación, y como George salía casi todas las noches, yo me sentía muy solo durmiendo sin compañía. Mi habitación estaba en la esquina de la casa, tenía ventanas en ambas paredes y medía unos dos metros y medio por tres y medio. Había dos camas sencillas, acomodadas perpendicularmente y separadas por una mesita sobre la que había una lámpara. En una ventana teníamos una cómoda, y eso era todo.

A veces entraba sigilosamente a la habitación de Laura y me metía en su cama, pero ella disfrutaba de la novedad que representaba su soledad y casi siempre me mandaba de regreso a mi cuarto. Hacerme a la idea de estar solo durante la noche implicó un gran esfuerzo, sobre todo cuando George se fue de la casa, al graduarse de la secundaria.

No hay duda de que mudarse a una casa nueva es algo importante, pero algo aún más importante fue mi primer enamoramiento. Esta vez no fue en ningún lugar nuevo, pero la tierra se movió bajo mis pies.

En la vida no hay nada parecido al primer amor y, considerando que yo era un niño muy emotivo, cuando me enamoré por primera vez me sentí como un bloque de hielo que se desprende de un glaciar y cae al océano; aunque, por lo menos, el agua le ayuda al bloque de hielo a suavizar su caída, mientras que, en mi caso, yo seguí cayendo.

Lo llamaré Johnny Rivera. Lo vi el primer día de clases del segundo grado, en la Arbuckle Elementary School, en San José. Nos dejaron salir al recreo y en cuestión de minutos lo vi. Sentí como si mi corazón se saltara un latido y luego empezara a latir violentamente una vez más dentro de mi pecho. Me dejó sin respiración: parecía un James Dean italiano, con pelo negro azabache peinado hacia atrás, piel blanca, labios carnosos y ojos color café.

Johnny iba vestido a la moda de la época: pantalones anchos, una playera blanca y zapatos deportivos. Estaba del lado del patio en el que andaban los chicos de quinto y sexto, así que lo único que pude hacer fue verlo desde lejos. Esa noche soñé con él.

Después de una semana de estar viendo hacia el otro lado de la escuela, y de ver a Johnny de lejos, por momentitos, antes y después de la escuela, él y un par de amigos vinieron a nuestro lado del patio a la hora del recreo. No sé exactamente cómo me armé de valor para ir y hablarle, pero cuando uno está enamorado hace cosas que en otras circunstancias no haría ni en sueños. Así que me le acerqué y le dije de la manera más informal que se puedan imaginar: "Hola, soy Rudy". Mi tranquilidad exterior no tenía nada que ver con las explosiones que sentía dentro de la cabeza. Le pregunté su nombre y el me contestó: "Yo soy Johnny, Johnny Rivera".

El hecho de que no me haya desmayado fue milagroso, porque en ese momento estaba tan entusiasmado que no podía respirar. Johnny se dio cuenta de que estaba en problemas y me pasó el brazo por los hombros, preguntando si me sentía bien. ¿Bien? ¿Con el brazo de Johnny Rivera sobre mis hombros iba yo a estar bien? ¡Estaba en el cielo! Cada músculo de mi cuerpo se relajó bajo el peso de su brazo y tomé una respiración profunda. Si Johnny hubiera dejado ahí su brazo todo el día, yo habría sido un chico muy feliz, pero en cuanto vio que estaba bien me dio una palmadita amistosa en la espalda y se regresó con sus amigos.

Sé que hay gente que piensa que quienes terminamos siendo gays o lesbianas lo somos porque nos "reclutaron", o nos volvimos homosexuales a causa de las circunstancias en las que crecimos. A mí, en definitiva, no me reclutó nadie, menos Johnny. Él se portó amable conmigo, pero un brazo inocente sobre el hombro fue todo lo que pasó entre nosotros. A algunas personas también les gusta pensar que los padres tienen la culpa de que un hijo sienta atracción hacia una persona del mismo sexo, pero todos los expertos respetables en este campo están de acuerdo en que la relación con los padres y la educación que impartan no tienen nada que ver con la orientación sexual innata.

En la época de mi enamoramiento, yo no sabía nada acerca de la homosexualidad, pero sí estaba seguro, definitivamente, de lo que sentía por Johnny Rivera. Esos sentimientos hacia Johnny estaban tan fuertemente asociados a lo que yo era, y sigo siendo, que aún cuando hubiera intentado detenerlos, estoy seguro de que no habría podido lograrlo.

Ya dije que no sabía nada acerca de los homosexuales, ni una palabra, pero al parecer había aprendido lo suficiente del mundo que me rodeaba para saber que enamorarse de otro niño era algo que no debía mencionarle a nadie, incluyendo a Laura. Así que no lo hice, aunque para cualquiera que hubiera estado mirando, debió ser obvio que yo sentía algo por Johnny Rivera.

Durante el resto del año escolar, aproveché cualquier oportunidad que se me presentaba para estar cerca de Johnny en el recreo. Vivía para esas raras ocasiones en las que me ponía el brazo alrededor de los hombros.

Después del segundo grado no volví a verlo, porque me tuve que ir a otra escuela. Pasaría mucho tiempo para que volviera

a enamorarme, pero tenía muchos recuerdos para consolarme. Uno no se olvida de su primer amor, o de la fuerte
sensación que provoca el enamorarse por primera vez.

La razón por la que tuve que cambiar de escuela fue por el
patinaje. Entre las lecciones y el tiempo obligatorio de práctica, era imposible llegar a la escuela a las 8:30 A.M., que era la
hora a la que empezaban las clases. Como esa era la hora a la
que Laura y yo apenas estábamos saliendo de la pista, nos
tenían que dar permiso de llegar a las 9:00 ó 9:30. En la
secundaria de Laura no había ningún problema, pero el
director de Arbucke no creía que fuera correcto el que un niño
de siete años llegara tarde a la escuela con regularidad. Ahora
no podría decir que estoy en desacuerdo con él, pero en esa
época el patinaje era para mí más importante que cualquier
otra cosa. De alguna manera, mi padre logró meterme a otra
escuela al pie de las colinas, del otro lado de la vía rápida,
donde el director era más flexible.

Según las normas, exceptuando las mías, nuestro horario
era exigente. A mí me gustaba tanto patinar que no me
importaba irme a la cama cuando la mayoría de los niños de
mi edad se estaban preparando para pasarse una tarde frente a
la televisión. Patinábamos cinco días a la semana, así que de
domingo a jueves estábamos metidos en la cama a las 7:30 P.M.
A las 4:30 sonaba el despertador en la habitación de mis
padres, y mi mamá se dirigía a la cocina para preparar el
desayuno y los emparedados para la escuela. A los quince
minutos nos despertaba. Laura y yo nos bañábamos en la
noche, y antes de acostarnos dejábamos siempre nuestra ropa
para el día siguiente lista, así que a las 4:50 ya estábamos
vestidos y desayunando. La avena caliente con azúcar morena
estaba lista para cuando nos sentábamos. Comíamos, tal vez
más rápido de lo que debíamos; corríamos al baño, a lavarnos
los dientes; tomábamos nuestros libros de la escuela y nuestros estuches para los patines, y cruzábamos la puerta a las
5:00 A.M.

Mi madre nos llevaba a la pista, que estaba a cinco kilómetros, nos dejaba ahí, y a las 5:15 estábamos en el hielo, practicando nuestras figuras. (Por cierto, el patinaje artístico obtuvo su nombre de las figuras en forma de ocho y de otros patrones que se forman en el hielo con los patines, y que se repasan una y otra vez. Esta era la parte más importante de las competencias de patinaje, pero la Asociación de Patinaje de Figura de los Estados Unidos la eliminó después de 1990).

La mayoría de los practicantes, dieciocho en total, llegábamos a la pista Eastridge al mismo tiempo. Cuando los chicos se dirigían a la pista, las mamás que se quedaban a verlos se dirigían a las tribunas. Yo me sentía mal porque mi mamá no se quedaba. Pensaba que yo no le importaba tanto como a otras madres les importaban sus hijos. Al recordarlo, no la culpo por haberse ido a casa a empezar sus labores. Para muchas de las mamás, el tiempo que pasaban en la arena era una ocasión social, pero a causa de la enfermedad mental de mi madre, la interacción con otras mujeres habría sido demasiado para ella. Era demasiado nerviosa y tímida para atreverse siquiera voltear a verlas. Además, estar viendo a un montón de niños practicando sus figuras es por demás aburrido. De cualquier manera, la mayoría de las mamás se quedaban y esa era la norma que yo utilizaba para evaluar injustamente a mi madre.

Cada uno de nosotros practicaba durante 45 minutos en su propia sección de la pista. A las 6:00 A.M. teníamos una clase de media hora en grupo, con Colleen Blackmore, seguida de otros 20 minutos de práctica de figura. Después nos salíamos del hielo, nos quitábamos los patines y calentábamos para la sesión de estilo libre, que era cuando la mayoría de nosotros recibíamos nuestras lecciones particulares.

El calentamiento consistía en unos diez minutos de estiramientos en el suelo y vueltas en el aire; es cuando uno practica los saltos como si estuviera en el hielo. Después nos poníamos nuestros patines para el estilo libre. (Se utilizan diferentes patines para el patinaje artístico y para el estilo libre, así que cada uno de nosotros tenía diferentes pares de patines. La parte inferior de la navaja—el rocker—es más plano para el patinaje artístico que para el estilo libre. El toe pick, que es la línea de dientes en la parte de enfrente de la navaja, es más pequeño y más alto. Para el estilo libre, la navaja está diseñada para mayor velocidad y saltos; la parte inferior de la navaja es ligeramente cóncava y los toe picks son más grandes y están más cerca del hielo, para que se puedan usar para empujarse al realizar un salto.

Una vez que regresábamos a la pista, patinábamos en estilo libre durante una hora y media. Ese es el tipo de patinaje al que la mayoría de la gente se refiere cuando piensa en patinaje artístico—vueltas, giros, crossovers, saltos. Durante ese tiempo, Colleen me impartía una clase particular de veinte minutos. Cada día nos concentrábamos en un salto o un giro en especial. Si estaba aprendiendo algo totalmente nuevo, nos podíamos pasar varios días en uno solo. Todos los días trabajábamos con mi programa, que al principio duraba un minuto. El programa de Laura era de un minuto y medio, y era más difícil que el mío. Terminábamos como a las 8:30, y a esa hora mi mamá regresaba a recogernos para llevarnos a la escuela.

Al igual que cualquier otro entrenador, Colleen tenía su propia manera de hacer las cosas. Era estricta y podía ser dura cuando uno hacía algo mal. Como yo era un niño delicado, me hacía llorar con frecuencia. Colleen nos decía claramente que no le gustaba que lloráramos. Quería que fuéramos fuertes y profesionales, así que cuando alguno de nosotros lloraba nos pedía que nos saliéramos de la pista y nos fuéramos a llorar al baño en privado. Cuando yo lloraba lo único que quería era que me consolaran, pero cuando estábamos en el hielo los abrazos y las palmadas en la espalda se reservaban para cuando hacíamos un buen trabajo.

La manera de Colleen de hacer las cosas me obligó a convertirme en un perfeccionista. No quería que me criticaran por hacer algo mal y me molestaba que me exiliaran cuando lloraba. Desde luego, me gustaba que me felicitaran y me abrazaran cuando hacía las cosas como debía.

Después de mis primeros meses en la pista, Colleen estaba tan bien impresionada con mi manera de patinar que le preguntó a mi papá si me podía inscribir en una competencia en Squaw Valley. Yo estaba muy emocionado con la idea de competir, después de haber estado sentado en las tribunas, vitoreando a Laura cuando competía. Me encantaba el ambiente de las competencias: el aire vigorizante y frío de la pista; el eco del sonido de la voz del locutor, rebotando por todo el recinto cuando anunciaba el nombre de cada patinador antes de que entrara a la pista; la música; el vestuario; la coreografía; los espectadores vitoreando; la forma en que los ganadores se entusiasmaban si saltaban y, lo mejor de todo, la ceremonia de premiación. Todo el conjunto, con su extravagancia, me hipnotizaba, y estaba muy emocionado ante la posibilidad de formar parte de todo eso, en lugar de sólo mirar desde la tribuna.

También me entusiasmaba la idea de hacer un viaje largo con mis padres y Laura. Deseaba que George fuera con nosotros, pero después de que se graduó de secundaria se fue a trabajar de tiempo completo al restaurante Taco Bell. Trabajaba en el mostrador, tomando pedidos, y tenía un horario irregular, así que, aunque hubiera estado interesado en el patinaje—porque no lo estaba—no hubiera habido forma de que nos acompañara.

Todo el viaje a Squaw Valley me pareció como unas vacaciones, empezando por el largo trayecto en carretera. Me encantó el lugar en el que nos alojamos; me parecía exótico. Había cabañas individuales rústicas, con chimenea, así que en las noches nos sentábamos frente al fuego y nos parecía que estábamos en el campo.

El certamen de cuatro días de patinaje lo patrocinó la Asociación de Patinaje Artístico de los Estados Unidos (USFSA), la misma agrupación que patrocina los campeonatos nacionales anuales para amateurs. En esa época, Laura y yo representamos al Club de Patinaje Sobre Hielo de Mission Valley. Era necesario ser miembro de un club local para competir en los eventos de la USFSA.

Yo competía a nivel de principiante, que por lo general se denomina preliminar, pero el tema de la competencia era relacionado con los indios, así que mi grupo de diez niños de Bay Area se llamaba los Hombres Papoose. El grupo preliminar estaba compuesto principalmente por niños que van de los siete a los nueve años de edad, aunque a veces había excepciones, ya que en esta ocasión había un chico gordito de quince años, al que le pusimos el mote de Papoose Moose, mismo que nos parecía divertido.

En el nivel en que yo estaba sólo realizábamos un programa de estilo libre, mientras que Laura tenía que presentar tanto figuras como estilo libre. Yo patiné con música de *El vuelo del abejorro* y realice cuatro saltos distintos: un axel, un double salchow, un double loop y un double toe loop. (Hay una lista con descripciones de giros y saltos en el apéndice al fin de este libro.) Esa noche me caí al realizar el double loop, pero en la práctica ya estaba realizando un triple loop, que en aquella época era increíble que lo hiciera un niño de ocho años.

Cuando terminó la competencia, anunciaron los resultados en el pizarrón de avisos del lobby del edificio. Papoose Moose ganó, y yo quedé en tercer lugar. Mi papá y Laura fueron conmigo a ver los resultados, y mi hermana saltó de gusto junto conmigo. Ella no ganó ninguna medalla, pero se alegró mucho porque yo había ganado una en mi primera competencia. Nunca olvidaré la cara de mi padre, ahí parado, con una gran sonrisa en su rostro. Se veía que no cabía de orgullo porque su hijito había quedado en tercer lugar. Tal vez no era el chico más viril del mundo, pero había ganado un premio, y eso lo hacía muy feliz.

La ceremonia de premiación me gustó mucho y se realizó en cuanto terminó la competencia. Descubrí que era mucho más divertido cuando uno está parado en el podium, mirando al público, que cuando uno está en el público, mirando al podium. Desde donde estaba parado podía ver a la gente, y a través de las enormes ventanas hacia la nieve. Fue sorprendentemente hermoso.

Una vez que subimos al podium nos dieron nuestros premios a cada uno. Yo fui el primero de los tres patinadores en recibirlo, y lo levanté sobre mi cabeza como había visto que lo hacían otros chicos durante las competencias en que Laura había participado y a las que yo había asistido. En ese preciso momento el público aplaudió y, contra mi costumbre, contuve las lágrimas. Como dije antes, a Colleen no le gustaba que sus alumnos lloraran en público.

Después de la ceremonia de premiación, la primera persona a la que le mostré mi medalla fue a mi padre. Era una medalla fuera de lo común porque, de acuerdo al tema del evento, estaba hecha de cuentas indias. Papá la tomó con una mano y la acarició con los dedos, como si fuera una objeto de valor. Cuando terminó de admirarla me la regresó y me dio una palmada en el hombro. Fue el inicio de un ritual que se habría de repetir una y otra vez durante mi carrera.

3

La Formación de un Pequeño Campeón

En realidad, hasta que llegué a tercero de primaria, todas las actividades de la escuela me gustaban mucho: desde la clase de dibujo hasta las de música, matemáticas y lectura. Me gustaba sacar buenas calificaciones. En segundo año, por ejemplo, la maestra premiaba a los alumnos que habían tenido un buen desempeño durante el día, escribiendo sus nombres dentro de una gran cara feliz que dibujaba en una esquina del pizarrón. Yo ponía todo de mi parte para complacer a mi maestra: cumplía con mis tareas, me ofrecía para contestar preguntas, siempre me portaba bien, y como recompensa recibía mi premio. Día tras día, mi nombre aparecía en el pizarrón.

Una única ocasión no logré permanecer en la tan codiciada lista. Será un día que nunca olvidaré. Mi maestra estaba al piano tocando *Love Makes the World Go Round*, y toda la clase cantaba al unísono. Me sentía con ánimos de cometer una travesura, por lo que decidí hacerle una mueca a una de mis compañeras, que estaba al otro lado del salón de clases. A ella no le causó mucha gracia, y al terminar el canto se dirigió a la maestra y le contó el grave crimen que yo había cometido. La maestra me dijo, frente a toda la clase, que lo que había hecho estaba mal, y borró mi nombre de la carita feliz. En cuestión de segundos experimenté diversas emociones: Primero, pena, por haber sido señalado. Después, la culpa por lo que había hecho. Por último, un gran enojo contra mi compañera, por haberme delatado.

Mi primer impulso fue levantarme de mi lugar, cruzar el salón de clases, y tirar a la niñita al piso. Pero no lo hice, porque sabía que entonces mi nombre nunca volvería a aparecer en la lista. Así que me contuve, y al final del día siguiente mi nombre estaba, de nuevo, en el sitio al que yo creía que pertenecía. Ya fuera en el hielo o en el salón de clases, era un chico con gran capacidad.

Sin embargo, a partir del tercer año mi actitud hacia la escuela cambió drásticamente, para mal, básicamente por la manera en que me trataba mi maestra. No estuvo de acuerdo con la decisión del director de permitirme llegar tarde. Me hubiera gustado que le expresara su opinión al director o a mi papá, pero su manera de manejar su resentimiento fue desquitándose conmigo. A menudo, cuando entraba al salón de clases, me decía frente a todos, de una manera verdaderamente sarcástica: "¿Cómo te fue en el patinaje?". Como cualquier chico de ocho años de edad, yo pensaba que su actitud hacia mí se debía a que envidiaba mi forma de patinar, así que traté que no me afectara, y terminaba el día como mejor podía. Me resultaba difícil no enojarme con mi maestra, pero nunca le dije nada ni a ella, ni al director ni a mis padres. Pensé que hacerlo sólo empeoraría las cosas.

Temo que en ocasiones, después de la escuela, desahogaba mi frustración y mi enojo con algunos de los chicos de la colonia. Como lo supuse, una vez que nos mudamos a nuestra nueva casa móvil, papá ya no fue tan estricto con la regla de tener que jugar forzosamente en casa. Nunca le pregunté por qué, pero supongo que se debía a que yo ya era mayor, y a que creía que nuestra nueva colonia era más segura que la anterior. Así que comencé a hacer amistad con algunos niños que vivían cerca. Nunca tuve ningún problema con estos chicos. Jugábamos juntos y construíamos fortalezas con los restos del material de construcción. Mi mejor amigo era Tim, y nuestro pasatiempo favorito era edificar fortalezas. Nos metíamos debajo de una gran terraza cubierta, junto a nuestra casa móvil, y construíamos habitaciones con tablones de hule espuma, como el que se utiliza como aislante. Siempre éramos nosotros los que edificábamos el fuerte, mientras que el resto de nuestros amigos sólo observaban. Al terminar, en ocasiones invitábamos a todos para que vinieran con nosotros.

Sin embargo, había otros chicos en esa zona que no eran parte de nuestra camarilla. La mayoría de ellos eran asiáticos o negros, y estos eran los chicos con los que me desquitaba. Voy a dejar el psicoanálisis de mi conducta a los profesionales. Yo, hasta la fecha, no comprendo por qué elegí provocar a estos chicos, difamándolos por su condición étnica; así comenzaban las peleas. Claro está que nunca se me ocurrió pensar que yo era, también, miembro de una minoría étnica. Yo siempre me consideré norteamericano, como mis amigos, que en su mayoría eran anglosajones.

En ese entonces, estaba por debajo de la estatura promedio, así que quizá piensen que no era precisamente brillante de mi parte el buscar pleitos, pero mientras las peleas fueran de uno a uno, no había duda de quién vencería, porque la furia me transformaba. Los llamaba con distintos apodos, y cuando se dejaban venir, les daba con todo. Les golpeaba la cabeza, les daba puñetazos, los rasguñaba, y tiraba de sus cabellos hasta que los tenía llorando en el suelo.

Ya que solía golpear a dos o tres chicos al mes, no me sorprendí cuando sus padres vinieron a hablar con mi madre acerca de mi comportamiento. Mi madre escuchaba, después pedía disculpas, y ahí terminaba el asunto. Ni ella ni mi papá me dijeron que lo que hacía era malo, y nunca me castigaron. Incluso entonces pensé que eso era un poco extraño, pero si no me querían castigar, tampoco les iba a torcer el brazo para que lo hicieran.

En realidad, no necesitaba que mis padres me dijeran que lo que estaba haciendo era incorrecto. Yo lo sabía. Los primeros cinco o diez minutos después de empezar a golpear a un chico eran maravillosos. Me sentía con gran poder y me satisfacía mucho atacar físicamente a un chico desprevenido, quien no tenía ni idea de cuánto me quería yo desahogar. Pero después de un rato me calmaba, la adrenalina dejaba de fluir, y me quedaba un sentimiento de intranquilidad. Pensaba: "¿Cómo puedes hacerle eso a otra persona? ¿Cuál fue el motivo?". En ese entonces no tenía palabras para expresar lo que sentía, pero ahora sé que era arrepentimiento. Por fortuna, ese sentimiento, junto con mi creciente compromiso con el patinaje, me ayudaron a frenar mi rabia después de aproximadamente un año. Llegué a ser el chico más pequeño, pero uno de los más agresivos y temidos.

Durante la mayor parte del tiempo, después de la escuela hacía cosas inofensivas, como construir fuertes. En ocasiones me iba con Laura y sus amigas y las observaba mientras saltaban la cuerda o jugaban rayuela. Pero a Laura no siempre le gustaba tener a su hermano menor al lado, como si fuera su sombra. Recuerdo una ocasión en que Laura se enojó conmigo por seguirla fuera de la casa, me dijo que regresara y jugara con una de sus muñecas. Bueno, decidí jugar con la muñeca que más me gustaba. Mi papá le había regalado una de casi un metro de alto, con hermoso cabello rizado. Era la clase de muñeca que se supone no debes sacar de la caja, pero yo pensé que le sentaría bien un lavado de pelo y un corte, así que rompí la caja, saqué la muñeca, le quité el vestido—no quería que se le mojara—le puse shampoo, y se lo corté. Cuando Larua regresó, la miró y dijo: "¡Ay, Dios mío!" y me empezó a gritar por haberle arruinado su muñeca. Bueno, no creo que, en realidad, la haya yo arruinado, pero debo admitir que el corte de pelo, además de ser definitivo, no fue muy bueno.

En ocasiones, después de la escuela también veía televisión.

En una época temprana de mi vida, me gustaban las telenovelas, especialmente *All My Children* y *General Hospital*. Claro que lo que más me gustaba de la televisión era el patinaje artístico, pero en esa época no se transmitía tanto como en la actualidad, así que eran pocas las ocasiones en que, como algo muy especial, Laura y yo nos podíamos instalar frente al televisor para dejarnos llevar por la emoción y el dramatismo de un campeonato nacional de patinaje artístico.

Podría pensarse que, después de ver todo el patinaje artístico que he visto en televisión, tenía algún modelo a seguir, pero desde temprana edad siempre quise ser yo mismo, así que en lugar de querer ser como Scott Hamilton, el medallista de oro olímpico, me imaginaba compitiendo contra él. Ahora suena como algo muy absurdo, pero en ese entonces, en verdad dejaba volar mi imaginación.

En nuestro trailer teníamos puertas corredizas de cristal, con cortinas que se cerraban de noche. Yo abría las cortinas para poder ver mi reflejo en el vidrio. Creaba una coreografía y patinaba una rutina, con música de mi grabadora. Claro que yo era también el jurado, así que me daba un 5.8 (de un máximo posible de 6.0). Después tiraba los dados para ver el puntaje de Scott Hamilton. Por ejemplo, si tiraba un cinco y un seis, su calificación era 5.6. Si tiraba un seis y un uno, la calificación era 1.6, ya que en patinaje no se puede calificar más allá de 6.0.

Después de tirar los dados, escribía las calificaciones en un pedazo de papel, lo doblaba, se lo daba a mi madre y le pedía que lo cologara en la pared del corredor. Cuando lo hacía, yo iba a mirar los resultados finales y actuaba como si en realidad me sorprendiera el haber ganado: brincaba una y otra vez y aplaudía y gritaba, tal y como había visto que lo hacían los patinadores y sus entrenadores en los campeonatos. En mi certamen fantástico, por la forma en que jugaba el juego, no había manera de que yo perdiera.

Además de vencer a un Scott Hamilton imaginario, uno de mis pasatiempos favoritos después de la escuela era salir con

George en su automóvil nuevo. Sólo lo hice un par de veces durante ese primer año después de que mi hermano se mudó. A George le gustaba llamar la atención, y eso fue lo que lo llevó a comprar un Trans Am plateado con una gran ave pintada en el toldo, el tipo de auto que te dice: "Mírame". También tenía mofles tipo "ponme atención", que hacían juego con la pieza de arte del toldo, así que todo en sí era para llamar la atención.

George me recogía en el trailer, me sentaba en el asiento del copiloto, me ponía el cinturón y pasábamos por todas las calles de nuestra zona. George tocaba la bocina cuando reconocía a alguien y así se sentía realmente importante. Me hacía sentir muy especial por ir con mi hermano mayor en el mejor auto de nuestro vecindario.

Esos paseos desaparecieron de pronto esa Navidad, porque después de esa fecha memorable George no era precisamente bienvenido en la casa: la mañana de Navidad él decidió anunciarle a la familia que era gay.

La Navidad en el hogar de los Galindo siempre era una gran celebración, en especial para mi padre, quien hacía su mejor esfuerzo para que fuera en realidad una gran fiesta. Se pasaba días decorando todo el exterior de la casa con luces blancas. Nuestro árbol de Navidad era en verdad para admirarse, teníamos suficientes luces, adornos e hilo de oro como para cubrir el árbol del Rockefeller Center. Hubieran visto todos los regalos: muchos juguetes caros, ropa y trenes de colección. Siempre encontraba todo lo que pedía bajo el árbol. Mi padre no era un hombre rico, pero siempre parecía haber suficiente dinero como para mantenernos durante todo el año y consentirnos en Navidad.

Como les decía, fue la mañana de Navidad cuando George decidió hacer su declaración; todos nos encontrábamos en la sala, esperándolo para poder abrir los regalos. De ninguna manera me iba yo a quedar sentado tranquilamente a esperar, así que revisé cada uno de los paquetes, buscando mi nombre para saber cuáles eran míos. Oímos a George llegar en su Trans Am como a las 10 de la mañana, y entró a la casa tambaleándose, para después dejarse caer, cuan largo era, en el sofá. Ahora que lo pienso, me doy cuenta de que había tomado algo, pero en ese entonces estaba tan concentrado en lo que había dentro de cada una de las cajas, que casi no me di cuenta. Dada la naturaleza de la noticia que George pensaba decirle a la familia ese día, comprendo que sintiera la necesidad de calmar sus nervios con alguna droga.

A George no le fue fácil captar nuestra atención. En varias ocasiones dijo: "Tengo algo que decirles", pero papá estaba ocupado en la cocina, poniendo café; mamá estaba ocupada sirviéndolo, y Laura y yo estábamos ocupados alrededor del árbol.

Después de unos intentos más para atraer nuestra atención, y después de alzar la voz al punto en que no había forma que pasara inadvertido, George dijo: "¡SOY GAY Y AMO A LOS HOMBRES!". Bueno, pues eso fue suficiente para captar de inmediato la atención de Laura y de papá. Mamá, como yo ya lo había notado en más de una ocasión, no era de las personas más conscientes de la realidad, y sólo se paró en la entrada de la cocina con su usual mirada perdida. Yo era demasiado joven como para identificarme con lo que Gorge decía, pero una vez que papá comenzó a gritarle, empecé a comprender. Lo que George había dicho de si mismo era lo que yo sentía hacia Johnny Rivera, y lo que teníamos en común era algo que ponía furioso a mi papá.

La primera reacción de papá fue mostrar esa mirada confusa y llena de ira. Después logró pronunciar una palabra: "¿Qué?". George se sentó en el sillón y repitió las mismas palabras con un tono un tanto hostil: "¡Soy gay y amo a los hombres!". En ese momento papá le dijo: "Maldición. Los hombres no hacen pareja con los hombres. Dios no te creó de esa manera. Tienes que encontrar a una mujer y tener bebés". Después de eso, George no pronunció ni una sola palabra; se quedó sentado, mirando a papá caminar por la habitación, gritando una y otra vez cómo es que los hombres no forman parejas con otros hombres. Después de que papá agotó por completo esa idea, comenzó a reclamarle a Geroge por haber echado a perder nuestra celebración: "Cómo te atreves a venir en este día tan especial y arruinar nuestra Navidad". Eso fue suficiente para que George se pusiera de pie y dijera: "Bien, me iré para que puedan celebrar su Navidad". Salió por la puerta, subió a su automóvil y arrancó. No tengo idea de dónde estuvo ese día.

Mientras George se alejaba, Laura corrió llorando hacia su habitación, mamá no se movió de donde había estado parada y papá se dejo caer en su gran sillón, mientras yo lo único que quería era abrir los regalos. Ese día escuché más de lo que podía comprender y archivé todo el incidente en algún lugar de mi memoria, para poder enfrentarlo cuando tuviera un poco de más edad. No actué de manera consciente, ningún niño de ocho años lo hace, pero mi sistema de defensa emocional surgió de inmediato, y me comporté como si nada hubiera sucedido.

Después de ese día, Geroge se alejó de la casa. No lo culpo, por la manera en que papá reaccionó. Papá, por su parte, no hizo ningún esfuerzo por buscarlo. Ahora, viendo en retrospectiva, creo que Goerge sabía cómo iba a reaccionar papá, y no creo que haya escogido el día de Navidad por casualidad. Creo que decidió "arruinar" ese día porque estaba enojado con papá por habernos dado tanta atención y tantas cosas a mí y a mi hermana. Desde que Laura empezó a patinar, y después cuando yo empecé a hacerlo, toda la atención se centró en nosotros dos. George fue hecho a un lado y tenía que ver por sí mismo, como durante casi toda su vida. Cuando todavía vivía en casa, parecía como si nadie notara o comentara nada cuando llegaba tarde o cuando no llegaba durante toda la noche. Lo que George necesitaba en ese momento de su vida era un par de padres fuertes, que lo aceptaran y lo ayudaran a pasar por esa difícil etapa de la adolescencia. Desafortunadamente para él, tendría que luchar solo para seguir adelante.

En ese entonces, la vida para mí era cualquier cosa menos una lucha: era todo un reto en el que casi toda la concentración estaba enfocada en el amor de mi vida: el patinaje. Después de mi primera competencia en Squaw Valley,

Colleen me inscribió en otra media docena de certámenes a lo largo del año siguiente. La primera competencia fue en la pista de Eastridge, en donde Laura y yo patinábamos todos los días. Esa fue la primera vez que sentí la emoción de competir ante el público de casa, aunque decir "público" quizá sea un tanto exagerado, porque no había más de 100 personas observándonos, y todos eran miembros del club de patinaje local o tenían que ver de alguna manera con los patinadores. Aun así, 100 personas pueden hacer mucho ruido, y realmente me animó el tener el apoyo y un aplauso en verdad caluroso por parte de mis amigos y sus padres. Su entusiasmo me impulsó para hacerlo lo mejor posible.

No podían faltar Laura y papá para animarme, y hasta vino mamá. Por segunda vez, patiné el tema de *The Flight of the Bumblebee,* y esta vez todos me ovacionaron. El haber estado en el podium de Squaw Valley había sido fantástico, pero en Eastridge descubrí que estar hasta *arriba* del podium era todavía mejor. Me encantó el primer lugar, supe, por la manera tan estridente en la que vitoreó mi padre cuando recibí mi premio, que a él también le había encantado.

Después de triunfar en Eastridge gané casi todas las competencias que siguieron durante ese año. Muchas de ellas fueron en el centro de California, pero también fuimos a Santa Bárbara un par de veces. Casi siempre nos llevaba papá, y no porque tuviera que hacerlo: Colleen nos podría haber llevado, lo mismo que otras familias de nuestro club de patinaje. Papá iba porque le encantaba. Era uno de los pocos padres que asistía con regularidad, y le gustaba estar con todos, en especial con las madres, quienes lo adoraban. Mi padre era encantador, bien parecido y algo coqueto, así que era fácil comprender por qué les gustaba tanto a todas.

El interés de mi padre en el patinaje, a pesar de su presencia y apoyo económico, no iba mucho más allá de asistir a las competencias y vitorear mi actuación o la de Laura. No era el tipo de padre que nos decía qué hacer o cómo patinar, y sólo asistía a las prácticas una vez a la semana en promedio, para ver cómo íbamos. Nunca comentaba nada respecto a nuestros programas, la música o el vestuario que elegíamos. Quizá eso fue bueno, porque muchos padres se involucran demasiado y quieren hacer de sus hijos el prototipo de lo que ellos nunca pudieron ser.

Mamá asistía a las competencias locales, pero casi nunca iba a las que se realizaban fuera. Viajar la ponía demasiado nerviosa y no le gustaba estar con tanta gente. Me gustaría poder decir que me acostumbré al hecho de no verla en las pistas o en las gradas, apoyándonos, a mí y a Laura. También me gustaría poder decir que yo era comprensivo y sabía que ella no podía ser una madre como todas las demás. Desafortunadamente, yo era aún un niño con muchas necesidades, y el hecho de que mi madre no pudiera estar cerca para satisfacerlas me enojaba más que nada en el mundo.

Ya en este momento de mi carrera como patinador, tenía que entrenar todo el año y asistía a media docena de competencias durante la temporada, que duraba de mayo a septiembre. Los patinadores principiantes estaban limitados a participar en las competencias locales, pero eso iba cambiando conforme se avanzaba en la categoría. Después del nivel preliminar, las categorías eran: prejuvenil, juvenil, intermedio, novato, junior y senior. Por lo general, se tenía que pasar por pruebas de patinaje artístico y de estilo libre para poder avanzar de categoría.

Una vez que se llega al nivel intermedio, si se logran superar los eventos calificatorios, se pasa a las competencias regionales, pero no puedes avanzar más. Los patinadores novatos van de las comptencias regionales a las de división y de ahí a las nacionales. El país está dividido en tres secciones, y en cada sección existen tres regiones. En mi sección, que cubría toda la Costa Oeste, las regiones eran la Sudoeste, la Central, y la Noroeste. Si esto empieza a sonar tan confuso como la exhibición anual de perros de Westminster, con todos esos distintos niveles y todos los diferentes clubes, quizá se deba a que existen algunas similitudes, especialmente cuando uno se da cuenta de lo subjetivas que pueden llegar a ser las calificaciones de los jueces.

La mayoría de las competencias en las que participé durante los primeros años de mi carrera son ahora para mí como un recuerdo borroso, pero hay una que destaca entre todas, y sucedió un año después de Squaw Valley. Había pasado de la categoría prejuvenil y asistí al Oktoberfest en Marysville, California. Gané la parte de patinaje artístico de la competencia y también el estilo libre. Ejecuté un double loop en verdad espectacular, y cuando salí del hielo al terminar mi programa, me rodeó un grupo de chicas. Un par de ellas, quienes, ahora que lo pienso, debieron de haber estado enamoradas de mí, me entregaron ositos de peluche y me dijeron que era maravilloso. Pensé: "¡Wow! Debo ser bastante bueno". Cuando veo las fotografías de esa época—en ese entonces tenía como nueve años—me doy cuenta de que, a menudo, mi rostro mostraba una expresión arrogante. Con tanto éxito comenzaba a sentirme demasiado importante.

Ojalá mis padres hubieran estado ahí para controlarme cuando comencé a pensar que era un enviado de Dios para el mundo del patinaje, pero ellos no se percataron del monstruo en el que me estaba transformando. Mi mamá no lo hubiera podido enfrentar, y creo que papá se la estaba pasando de maravilla aceptando todos los cumplidos que le hacían otros padres, y por ello no se daba cuenta de lo malcriado que me estaba convirtiendo.

Parte del problema era que mi papá no me veía cuando yo actuaba de manera demandante y temperamental, y mi mamá aparentemente no le comentaba nada respecto a mi comportamiento cuando él estaba fuera de la ciudad. A mi mamá le resultaba difícil decirme que no, así que la mayoría de las veces me salía con la mía. Cuando, en contadas ocasiones, se atrevía a contradecirme, yo lograba manejar la situación rápidamente. Por ejemplo, casi todas las veces que yo no tenía ganas de ir a la escuela después de la práctica, mi mamá me llevaba a casa y me dejaba ver televisión el resto del día, pero algunas ocasiones insistía en que tenía que ir a la escuela, y entonces yo hacía tremendo berrinche, gritaba y pataleaba, y utilizaba las peores palabras obscenas que se puedan imaginar.

Al parecer conocía a mi padre lo suficiente como para no intentar la misma rutina frente a él. Si tomaba una decisión, como cuando me decía que tenía que llegar a casa a determinada hora, eso era la ley, y no me atrevía a contradecirlo. No estoy seguro de qué era lo que me causaba temor, porque nunca me pegó. Creo que pudo haber sido su tono de voz tan áspero. El simple hecho de que subiera un poco el volumen me ponía a temblar como un tazón de gelatina.

Haciendo a un lado mi comportamiento fuera del hielo, estaba obteniendo resultados tan positivos que Colleen me pasó del nivel prejuvenil al intermedio, porque pensó que estaría listo para las competencias de división en el siguiente nivel. Colleen se encargaba de todos los arreglos para las pruebas preliminares, lo que me permitía tener suficiente tiempo libre para concentrarme en lo que más me gustaba. Es genial tener a alguien que se encargue de todos los arreglos, pero con el paso del tiempo, como me di cuenta después, uno corre el riesgo de convertirse en un inútil, ya que te satisfacen todas tus necesidades prácticas incluso antes de que sepas cuáles son.

Conforme avancé en los diferentes niveles hasta intermedios, logré siempre estar dentro de los tres primeros lugares en cada uno de los certámenes, lo cual sólo contribuyó a aumentar mi sentimiento de grandeza. Es irónico que ya estuviéramos dentro de la categoría de los "adultos" cuando éramos todavía tan jóvenes. A los diez años de edad, yo era de los más jóvenes en esa categoría. No creo haber tenido la madurez suficiente como para que me llamaran siquiera "muchacho", mucho menos "adulto". En retrospectiva, siendo un poco severo conmigo mismo, el llamarme "bebé grande" pudo haber sido más apropiado.

Me agradó la idea de ir de un nivel a otro, o por lo menos eso creí hasta que participé, en Stockton, California, en la primera competencia como patinador intermedio. Ahí descubrí que todos los demás patinadores eran dos o tres años mayores que yo, además de que estaba por debajo de la estatura promedio para mi edad. Ya se podrán imaginar lo intimidado que me sentía cuando estaba en los vestidores con todos esos chicos que me veían desde las alturas.

En Stockton llegué a tercer lugar en el programa artístico, lo que no estaba tan mal, pero en ocasiones anteriores, si llegaba a tercer lugar en el programa artístico, generalmente lograba un primer o segundo lugar después de ejecutar mi programa de estilo libre. No sucedió así en esta ocasión, y no podía culpar a nadie por ello mas que a mí mismo.

Había un parque enorme al otro lado de la pista, al que nos fuimos a esperar antes de la competencia de estilo libre. Papá y Colleen, y muchos otros padres y sus hijos, extendían cobertores sobre el césped. Muchos de los chicos dormían la siesta, pero yo, como de costumbre, no me podía estar quieto. Yo quería ir al pequeño parque de diversiones y al zoológico de animales bebés y correr por todas partes. Como ya lo mencioné, casi siempre me salía con la mía, lo cual no necesariamente era bueno. Para cuando llegué a la pista, más tarde ese mismo día, no tenía nada de energía y me caí más veces de lo que puedo recordar.

Al salir con gran esfuerzo del hielo supe que no podría ganar, pero pensé que, al menos, podría obtener un tercer lugar. Cuando sacaron los resultados en el lobby de la pista, vi que había quedado en cuarto lugar. No sólo no había ganado, ni siquiera podría estar en el podium para recibir un segundo o tercer lugar. Ninguna medalla. Nada de aplausos. Ninguna felicitación de mi padre. Estaba deshecho y salí llorando de la pista.

Colleen me alcanzó afuera y, después que dejé de llorar, me senté y explicó que no siempre podía obtener un premio, y que parte de ser un patinador competente era ser un buen deportista. Fue una lección dolorosa. Colleen me llevó adentro y me hizo que estrechara la mano de los tres patinadores que habían ganado. Se quedó ahí parada, observándome mientras los felicitaba y les daba la mano. Tenía razón en forzarme, pero en ese momento detesté hacerlo, y también la odié a ella por obligarme.

No me di cuenta, pero Collen estaba actuando como una madre, trataba de enseñarme cuáles eran los valores correctos. En mis fantasías, tener una madre amorosa no significaba tener que hacer cosas que no quería hacer, pero conforme mi relación con Colleen se fue haciendo cada vez más estrecha, y ella fue siendo cada vez más paternalista, comencé a darme cuenta de que la relación madre-hijo era complicada. Debido a que Colleen también era mi entrenadora, quizá me puedan perdonar por estar un poco confundido respecto a la exacta relación con ella y cómo es que encajaba en relación con mis padres verdaderos.

Esta confusión inició después del primer año de trabajo con Colleen, cuando comencé a quedarme a dormir en su casa de cuando en cuando. Colleen vivía en San José, al pie de las montañas, con sus tres hijos adolescentes. Me hacía de cenar y era muy cariñosa. Me gustaba, sobre todo, la manera en que me arropaba por la noche y me besaba la mejilla. Me recordaba la época en la que viví con mi tía Cindy.

Cuando dormía en casa, Colleen llamaba a menudo para verificar que ya estuviera durmiendo. Quería asegurarse que descansara, y a veces simplemente le gustaba supervisar. Cuando salíamos de la ciudad para las competencias, Colleen me controlaba todavía más porque compartíamos la misma habitación. Por ejemplo en 1982, cuando fui a Indianápolis para competir en mi primer campeonato nacional como patinador novato, mi mamá y Laura compartieron una habitación y Colleen y yo otra. Papá se quedó en casa porque era demasiado caro para que todos viajáramos hasta Indianápolis.

Colleen me cuidó bien allá. Una noche antes de mi primera práctica, me preparó una cena con pasta y me acostó temprano para que pudiera descansar lo suficiente para el día siguiente. Le pidió a mi madre y a mi hermana que no nos molestaran, porque no quería que nada interfiriera con mi práctica la mañana siguiente. Colleen me cuidaba como mamá gallina, y yo simplemente devoraba todo el cariño y la atención. Al otro día, después de la práctica, me llevó a que durmiera una siesta, después me despertó como una hora antes de que nos fuéramos al coliseo.

De pronto, justo antes de que saliéramos de la habitación, tocaron a la puerta. Antes de que Colleen hiciera cualquier movimiento, corrí y abrí. Me topé con mi papá y su sombrero de vaquero. Me emocioné tanto que salté a sus brazos, lo abracé y grité: "¡Dios mio, lo lograste!" Colleen no tenía idea de que papá iba a venir y se enojó bastante. Sacó a papá de la habitación, cerró la puerta al salir, y comenzó a gritarle. A través de la puerta, escuché como le decía que no tenía derecho a causar semajante distracción justo antes del programa de estilo libre. De pronto todo se convirtió en una pelea a gritos, mi papá le gritó a Colleen que era él quien pagaba las cuentas y que ella no tenía ningún derecho para decirle qué es lo que tenía que hacer, y que me quería ver. Colleen no cedería y le dijo a mi padre que me podría ver después de la competencia.

Cuando Colleen regresó a la habitación, yo ya estaba llorando. Primero, me asusté con los gritos. Después, toda la situación fue sumamente confusa. Yo amaba a mi papá y quería estar con él, pero sabía que Colleen estaba haciendo todo por mi propio bien, así que me sentía desgarrado al estar entre ambos. Fue terrible.

Antes de que papá se fuera, asomó la cabeza y me dijo que nos veríamos después de la competencia. Colleen trató de tranquilizarme, diciéndome que todo estaba bien. Después de que me tranquilicé me ayudó a terminarme de vestir y nos fuimos para tomar el autobús hacia el coliseo. En ese momento necesitaba concentrarme en el patinaje, así que borré de mi mente toda la discusión que acababa de escuchar. Ya me había acostumbrado a hacer a un lado todo aquello que me resultaba demasiado doloroso y no podía confrontar. Sabía que esto también lo tendría que borrar de mi mente si quería ganar.

Cuando llegamos al coliseo, lo primero que tenía que hacer era calentar, Colleen siempre me ayudaba. Me detenía de sus manos mientras hacía sentadillas y luego unas patadas. Después me sostenía de la cintura para que pudiera hacer unos estiramientos y arcos de espalda. Me daba la impresión de que, al ayudarme, Colleen estaba más tranquila, aunque de cualquier manera me daba cuenta de que estaba nerviosa, porque guardaba silencio. Pensé que ella estaba más nerviosa que yo.

Cuando llegaba mi turno, Colleen me recordaba que tenía que sonreir mucho y saludar a los jueces con un pequeño "Hola"; ella siempre enfatizaba el hecho de tener que patinar para los jueces, y eso fue justo lo que hice esa noche. Seguramente les gustó lo que vieron, porque gané. ¡Me convertí en el nuevo campeón novato nacional! El público me ovacionó. Colleen me abrazó y me dijo que estaba orgullosa de mi actuación. Mamá, papá y Laura me dijeron lo mismo y, claro está, yo también lo estaba.

El campeonato nacional de Indianápolis también dejó huella en la carrera de Laura, pero de una manera muy distinta a la mia; su experiencia tenía que ver con el dinero.

Durante los últimos años, era evidente que teníamos problemas financieros. Laura expedía todos los cheques para papá porque él apenas si sabía leer o escribir. Revisaban juntos todas las cuentas y él se quejaba de lo caro que estaba todo. Yo escuchaba y me daba miedo que dijera que ya no podríamos patinar más. En una ocasión, cuando estaba gritando por todas las cuentas, me angustié tanto que salí corriendo de mi habitación y le dije: "Está bien, voy a dejar el patinaje". Me respondió: "No, eso no es lo que estoy diciendo". Me explicó que le encantaba el hecho de que patináramos, y no quería que lo abandonáramos, pero era una carga enorme, y en ocasiones necesitaba desahogarse un poco. Eso era todo.

De hecho, mi padre tenía buenas entradas, pero con dos de nosotros con clases de patinaje y tantos viajes para las competencias, le resultaba difícil mantenerse a flote. La Asociación de Patinaje Artístico de los Estados Unidos brindaba algún apoyo financiero una vez que se alcanzaba el nivel en el que yo me encontraba, y pagaban el costo de los viajes a nivel internacional para los patinadores, pero mi padre tenía que soportar sobre sus hombros una gran parte de los varios cientos de dólares que se requerían a la semana.

Laura sabía que no había suficiente dinero como para que los dos continuáramos patinando por mucho tiempo. A los 16 años, y con seis años de clases de patinaje, reconoció que yo era quien tenía mayor oportunidad de llegar a la cima y, sin decir una palabra, aparentó tener poco interés en el patinaje para, después de lo de Indianápolis comenzar a dejar sus clases de patinaje hasta suprimirlas por completo. Lo que la ayudó a tomar esa decisión fue el escuchar a mi padre cuando, por teléfono, pedía dinero prestado para viajar a Indianápolis para verme competir. Él logró su propósito, pero a Laura se le partió el corazón en dos. Ella trabajaba medio tiempo en Taco Bell para ayudar a pagar mis clases y otros gastos relacionados con el patinaje. En ese momento yo no era consciente de todo ésto. A la fecha, sigo sorprendido por el sacrificio que hizo Laura, y le estoy inmensamente agradecido por todo lo que ha hecho por mí.

Para cuando gané mi medalla de oro en el campeonato nacional, me había graduado de la escuela primaria y era mi primer año en la Secundaria J.W. Fair. Como podrán imaginarse, gracias al patinaje me convertí en algo así como una celebridad local. Aparecían artículos sobre mí en el periódico, y el director colocó mi fotografía en la cafetería y en la oficina principal.

Mi fama resultó ser un gran seguro contra cualquier reproche por llegar tarde y evitó que me molestaran por ser un pequeño chico afeminado que practicaba el patinaje artístico. Era famoso, por lo menos entre los chicos de mi escuela, y eso era todo lo que importaba.

J.W. Fair era en ese entonces una escuela bastante dura. No había pandillas como existen en la actualidad, pero había diferentes camarillas de *cholos* (chicos mexicanos, las chicas eran *cholas*). La mayoría de los *cholos* usaban pantalones tipo "baggy", camisetas blancas de Ben Davis y tenis Nike o Adidas. Algunos de ellos llevaban bandas en la cabeza. Muchos caminaban con un aire de grandeza, con los brazos como por detrás. Estos eran chicos rudos, aunque en buena medida se trataba de una simple pose.

Después de que gané el campeonato nacional todos los grupos de *cholos* querían que formara parte de su pandilla. Querían que saliera con ellos después de clases, que fuera a sus casas a fumar marijuana. Mi estrategia era ser amistoso con todos los grupos, pero a la vez les aclaraba que estaba demasiado ocupado con el patinaje como para integrarme a uno. Todos me respetaron. La verdad es que yo ya tenía mi "pandilla" en la pista de hielo.

Es curioso, mucha gente me advirtió de todos los problemas que iba a experimentar en la secundaria a causa de todos estos chicos rudos, pero esos mismos chicos rudos a los que yo debía temerles fueron los que terminaron protegiéndome. Si alguien quería pelear conmigo o me veía de manera curiosa, los *cholos* le decían: "No mires a Rudy de esa manera, o te la verás con nosotros". En lugar de decirme Rudy, la mayoría de los *cholos* utilizaba un par de apodos que me inventaron: "Papa Frita" o "Camarón", por mi corta estatura.

Los cholos me consideraban como uno de ellos por mi herencia mexicana. Eso siempre me sorprendió porque yo sentía por los mexicanos, o los italianos, lo mismo que cualquier segunda generación norteamericana respecto a sus ancestros llegados de otro país, pero mi apellido me convertía, automáticamente, en parte de la comunidad mexicana. No importa cómo me consideraran, yo me sentía como cualquier chico de California. En realidad, no me identificaba con los cholos, y evitaba que mi forma de vestir sugiriera que yo formaba parte de su mundo. Decidí vestirme como los otros patinadores, que eran la comunidad con la que yo me identificaba más, y eso significaba vestir casual pero elegante.

Había otros aspectos que me hacían sentir aislado de los chicos de la escuela: llevaba una vida emocionante que no sólo se limitaba a J.W. Fair o San José. Era un patinador reconocido a nivel nacional. Escribían articulos sobre mí en los periódicos locales y las revistas de patinaje. Tenía la oportunidad de viajar. Y se me permitía ir a la escuela medio tiempo. En el séptimo y octavo grado sólo tenía cuatro clases al día: ciencias sociales, matemáticas, lectura e inglés. No tomaba educación física porque el patinaje la remplazaba, y no tenía tiempo para tomar arte.

La mayor parte del tiempo no me sentía mal por ir a la escuela medio tiempo o por faltar algunos días para ir a las competencias. Pero ocasionalmente me sentía aislado, como cuando regresaba de un viaje y todos mis compañeros hablaban de lo que habían aprendido en clases el día anterior. Trataba de convencerme, pensando que yo podía hacer muchas cosas que mis compañeros no, pero no siempre lo lograba.

Después de ganar el campeonato nacional incluso mi mamá me empezó a tratar de manera diferente. Esto fue durante una época en la que estuvo mejor y menos retraída de lo común. Su enfermedad no era predecible, y ésta fue una de esas épocas en las que se comportó de manera más normal que otras. Se aparecía por la escuela a la hora del almuerzo y me esperaba afuera en su auto. Siempre me llevaba mi comida favorita de Taco Bell: dos tostadas con frijoles, lechuga y salsa, sin queso, jitomate o cebolla; un taco, y una cerveza de raíz.

Esta rutina comenzó un día en que mi mamá me dejó en la escuela después de la práctica de patinaje y me preguntó si quería que me llevara el almuerzo. Siempre me dejaba como a las 10:20; el almuerzo era al mediodía, le dije que sería fabuloso, y así fue como comenzó todo. Cada vez que me dejaba le preguntaba si me iba a llevar el alumerzo. No estaba seguro de que regresaría, así que siempre me asomaba por la ventana de la escuela, y me daba mucho gusto cuando veía su automóvil compacto esperando afuera. Creo que era genial que mi mamá hiciera eso, y lo mismo pensaban otros chicos. Ningún otro padre le llevaba a sus hijos el almuerzo de Taco Bell. Me hacía sentir especial. Por fin mi mamá comenzaba a tratarme de manera especial.

4

RUDY + KRISTI = ?

A lo largo de mi carrera, lo que me ha distinguido de otros patinadores estadounidenses es mi estilo artístico y de ballet clásico, y es a Colleen a quien debo dar las gracias por haberme colocado en ese camino.

A diferencia de muchos otros entrenadores, Colleen pensaba que sus patinadores debían tener cierto entrenamiento en danza clásica, así que, después de la escuela, tenía que tomar clases de ballet dos veces a la semana, durante hora y media. Nunca pensé en las consecuencias que tendría el que un niño tomara clases de ballet, hasta que entré a la primera clase y me di cuenta de que era el único. Para mí eso no era un problema. Cuando eres un patinador joven te acostumbras a estar rodeado por chicas. Siempre me gustó estar con ellas, pero hubiera sido agradable si cuando menos hubiera habido un hombre, así no me hubiera sentido el blanco único de la burla durante la clase.

Las chicas tenían toda la razón de molestarme por la forma

en que me veía en mallas. Tenía las piernas de pollo más flacas que puedan imaginar. Cuando me miraba al espejo, no podía sino reirme junto con las niñas. El par de bermudas de gimnasia que usaba sobre las mallas sólo servía para acentuar mi piernas de popote.

No puedo decir que el ballet me encantara, no era así, pero sí aprendí mucho. Aprendí cómo estirarme, gracias a lo cual desarrollé mi gran elasticidad. Aprendí todas las diferentes posiciones de ballet. Cuando me vean patinar, podrán ver que todavía utilizo lo que aprendí entonces, en especial en la manera que sostengo mi cuerpo y en la posición de mis manos.

Al mismo tiempo en que estudiaba ballet, Colleen me presentó a uno de los más grandes patinadores de todos los tiempos: John Curry, medallista de oro olímpico de Gran Bretaña, en 1976. Era renombrado por su estilo clásico y creativo. Colleen me mostró un video de John durante una competencia, y también me mostró fotografías en todas sus posiciones al patinar. Colleen nunca me dijo que tenía que patinar como él, pero descubrí que su estilo me resultaba muy atractivo, así que incorporé a mi propio estilo de patinar mucho de lo que vi.

En 1980, durante una exhibición local, tuve oportunidad de aplicar por primera vez todas las cosas nuevas que había aprendido. Colleen me ayudó a preparar un programa utilizando música de la ópera I Pagliacci. En lugar de limitarme a patinar al ritmo de la música, a través de mi patinaje conté la tragedia del payaso Canio. Un día, durante un práctica, Colleen me había narrado toda la historia: cómo Canio, en un arranque de celos, mata a la mujer que ama. Yo era un mocoso de tan sólo once años de edad, pero en verdad me metí en el sentimiento de la obra. Así que Colleen me mandó confeccionar un traje de payaso y me maquilló con una enorme lágrima. Lo hice tan bien que Carlo Fassi, quien fuera el entrenador de figuras como Peggy Fleming, Dorothy Hamill, John Curry y Robin Cousins, me llamó para actuar en un espectáculo que estaba montando en Santa Rosa con todas estas estrellas olímpicas. Podrían pensar que me sentí intimidado por el gran elenco estelar, pero su compañía me hacía sentir completamente feliz.

Después de trabajar conmigo durante tres años, Colleen sintió que necesitaba traer a un entrenador con mayor experiencia, alguien que me pudiera guiar al siguiente nivel de mi carrera. Me presentó a Jim Hulick, por entonces el mejor entrenador en toda el área de la bahía de San Francisco. Nunca había entrenado a patinadores campeones, pero en 1971 había ganado una competencia en pareja a nivel junior, y era famoso por sus saltos. Yo era bastante bueno en la mayoría de los double jumps, pero necesitaba trabajar mucho sobre los triples.

Sólo me di cuenta de la reputación de Jim hasta después de que empecé a tomar un par de clases particulares con él, en la pista en donde trabajaba en Dublín, más o menos a media hora al norte de San José. Fue entonces cuando me di cuenta de que quería trabajar con él de tiempo completo. Jim estaría en sus treintas, pero se veía más joven. Era bien parecido, de cabello rubio y ojos azules. Por prescripción médica, siempre usaba lentes de sol, incluso en el hielo, y siempre traía las agujetas desabrochadas, con las lenguetas de los patines tocando el suelo. Me gustaba su "look".

El estilo de entrenamiento de Jim me sentó muy bien. A diferencia de Colleen, quien era muy estricta y en ocasiones dura, Jim era tranquilo, amable y siempre positivo. Jim sabía cuándo alabarme y cuándo darme un ligero empujón. Yo era el tipo de atleta que se desempeñaba mejor cuando trataba de complacer a su entrenador, y Jim se dio cuenta de ello de inmediato, y lo aprovechó para facilitar su trabajo y para beneficio mio. Por ejemplo, en lugar de criticarme cuando no lograba un salto o cuando me caía, primero bromeaba, después me decía que había hecho bien y me explicaba lo que había hecho mal, y finalmente me mostraba cómo podía hacerlo mejor para la próxima. Con este enfoque de refuerzo positivo, me convertí en un chico tan predecible, y feliz, como un perrito faldero.

La transición entre Colleen y Jim fue gradual. Durante varios meses fui tomando más y más clases con Jim y menos con Colleen. Podrían pensar que, después de haber estado tan cerca de ella, tuve problemas para asimilar la separación, o que quizá extrañaba a Colleen, pero no fue así: mi reacción fue muy similar a la que tuve cuando me separé de mi tía Cindy: una vez que dejé de ver a Collen, nunca miré hacia atrás.

Sólo tenía una queja en contra de Jim. No tenía nada que ver con su desempeño como entrenador, sino con la ubicación. Como él trabajaba en la pista de Dublín, mi mamá no me podía llevar: era una distancia demasiado grande para ella, y además implicaba transitar por la autopista, lo que era más de lo que sus nervios podían soportar, así que Laura me tenía que llevar, cosa que era muy capaz de hacer, pero que durante los primeros meses lo hizo sin licencia, porque no tenía la edad requerida para obtenerla. Siempre me sentí muy seguro con ella, y tenía razón para estarlo: mi papá le había enseñado a manejar su trailer de dieciocho llantas a los trece años, y desde esa edad, cuando mamá estaba fuera de circulación y papá se encontraba de viaje, Laura me llevaba hasta la pista de Eastridge, a casi cinco kilómetros de distancia. Era una conductora muy precavida, así que, por fortuna, nunca sufrimos ningún acccidente.

Tenía mucho trabajo que hacer con Jim porque, después de ganar mi título como novato en el campeonato nacional, pasé automáticamente a la categoría masculina junior. Si quería competir contra patinadores de mayor edad y experiencia, necesitaba aprender nuevos saltos, y los tenía que aprender *rápido*.

Mi primera competencia como junior fue en la competencia regional, en el otoño de 1982. Al parecer no había trabajado lo suficientemente duro, porque terminé en tercer lugar. No era malo, sobre todo si tomamos en cuenta que eso me bastaba para pasar al campeonato de división, pero dado a que mi participación en la competencia de división iba a ser mucho más difícil, me costaría mucho trabajo alcanzar una medalla. Finalmente terminé en quinto lugar en el campeonato de división, lo que significó que no había calificado para el campeonato nacional. Fue la primera y única ocasión en que me sucedió algo así.

Debo admitir que, incluso ahora, tengo poca capacidad para encarar una desilusión; en ese entonces . . . bueno, creo que me puedo ver generoso y decir que tenía todavía menos aunque, para ser más exactos, habría que decir que mi capacidad era *nula:* Llegar a un quinto lugar fue como el fin del mundo, y durante días no hice otra cosa que rondar por la casa, sintiendo pena por mí mismo. Por fortuna, poco tiempo después de la competencia de división econtré otra distracción, con lo que logré aliviar una de las mayores desilusiones que he tenido en mi carrera profesional. Esa distracción era una patinadora de once años de edad, de nombre Kristi Yamaguchi.

La primera vez que vi a Kristi fue en la pista de Pleasanton, California, en 1982. No recuerdo con precisión cómo llegué a esa pista en particular, pero recuerdo que estaba patinando por simple diversión en una sesión pública, con la mayor de las frescuras, mostrando mi mala actuación en la competencia de división. Durante las sesiones públicas siempre había chicos que estaban tomando clases al centro de la pista, y Kristi era uno de ellos. Estaba tomando una clase de spin, y me di cuenta de que era realmente buena, así que le pregunté a uno de los entrenadores que estaban a un lado de la pista y descubrí que era una de las mejores patinadoras de nivel intermedio del momento.

Además de ser una gran patinadora, Kristi era realmente bonita. Era una chica asiática y pequeña. No es que me hubiera enamorado de ella, eso nunca se me hubiera ocurrido, pero entre su tamaño y la forma en que reaccionaba cuando yo aplaudía sus saltos, había algo verdaderamente irresistible. De alguna manera fingía no escuchar mis aplausos, pero no importaba que tanto tratara de ignorarme, siempre terminaba por rendirse ante sus emociones y su rostro se iluminaba con una gran sonrisa. Después se ponía roja y se apenaba.

Estando en la pista, no resistía la tentación de molestar a Kristi, pero la única forma en la que sabía hacerlo era patinando a su lado y haciéndole cosquillas suaves en los costados. Tenía una vocecita aguda, y me encantaba la forma en que se reía y me decía: "No". Lo que, claro, a mí me animaba todavía más para seguir molestándola. Dado el ambiente político y social de la actualidad, si ahora tratara de hacer algo similar quizá me expulsarían de la pista por acoso sexual.

Mi interés en Kristi no tenía nada que ver con pensamientos románticos. Lo que yo tenía en mente era patinar con ella como pareja. Laura, como siempre, había sido mi inspiración, y la idea me parecía muy divertida. El patinar de manera individual puede resultar una práctica solitaria, pensé que sería divertido trabajar con alguien más, sobre todo con alguien con tanta energía y encanto como Kristi.

Después de verla en la pista en varias otras ocasiones, le mencioné a Jim que me interesaba patinar en pareja. A él, por lo general, le preocupaba mucho proteger mis sentimientos, pero creo que la idea de ver a ese pequeñuelo tratando de hacer todos los levantamientos y lanzamientos que se requieren de un patinador masculino fue superior a sus fuerzas, y soltó una carcajada. Me sentí devastado. Comencé a patinar en dirección contraria, pero Jim se contuvo en un instante y fue tras de mí.

Me pidió disculpas por haberse reído y me dijo que, si podía encontrar a alguien que fuera más pequeña que yo, él haría lo necesario para tener una prueba. Sé que Jim supuso que nunca encontraría a una patinadora calificada que fuera más pequeña: a los trece años yo medía un metro y treinta y siete centímetros, y pesaba sólo treinta y un kilos. No sabía que yo ya tenía a mi pareja perfecta. Le hablé sobre Kristi, quien medía un metro y veintisiete centímetros y pesaba veintidós kilos y medio. Él ya la había visto patinar y pensaba que era buena. Tenía esta expresión en su rostro que me decía: "Tal vez". Después de meditarlo durante un minuto, me advirtió: "Hablaré con su madre y veré que dice al respecto".

Una semana después, Jim me informó que había obtenido la aprobación de la mamá de Kristi, Carole Yamaguchi, así que sólo necesitaba la aprobación de Laura, quien para ese momento ya era la responsable de tomar las decisiones más importantes en relación con mi carrera, pues a mi papá no le interesaba el patinaje más allá de asistir a las competencias. Él estaba más que feliz de permitir que Laura manejara las responsabilidades y las decisiones cotidianas, y ella sabía lo mucho que yo deseaba trabajar con Kristi, así que conté con su aprobación, con mucho gusto.

Jim hizo una cita con la mamá de Kristi para una sesión de prueba a la semana siguiente. Yo estaba nervioso, emocionado y asustado; todo al mismo tiempo. En realidad deseaba que todo funcionara bien, pero uno nunca sabe cuál será el resultado hasta que está en el hielo. Como si no me hiciera falta la suerte, el día de la prueba estuve enfermo, me pasé todo el día volviendo el estómago. No era de nervios: fue por haber comido demasiada masa cruda de galletas con chispas de chocolate, en casa de un amigo.

A pesar de lo débil que me sentía, no quería faltar a la sesión con Kristi, así que le pedí a la mamá de mi amigo que me llevara a la pista. A pesar de mi deseo de estar en el hielo con Kristi, apenas si me podía sostener, no se diga patinar. Carole fue muy dulce conmigo y me dijo: "Quizá sería mejor que te fueras a casa y que tu mamá te prepare algo para calmar tu estómago". Me sentí agradecido por su preocupación, aunque sabía que mi mamá no solía actuar como ella imaginaba. También me dijo que no me preocupara por haber perdido la sesión: la pospondríamos para el día siguiente. Mientras Laura y yo nos despedíamos de la mamá de Kristi, ella me dijo: "Espero que te mejores". Ahora me tocaba a mí ponerme rojo y sentirme apenado. No estaba acostumbrado a ese tipo de atenciones.

Nunca olvidaré el día siguiente: 16 de febrero de 1983.

Llegué a la pista una hora antes de la prueba, y cada minuto parecía eterno. Patiné alrededor de la pista tratándome de tranquilizar, pero no había manera de controlar la adrenalina que circulaba por mis venas. Parecía como si el corazón me fuera a explotar.

Por fin llegaron, y yo me acerqué hacia donde estaban, en la orilla de la pista. Carole me saludó efusivamente, Kristi lo hizo con timidez, con la mirada puesta en el hielo. Estaba tan nerviosa como yo. Jim nos vio y patinó hacia nosotros; como de costumbre, llevaba lentes de sol y sus patines estaban desabrochados. Nos dijo: "Está bien chicos, ¡al ataque!" Carole le dio a Kristi un abrazo y un beso, nos deseó suerte, y patinamos hacia el centro de la pista.

Lo primero que Jim nos pidió que hiciéramos fue synchronized crossovers. Ese es el movimiento más básico que se tiene que dominar como pareja. Nos mostró cómo nos teníamos que sostener de las manos, pero a Kristi le causaba tanta risa, que nos tomó un rato poder hacerlo bien. Para entonces, había una veintena de personas observándonos alrededor de las bardas.

Yo sabía cómo hacer los crossovers porque ya había visto a mi hermana Laura hacer lo mismo, así que observé los pies de Kristi y yo cruzaba los míos justo al mismo tiempo. Lo hicimos a la perfección en el primer intento, y conforme patinábamos alrededor de la pista una y otra vez, nuestra pequeña porra, incluídas Laura y Carole, nos iba animando más y más. ¡Eramos los mejores!

Jim trabajó con nosotros durante cerca de media hora, enseñándonos una serie de movimientos básicos. No podía creer lo diferente que era trabajar solo a hacerlo en parejas. Esto era mucho más divertido. En lugar de aprender cosas yo solo, las aprendíamos juntos. Tenía alguien con quien hablar y tenía una compañera a quien le gustaba jugar en el hielo tanto como a mí. No podía imaginar nada mejor.

La prueba terminó bastante bien. Después de la clase, Jim habló con Carole y con Laura para que Kristi y yo tomáramos clases juntos una vez a la semana, sólo por diversión. Todos se dieron cuenta de lo buenos que éramos juntos, así que la respuesta fue afirmativa.

No pasó mucho tiempo antes de que esa vez a la semana se conviertiera en dos, además de mis clases regulares. Me gustaba más el trabajo en pareja, pero yo ya era un patinador con éxito, y no valía la pena sacrificar mi trabajo individual. Son pocos los patinadores que trabajan en las dos categorias, pero a mí no me importaba. No veía razón alguna por la que no pudiera hacer ambas.

Mi horario matutino de patinaje siguió siendo el mismo de siempre, excepto que ahora también practicaba el programa de parejas, pero por mi cuenta. Hacía todo el trabajo de pies y pretendía levantar a Kristi mientras patinaba. Después de mis clases y mis prácticas matutinas me iba a la escuela. Los martes y miércoles, por la tarde, Kristi y yo nos veíamos en la pista durante las sesiones públicas, para tomar una clase de media hora con Jim; después de eso practicábamos por nuestra cuenta durante hora y media más.

El aprender a patinar en parejas representó un gran esfuerzo, pero fue muy divertido el tratar de dominar todos los crossovers. Una vez que superamos los crossovers, Jim nos enseñó un pair camel spin. Después vinieron los side by side jumps, lo que al principio fue un verdadero reto, porque Kristi y yo saltábamos en direcciones opuestas. Yo soy zurdo, Kristi es diestra, así que mientras yo giro hacia la izquierda, Kristi lo hace hacia la derecha. Eso implicaba que, antes de saltarnos, teníamos que cruzarnos, para que después ella saltara hacia la derecha y yo hacia la izquierda, como una imagen de espejo.

Después de los saltos pasamos a los lifts. Yo era como un popote y nadie creía que fuera capaz de levantar a Kristi sobre mi cabeza, pero las apariencias engañan y yo tenía la fuerza suficiente para lograrlo. Después de dos semanas de practicar el levantamiento en el piso, salimos al hielo para intentarlo. Patinamos cruzado, tomamos un poco de velocidad, y después colocamos nuestras manos; tomé aire y levanté a Kristi. Todo lo que pude decir fue: "¡Ay, Dios mio!" Me quedé tan concentrado en el momento, que se me olvidó el giro que tenía que hacer con ella en el aire. Escuché cuando Kristi me dijo: "Gira", así lo hice y después la bajé. Estábamos tan emocionados por lo que habíamos logrado, que en ese mismo instante nos tomamos de las manos y nos abrazamos. Practicamos el mismo levantamiento una y otra vez hasta que estuvo perfecto. Sentí esa increíble sensación de logro, y lo que la hizo todavía mejor fue que a partir de entonces éramos dos amigos trabajando juntos.

Nunca me fue fácil acercarme a otros chicos, pero con Kristi, casi desde la primera vez que patinamos juntos, sentí como si fuéramos los mejores amigos. Trabajábamos duro, pero también nos reíamos mucho y nos divertíamos haciendo toda clase de payasadas. Conforme fue transcurriendo el tiempo, comenzamos a hacer otras cosas juntos, fuera de la pista. Ibamos con Carole al centro comercial y en ocasiones al cine. No es poco común que los chicos a esa edad tengan muchos amigos con quienes compartir esas actividades, pero para mí era algo totalmente nuevo.

Cuando Kristi y yo comenzamos a tomar clases juntos lo hicimos por pura diversión. No creo que ninguno de los dos hubiera imaginado que eso terminaría por convertirnos en patinadores de parejas profesionales, sobre todo porque cada uno de nosotros tenía una carrera individual muy exitosa. Es raro ver a los patinadores de individuales competir también en parejas, más que nada porque cada disciplina requiere de mucho tiempo. Además, hay que tomar en cuenta que eso se puede volver una auténtica pesadilla cuando las horas de práctica se cruzan con las de competencia. Ahora entiendo por qué es algo que por lo general no se hace, y en las ligas mayores *nunca* se ve el caso.

Apenas habían pasado un par de meses desde que Kristi y yo comenzamos a trabajar con Jim, cuando él decidió que éramos lo suficientemente buenos como para que participáramos en una competencia. Por ser nuestra primera vez juntos en un evento, Jim eligió uno de poca importancia, en la pista Pickwick, en Los Angeles. Nos llevó la mamá de Kristi, y nos quedamos con su abuela, quien no me recibió precisamente con los brazos abiertos. La primera vez que me vio le dijo a Kristi, conmigo enfrente: "¿Por qué no escogiste a un chico japonés, bien parecido, para patinar?". Kristi miró hacia arriba, poniendo los ojos en blanco, y entró y se alejó a otra habitación junto conmigo. Me dijo que no le diera importancia a lo que su abuela decía, que de hecho era una buena mujer, aunque un tanto anticuada. A mí no me convenció la explicación, por lo que me mantuve tan alejado de ella como me era posible.

Para nuestro primer programa de patinaje, Jim montó una rutina de dos partes, de dos minutos y medio, con dos piezas musicales distintas. Para la parte rápida patinamos al son de *In the Mood*, y para la parte lenta trabajamos con el tema de la película *Lo que el viento se llevó*. La coreografía incluía algunos movimientos en verdad divertidos, entre ellos uno que, a falta de mayor precisión, se podría describir como una rueda de carro rápida. Hicimos también un throw axel, que es un movimiento en el que yo lanzaba a Kristi hacia arriba mientras patinábamos, y antes de aterrizar ella ejecutaba un single axel.

Nos sorprendió la respuesta del público, y es que nosotros no teníamos una idea clara de lo que representaba lo que estábamos haciendo. Por un lado, ambos éramos pequeños: con trece y once años, respectivamente, éramos demasiado jóvenes en comparación con nuestros competidores, que tenían entre dieciséis y dieciocho. En segundo lugar, el público se daba cuenta de que nosotros la estábamos pasando de maravilla. Al salir del hielo, la gente se acercó, nos felicitó y nos dijo que teníamos que seguir patinando juntos. Kristi y yo nos miramos y comenzamos a reír. Claro que seguiríamos juntos. Nos divertíamos demasiado como para no hacerlo.

Ese primer verano que Kristi y yo patinamos juntos, el verano de 1983, yo comencé a vislumbrar en el horizonte una gran preocupación personal: en junio terminé la primaria, y ese otoño tendría que iniciar cursos en la Independence High

School, en San José. Pero había un problema: debido a mi horario de patinaje, que cada vez era más complicado por el trabajo que ahora realizaba con Kristi, necesitaba inciar clases a las 10:30 en lugar de las 8:30. La pregunta era: ¿me permitirían hacerlo?

Mi papá hizo una cita para conocer al director de la escuela. Llevamos una carta en la que Jim explicaba mi horario de patinaje. Recuerdo que, conforme íbamos caminando por la escuela el día de la junta, me sentía cada vez más nervioso. De camino hacia la oficina, mi papá me dio un golpe suave en la espalda y me dijo que no me preocupara, que estaba seguro de que no habría ningún problema.

Bueno, sí hubieron problemas. La situación no mejoró cuando mi papá explicó que yo no había tenido ningún retraso en mis estudios por haber entrado tarde durante la primaria o la secundaria. El director dijo que entendía nuestro dilema, y que se daba cuenta de que yo tenía una carrera muy prometedora como patinador. "Pero la preparatoria es diferente—dijo—es mucho más exigente. Para que Rudy pueda adquirir una educación formal, tiene que tomar todas sus clases". Terminó por sugerir que encontrara una forma de modificar todo mi horario de patinaje.

Salí de la oficina del director sintiéndome totalmente abatido. ¿Qué iba a hacer? Tenía que ir a la preparatoria. ¿Qué sucedería si no encontraba una preparatoria dentro de nuestra zona que me permitiera llegar tarde? Traté de reacomodar mi horario para poder patinar lo suficiente, pero resultó inútil: en las tardes las pistas se abrían al público, por lo que la única hora que podía estar en el hielo sin tener que preocuparme por esquivar a las multitudes era en las mañanas. Ya para entonces me levantaba a las 4:30 para poder estar en la pista a las 5:30, así que iniciar mi día más temprano era imposible. Una opción era eliminar horas de práctica, pero en mi mente eso no estaba dentro de las opciones a considerar. Lo único que podía sacrificar era la escuela.

A pesar de lo que dijo el director respecto a adquirir una buena educación, mi padre me apoyó por completo cuando le propuse que fuera a la escuela medio tiempo. Sabía lo que el patinaje significaba para mí, y no puso mucho énfasis en la educación. Papá nunca fue a la preparatoria, así que ir a la escuela medio tiempo era más de lo que él había hecho.

Antes de que él tuviera la oportunidad de encontrar otra escuela, escuchó por casualidad cómo el padre de una patinadora hablaba sobre una tutora que había contratado para que su hija pudiera estudiar en casa, y no en una preparatoria regular. ¡Esa era la respuesta! Papá pidió el nombre de la tutora e hizo una cita para que fuéramos juntos a verla.

Conocimos a la tutora. Trabajaba fuera de su casa. Era una mujer de edad madura, agradable y, como pronto me daría cuenta, no demasiado exigente como maestra. Habló con mi padre por un momento y quedaron en que yo iría dos veces a la semana, un par de horas. El resto del tiempo trabajaría por mi cuenta, lo cual me dejaba en libertad para enfocarme en el patinaje. Estaba encantado: ya no tendría que preocuparme por perder clases, ni por lidiar con maestros reclamándome el no mantener un ritmo de estudio.

Cuando comenzó el año escolar, en lugar de asistir a la Independence iba a casa de la tutora dos veces a la semana, alrededor de las once, justo después del patinaje. Lo primero que hacía era entregar mis tareas, las cuales iban desde matemáticas, hasta inglés, la reseña de algún libro o investigaciones sobre el atlas. Mientras que la tutora se sentaba en la mesa de su comedor para revisar mi trabajo, yo abría su refrigerador para comer algo. Todo el ambiente era bastante informal, y estaba feliz de poder aprovecharlo.

En ocasiones, la tutora me hacía algún examen de lo que había estudiado, y antes de salir de su casa me dejaba la tarea para la siguiente clase. Para la una o las dos de la tarde yo ya iba de regreso a casa, en donde dedicaba como una hora a la tarea.

Al poco tiempo, tuve la sensación de que mi tutora no ponía mucha atención a mis trabajos, así que, sólo para ver si los leía, cuando me encargó el análisis de un libro escribí los primeros párrafos como siempre lo hacía, y después comencé a escribir frases totalmente confusas. Le entregué el reporte, tratando de contener la risa, y a la semana siguiente me regresó el análisis con las marcas aprobatorias usuales: unas palomas. Debí de haberle dicho a mi papá, no sólo porque la tutora me hacía perder el tiempo, sino sobre todo, porque eso implicaba que mi papá estaba tirando a la basura el dinero que ganaba con tanto sacrificio: se suponía que, a cambio de él, yo estaba recibiendo cierta educación, y en realidad eso no sucedía. Sin embargo, eso me permitía enfocarme por completo en el patinaje. Los estudios sólo representaban un obstáculo en mi camino, y mientras menos tuviera que hacer por ellos, mejor.

Durante los siguientes tres años fui a la casa de la tutora dos veces a la semana, y después renuncié. No le veía caso a ir más allá del primero de preparatoria, simplemente para obtener un diploma. Preferí hacer un examen para obtener un reconocimiento equivalente, pensé que eso me bastaría para salir adelante en la vida.

A menudo me preguntan si no lamenté el no haber ido a una preparatoria normal. Sí extrañé algo, pero no lo que la mayoría de la gente cree. Una y otra vez he escuchado a varias personas decirme que lo que seguramente extrañé fue la vida social. No es verdad. En el patinaje hay vida social de sobra, si uno así lo desea. También tuve la oportunidad de viajar a lugares distantes, a donde ninguno de mis compañeros de escuela ha podido ir. Pero lo que no obtuve fue el tipo de educación completa que todos necesitan para ir por la vida sin sentirse como un idiota. Si bien tuve la oportunidad de viajar por el mundo, sigo sin poder contarles nada respecto a la importancia histórica o política de los lugares que he visitado. Claro, en parte yo soy culpable, por no haber hecho un esfuerzo para aprender más por mi cuenta, pero la misma culpa la tiene mi educación tan deficiente.

Me sorprende que la Asociación de Patinaje Artístico de los Estados Unidos (USFSA) no tenga cierto tipo de requisitos educativos para los jovenes que participan en sus competencias. Siento que la USFSA debería establecer un sistema de monitoreo para asegurarse de que los patinadores que compiten en sus eventos reciban la educación apropiada en la escuela, o a través de un programa de tutores, para que el patinaje no sea una simple excusa para no pasar por la preparatoria. A quienes no cumplieran con esos requisitos mínimos y no mantuvieran cierto promedio de calificaciones no se les debería permitir continuar con el patinaje.

Por otro lado, quizá no sea una responsabilidad de la USFSA el asegurarse de que los patinadores reciban una buena educación. Lo ideal sería que tanto los padres como los patinadores tomaran decisiones responsables. Pero sé que eso no es lo que sucede; sólo vean mi propio caso.

5

¿ERES MI MADRE?

El otoño de 1983 debió haber sido una época relativamente feliz para mí. Ya no tenía que ir a clases regulares y, por lo tanto, no tenía que preocuparme por llegar tarde o por faltar. Además, Kristi y yo obteníamos buenos resultados en las competencias. Sin embargo, algo no marchaba del todo bien. Lo sabía porque me alteraba con el menor motivo: de pronto me veía respondiéndole enojado a Jim cuando no podía lograr un movimiento al primer intento; no le tenía paciencia a mi madre, no importaba lo que ella hiciera, y cuando Laura trataba de preguntarme si algo me molestaba, le contestaba que me dejara en paz. A excepción de la pista de hielo, el único lugar donde quería estar era en mi habitación, solo, mirando el techo o durmiendo.

Mi mal humor se agudizó durante el campeonato de división de octubre, mismo que se celebró en una pista cerca de Los Angeles. Kristi viajó con su mamá y se hospedaron con la abuela de Kristi. Para mi fortuna, papá y Laura decidieron asistir, así que viajamos juntos y nos quedamos con mi tía Cindy. Gracias a Dios, pude escaparme de otro terrible encuentro con la abuela de Kristi, y disfruté esa oportunidad para ver a mi tía y a mis primos. Toda la familia me recibió con los brazos abiertos y me llenó de elogios, pero aún así tenía ganas de derribar la pared a puñetazos.

Kristi y yo estábamos inscritos en la categoría individual y en parejas, y la primera competencia fue la de esta última categoría. Nos enfrentamos a diez equipos provenientes de todo el estado. Después de haberlos observado durante las prácticas, me sentía confiado de que ganaríamos. Estuvimos increíbles durante la competencia. Eso hizo que me sintiera mucho mejor: una vez que me encontraba sobre el hielo, frente al público, podía hacer a un lado, al menos por unos minutos, toda esa frustración y toda esa furia; me limitaba a disfrutar lo que estaba haciendo. Logramos un side-by-side double lutz, que en ese entonces era inusual para la categoría de parejas amateur, y también realizamos un double flip. La multitud nos aclamó de pie, incluso antes de que termináramos.

Después de que todas las parejas habían patinado, Kristi, Carole y yo salimos a ver las calificaciones, que se aparecían en el lobby. Papá y Laura estaban aún en la tribuna. A pesar de las expectativas, sólo obtuvimos el segundo lugar. Esa fue la gota que derramó el vaso: hice una tremenda rabieta frente a todos los patinadores, entrenadores y padres. Carole Yamaguchi tenía tan poca paciencia para ese tipo de comportamiento como Colleen Blackmore y, como ella, me apartó de todos y me dijo con mucha firmeza: "¡No vuelvas a hacer eso en público!". Después me explicó que tendría que aprender a manejar la desilusión, que no ganaríamos todas las competencias, sobre todo porque aún estábamos, relativamente, poco fogueados. Sonó razonable, pero esa desilusión no era la causante del problema; era algo completamente diferente, que yo desconocía.

Este es el punto de la historia en el que uno espera que entre en escena el psicólogo infantil, porque evidentemente yo era un chico con serios problemas. No era sólo un adolescente temperamental, que necesitara una plática; era un chico con problemas que luchaba contra un pozo profundo de rabia, apenas controlable. Desafortunadamente, yo no pertenecía al tipo de familia que envía a sus hijos a terapia, así que tendría que superar eso por mí mismo.

En la competencia individual hice otro berrinche. Siempre lograba bien las figures, pero fallé en un giro y terminé en noveno lugar. Me sentí completamente fracasado, sobre todo después de haber trabajado tan duro con Jim durante todo el año. En esta ocasión esperé a que estuviéramos en el auto, de regreso a casa de tía Cindy, para estallar. Me imagino que papá y Laura debieron preguntarse si había heredado la enfermedad mental de mi madre, porque me volví tan loco como en ocasiones le sucedía a ella. Cuando mi madre sufría ataques, algunas veces le lanzaba cosas a mi padre. Ese día, en el automóvil, grité a todo pulmón y pateé los interiores: las puertas, la parte trasera del asiento, cualquier lugar que alcanzaran mis pies. Papá me gritó que me detuviera, y Laura hizo todo lo que pudo para calmarme, lo que logró finalmente, aunque con mucha resistencia.

Tan pronto como papá estacionó el automóvil frente a la casa de tía Cindy, salí huyendo. No sabía a dónde me dirigía, pero corrí lo más rápido que pude, cuadra tras cuadra, por las calles del este de Los Angeles, vestido con mi sweater de gala y mis pants de poliéster. Cuando por fin me agoté, me escondí en un callejón, a un lado de un supermercado. Me senté en el piso, recargado en un depósito de basura desbordante, donde mi hermana y mi padre me encontraron horas después, aún llorando sólo Dios sabe por qué.

Lamento no haber recibido ayuda profesional a esa edad, pero fui muy afortunado de que Carole Yamaguchi decidiera acogerme. El amor y la atención de Carole me ayudaron mucho a neutralizar gran parte de mi rabia. Ella me hizo sentir amado, parte de su familia. En términos prácticos, Carole se hizo cargo de todas mis cosas: desde llenar las solicitudes para nuestras competencias y comprar el mismo modelo trajes para nuestras actuaciones, hasta asegurarse de que durmiéramos lo suficiente y comiéramos bien.

Después de nuestra competencia en Los Angeles, Carole comenzó a invitarme a cenar con la familia Yamaguchi. Me encantaba ir a su casa. Vivían en Fremont, en una linda casa suburbana de seis recámaras, con tres baños, dos salas, comedor, una enorme cocina y un gigantesco patio. Todo era moderno y amplio. El contraste con nuestro trailer no podía ser mayor.

Todas las noches, a la hora de la cena, la familia completa se sentaba a la mesa. Ahí estaba el papá de Kristi, un exitoso dentista, un hombre muy callado que pocas veces asistía a las competencias, a pesar de que apoyaba totalmente el hecho de que Kristi practicara el patinaje. También estaban el hermano menor y la hermana mayor de Kristi (ninguno patinaba), y, desde luego, Carole, Kristi y yo.

En mi familia podíamos considerarnos afortunados si nos sentábamos a comer juntos un par de veces a la semana, y eso sin contar a George. Además, les puedo asegurar que no comíamos el tipo de comida sana que preparaba Carole. Casi todas las veces mi madre cocinaba los platillos mexicanos que le encantaban a mi papá. Carole, por el contrario, hacia algo diferente cada noche, con recetas que sacaba de un libro. Comíamos mucha comida japonesa con arroz, verduras variadas, pollo teriyaki . . . tantas cosas que no había comido antes. Carole logró, incluso, que comiera bróculi, que yo odiaba; eso era lo único que yo tenía en común con el presidente Bush. Carole me obligaba a comerlo porque decía que era bueno para mí. "No puedes retirarte de la mesa a menos que hayas terminado todo lo que hay en tu plato", me advertía, y así terminé encontrándole el gusto al bróculi, que todavía hoy se me antoja.

No comparar a Carole con mi madre resultaba imposible, aunque ahora desearía haberme guardado esos pensamientos. Mi madre no hizo las cosas que Carole hizo por mí. No le importaba si dormía lo suficiente o si me alimentaba bien.

Pude haber practicado en harapos y no habría notado la diferencia. Más allá de lo práctico y la buena comida, Carole era cariñosa conmigo, era tan maternal como lo habían sido Colleen y mi tía Cindy. Carole me abrazaba y me besaba cuando saludaba o cuando se despedía y yo, como en el pasado, absorbía todo ese cariño.

Pensar en el contraste me hacía sentir resentimiento hacia mi madre. En ocasiones, me enfurecía y le decía que yo no le importaba en lo absoluto. Eso, por supuesto, hacía que se enojara, que yo me sintiera aún más rensentido, y que quisiera más a Carole.

Puesto que ya no iba a clases regulares, podía pasar mucho tiempo con Carole durante el día. Con frecuencia, ella y yo dejábamos a Kristi en la escuela, después de la práctica, y regresábamos a su casa, donde yo hacía tareas y veía las telenovelas mientras ella limpiaba y comenzaba a preparar la comida. Algunas veces veíamos juntos las telenovelas, otras salíamos de compras y en ocasiones simplemente pasábamos el tiempo platicando de patinaje. Creo que ni en sueños había imaginado una madre tan perfecta.

Al paso de los meses, empecé a pasar más y más tiempo con los Yamaguchis y menos con mi familia. Para entonces, Laura era una joven y tenía una vida propia. Con Carole cuidándome, Laura sintió que podía dejar esa responsabilidad y concentrarse en sus cosas, que incluían patinar en un espectáculo sobre hielo, entrenar y tener novio.

A mi padre no parecía incomodarle mi creciente apego a Carole y a Kristi. Me sorprendía un poco, pero nunca mencionó una sola palabra en relación con el hecho de que yo pasara menos tiempo en casa. Lo que es más, ni él ni mamá me llamaban cuando estaba con los Yamaguchis, aún cuando me quedara a dormir. Yo era el que siempre se reportaba para decirles dónde estaba y dónde pasaría la noche. Eso me hizo sentir como si no les importara, pero me consolaba saber que Carole me amaba y que Kristi era mi mejor amiga.

En casa de los Yamaguchis, Carole tenía reservada una habitación para mí. Era mucho más grande que mi habitación en casa, con una cama grande y bonita, cojines afelpados y sábanas limpias. Todo era tan bello y nuevo en comparación con aquello a lo que estaba acostumbrado. Todo me gustaba tanto, que anhelaba, en secreto, que Carole me invitara a mudarme.

Para 1984, el segundo año que patinábamos juntos Kristi y yo, entrenábamos cinco días a la semana y habíamos desarrollado una rutina bastante estable. Carole era la primera en levantarse, como a las 3:45 de la madrugada. Después de vestirse, iba a la cocina para preparar el lunch de Kristi y de sus hermanos. Después preparaba nuestro cereal, Cheerios para mí y Cap'n Crunch para Kristi. Cuando terminaba en la cocina, abría la puerta de mi habitación y encendía la luz para avisar que era hora de levantarse. No soy de los que se levantan de inmediato, pero me gustaba tanto patinar que nunca tuvo que llamarme por segunda vez; sólo necesitaba unos minutos para despertarme y enseguida me iba al baño, para asearme.

La siguiente parada de Carole era la habitación de Kristi. Para que ella se levantara era necesario algo más que prender las luces. Era tan dormilona, que la mayoría de las veces Carole tenía que ayudarla a vestirse. Minutos después, Kristi se tambaleaba rumbo a la cocina, restregándose los ojos mientras caminaba hacia la mesa del antecomedor. Vaciaba dos gotas de leche en su tazón de cereal y me pasaba el cartón; yo llenaba mi tazón casi hasta la orilla. Kristi pensaba que eso era desagradable y siempre me hacía gestos de asco.

Nos llevábamos el cereal al automóvil y comíamos mientras Carole conducía por el puente San Mateo hacia la pista. Tan pronto terminaba de comer, Kristi volvía a dormirse en el asiento trasero, y Carole y yo platicábamos durante la restante media hora de trayecto. Siempre había tanto de qué hablar: qué sucedería en la siguiente competencia, chismes de otros patinadores y sus padres, todo lo imaginable.

Llegábamos a la pista a las cinco en punto, nos poníamos los patines y hacíamos cuarenta y cinco minutos de figures. Después, de 5:45 a 6:30, practicábamos individual libre. A las

6:45 hacíamos cuarenta y cinco minutos más de figures, antes de practicar estilo libre de parejas, de 7:30 a 8:15. Al terminar lijaban el hielo—lo alisaban con una máquina enorme—a las 8:30 volvíamos a hacer figures, y a las 9:15 practicábamos de nuevo el estilo libre. Después dejábamos a Kristi en la escuela, y Carole y yo regresábamos a casa. Yo descansaba los sábados y los domingos, Kristi sólo los domingos. Para mí, ésta era una vida ideal. Me encantaba patinar y me fascinaba ser parte de la familia Yamaguchi.

Sin embargo, no quiero que se crea que mi vida con ellos era perfecta. Como en cualquier situación familiar, había problemas. Con dos chicos famosos (uno de los cuales era yo) y dos que no lo eran, las tensiones eran previsibles, y en algunas ocasiones hasta llegué a discutir con Carole. Yo era un adolescente, y por mucho que me gustara ser parte de su familia, no siempre resultaba algo fácil de llevar.

Lo que realmente comenzó a molestarme, además de sentir que a mi familia no le importara, era algo que había tratado de sacar de mi mente durante años. Después de mi enamoramiento de Johnny Rivera, nunca había sentido nada por otro niño. Supongo que el episodio que presencié cuando George nos dijo que era gay y se fue de la casa tenía algo que ver con mi decisión inconsciente de reprimir cualquier pensamiento similar que pudiera haber tenido. Quizá reprimí instintivamente cualquier sentimiento o atracción por los hombres por el hecho de que mi padre me repitiera, en varias ocasiones: "Rudy, más vale que no seas gay, porque si lo fueras, te colgaría de los testículos en el árbol más alto". Esa frase me atemorizaba, y esperaba que fuera sólo una broma.

No importaba lo que mi padre dijera o qué tan mal hubiera reaccionado a la revelación de George, para cuando yo era un adolescente, se me hizo cada vez más difícil no fijarme en los hombres que me parecían atractivos. Recuerdo una ocasión en que me encontraba en el cine con Kristi y sus amigas y se me dificultó reprimir mis emociones. Fuimos a ver *Top Gun*, con Tom Cruise y Val Kilmer. Cuando Tom Cruise apareció en la pantalla por primera vez, todas las chicas comenzaron a gritar, y mi primer impulso fue gritar junto con ellas. Me aterrorizaba lo que Kristi pudiera pensar de mí. También temía que, si se enteraba de que yo era gay, no me permitiría tocarla jamás, lo que significaría el final de nuestra carrera de patinaje en parejas.

A pesar de que yo no decía nada sobre mi homosexualidad, algunas personas, como el hermano de Kristi y sus amigos, no tenían problema alguno para imaginársela. Como lo mencioné antes, soy afeminado. No todos los hombre afeminados son gays, pero muchos lo somos. El estereotipo no salió de la nada. Así que, aunque luchaba contra mis sentimientos, tenía que enfrentar las burlas del hermano de Kristi y de sus amigos. Al pasar a mi lado, en el pasillo de la casa, alguno de ellos decía en voz alta: "Kristi patina con un maricón", o sólo: "¡Maricón!" Después todos reían y corrían a la habitación del hermano de Kristi. Me hería que me dijeran eso, pero no estaban descubriendo algo que yo no supiera, así que yo les respondía gritando: "¡Si, lo soy, y qué!" Normalmente eso los acallaba por un tiempo.

Ya que Carole y yo platicábamos de todo, y puesto que me había hecho saber que me amaba, pensé que podía confesarle que era gay. Supuse que lo aceptaría sin ningún problema. Para entonces yo tenía dieciséis años, y teníamos casi tres de conocernos. Así que una mañana, en la práctica, le mencioné que tenía que hablar con ella. Me sugirió que lo hiciéramos después de dejar a Kristi en la escuela.

Cuando eso sucedió, Carole y yo fuimos a un estacionamiento cercano. Me preguntó qué era lo que quería decirle, y lo solté: "Soy gay". Ella dijo: "¡No, no lo eres!" Se convirtió en un estira y afloja. Yo le decía "¡¿No comprendes?, en verdad lo soy!", Y Carole me contestaba: "No, por supuesto que no. No puedes serlo. Te gustan las chicas".

Claro que me gustaban las chicas, agregué, pero sólo como amigas. Trató de convencerme y yo insistía. Pronto comencé a llorar; sólo quería salir del automóvil e irme a casa. Lo que yo no sabía en ese entonces era que la reacción de Carole era la reacción típica de la mayoría de los padres. Le apenaba lo que le había dicho y no quería creer que fuera verdad. Lo negaba por completo. Me imagino que parte de lo que pasaba por su cabeza tenía que ver con el patinaje. Debido a la imagen de la Asociación de Patinaje Artístico de los Estados Unidos, el hecho de que yo fuera gay seguramente obstaculizaría una carrera que parecía tener posibilidades infinitas.

Después de ese día, Carole y yo nunca volvimos a hablar del tema. Tomando en cuenta la forma en que reaccionó, de ninguna manera me atrevería a mencionarlo de nuevo. Por un lado, el amor y apoyo de Carole eran importantes para mí, y lo último que quería hacer era apartarla, por otra parte, igualmente importante, yo deseaba seguir patinando con Kristi, y no quería que nada pusiera en peligro nuestra sociedad. Temía que, si removía el asunto, Carole terminaría por disolver nuestra pareja y por alejarme de ellas.

Ya que no volví a hablar del tema, creo que Carole se convenció de que ella estaba en lo correcto, que yo no era gay. Yo sabía que eso era para siempre: le gustara o no, no había nada que yo pudiera hacer para cambiar mi orientación sexual. Después de nuestra conversación y días después de un sentimiento extraño, las cosas parecieron regresar a la normalidad, pero para mí nada sería como antes. El resto del tiempo que patinamos Kristi y yo, siempre sentí como si estuviera al borde de hacer algo mal, algo por lo que Carole me obligaría a empacar mis cosas. Nuestra relación, que para mí había estado siempre basada en el amor, se basaba ahora en el temor. Ese sentimiento de seguridad que tanto disfrutaba se había esfumado para siempre.

6

Rudy + Kristi =

Una Pareja de Campeonato y un Para de Campeones

Cuando los periodistas de deportes comenzaron a escribir sobre nosotros como pareja, durante nuestros primeros años juntos, comentaban que éramos la sensación del momento, que de la noche a la mañana habíamos pasado de la total obscuridad al centro de escenario. Para mí no había sido tan rápido, fue necesario un árduo trabajo, día tras día, mes tras mes, para llegar hasta ahí. Teníamos que practicar los lifts, jumps, spins y footwork que se requerían para los programas cortos y largos. La mayoría de la gente no se puede imaginar, y yo mismo no puedo creer, la cantidad de tiempo y repeticiones sinfín que se requieren para crear y perfeccionar algo que, cuando ya se domina, debe verse como si no implicara el menor esfuerzo.

Llegar a dominar la pista supone un gran trabajo, y cuando se es joven, como nosotros lo éramos en esa época, un solo año representaba un periodo muy largo. Sin embargo, en comparación con otras parejas, la media docena de años que nos tomó llegar de nuestra primera medalla de plata, en 1984, en el campeonato de división, a nuestra primera medalla de oro, en 1989, en el campeonato nacional de parejas, fue un lapso sumamente corto. Nosotros sentimos que fue un recorrido sin mayores obstáculos de categoría en categoría, hasta 1987, pero a partir de entonces descubrimos las desventajas de haber llegado a la cima tan rápido.

Debido a todos nuestros éxitos, para 1987 llegamos a un nivel senior dentro del campeonato nacional. El problema era que tan sólo teníamos dieciséis y dieciocho años de edad, así que, en comparación con los demás patinadores, varios años mayores, ambos éramos todavía unos niños. A eso habría que añadirle el hecho de que, físicamente, éramos la pareja más pequeña en la pista. En términos prácticos, eso significaba que en el Campeonato de Patinaje Artístico de Estados Unidos de 1987, en Tacoma, Washington, durante las prácticas, los patinadores de mayor experiencia casi nos arrollaban. Nos aterrorizaba pensar que nos pudieran golpear, así que la mayor parte del tiempo permanecimos en la orilla, y nunca tuvimos la oportunidad de practicar el programa completo.

No sé si fue porque no pudimos practicar como debíamos, o simplemente por la presión de patinar en las ligas mayores, pero durante nuestro programa corto tuvimos problemas. El inicio fue genial, y el público se involucró desde un principio, apoyándonos con palmas al son del cha-cha. Eso hizo que me dificultara escuchar a Kristi cuando me trataba de decir que su agujeta se había desabrochado. Ibamos volando por el hielo, con saltos y lifts; el público estaba muy entusiasmado, y Kristi intentaba decirme algo. A la mitad de nuestro elaborado footwork, por fin escuché cuando ella me dijo que su agujeta estaba suelta, así que terminé el movimiento empujándola por debajo de mis piernas. La detuve para que pudiera ver su patín, y cuando lo hizo dijo: "¡Dios, no está desabrochada!".

Ya para entonces íbamos atrasados con la música y Kristi comenzó a jalarme, en un intento por retomar el ritmo. La paré y le dije que deberíamos ir con los jueces y decirles lo que había sucedido; de cualquier manera, nos iban a restar puntos por detenernos a la mitad del programa. Yo esperaba que, al explicarles lo que había sucedido, nos dejaran empezar de nuevo. Estaba equivocado. Nos hicieron empezar en donde nos habíamos detenido. Fue penoso y nos iba a costar, pero no creí que ese fuera el fin del mundo. En esta ocasión, para variar, era yo el que estaba tranquilo.

Nuestras calificaciones fueron terribles, pero pudieron haber sido peores. De dieciséis parejas, quedamos en octavo lugar. Kristi estaba tan decepcionada, que se echó a correr y no la podíamos encontrar. Buscamos por todas partes, incluso los guardias de seguridad nos ayudaron. Fue a mí a quien se le ocurrió regresar al vestidor de las damas, en donde Carole ya la había buscado. Entré al baño, que estaba vacío pues todas las patinadoras se habían ido ya, y me asomé por debajo de cada puerta. Encontré a Kristi en el segundo apartado, sobre la taza, cubriendo su rostro con las manos, sollozando en silencio. Abrí la puerta y la tomé de la mano para ayudarla a bajar. Después le di un fuerte abrazo y le dije que todo estaría bien, que todavía teníamos que relizar un programa largo, que saldríamos a la pista y les demostraríamos quiénes éramos.

Eso hicimos. Juntos ejecutamos un programa casi perfecto, al son de *The Tap Dance Kid*. La gente nos aplaudió de pie y los jueces nos dieron calificaciones lo suficientemente altas como para subir a un quinto lugar. Nos sentimos orgullosos por haber llegado al quinto lugar en parejas de todo el país, tomando en cuenta que ésta era nuestra primera vez como seniors, y que éramos los más jóvenes de la competencia.

Kristi y yo terminamos ese año en el campeonato mundial junior, en Brisbane, Australia. Aunque ya éramos seniors, por nuestra edad y nuestra estatura todavía teníamos que competir en la categoría de juniors. Nos divertimos mucho porque en pleno diciembre el clima era cálido, nos paseábamos en bermudas y camiseta, nada que ver con el clima de países como Canadá o los de Europa, en donde, por lo general, se llevaban a cabo los campeonatos.

Yo ya había ganado el campeonato junior el año anterior, por lo que no se me permitía competir en la categoría individual, pero Kristi sí estaba compitiendo, y estábamos inscritos en la categoría de parejas. Imaginamos lo fantástico que sería si ganáramos como pareja y Kristi triunfara en la categoría individual: tendríamos tres medallas. Eso fue, precisamente, lo que hicimos. Regresamos a casa pensando que mientras siguiéramos trabajando duro, nada nos detendría y nos convertiríamos en campeones senior a nivel nacional.

Aun cuando Kristi y yo continuamos nuestra carrera hacia la cima, hubieron varios factores que nos afectaron: desde la adolescencia y las presiones de carreras similares, hasta lesiones físicas y la enfermedad de nuestro entrenador. Como resultado, durante el año siguiente, nuestra relación comenzó a verse afectada.

La gente del medio y los reporteros que escribían sobre nosotros ya habían comenzado a especular, a dos años de haber iniciado, respecto a cuánto tiempo seríamos capaces, Krisiti y yo, de manejar tres carreras diferentes: la mia, la de ella y la nuestra. Al principio no fue tan problemático, pero se convirtió en un reto enorme conforme avanzábamos en las categorías y nos esforzábamos por cumplir con los horarios tan demandantes y conflictivos de las competencias sin restarle tiempo al entrenamiento.

Yo fui el primero en titubear. En el campeonato nacional de 1988, me sentí particularmente inseguro respecto a nuestra relación, y no sé porqué. Pensé que era importante demostrarle a Carole que me interesaba el trabajo en pareja, y decidí que la mejor forma de hacerlo era poniendo poco interés en mi actuación individual. En las competencias nacionales me esforcé poco en mi programa individual, y a consecuencia de ello quedé en el décimo lugar general. Unos meses después anuncié que iba a dejar los programas individuales para concentrarme por completo en el de parejas. El anuncio de mi retiro tuvo el efecto deseado: Carole se mostró complacida con mi decisión.

No me di cuenta de que, al dejar el programa individual, dependía totalmente de lo que Kristi hiciera; me había quedado sin nada sometido al control de otra persona. Si Kristi decidía tomar su propio camino y enfocarse en el programa individual, a mí no me quedaría otra opción que levantar los pedazos de mi carrera abortada. Claro, no pensé en ello hasta que ya era demasiado tarde.

Al mismo tiempo que comenzó a cambiar nuestra relación profesional, mi relación personal con Kristi también sufrió ciertos cambios, y no para bien. Seguía quedándome a dormir con los Yamaguchi muy a menudo, pero Kristi y yo ya no éramos los compañeros de juegos de la infancia. Con dieciséis y dieciocho años, ya convertidos en adolescentes, lo último que, al parecer, Kristi quería, era andar con su compañero de patinaje. Ella tenía sus amigos, y cuando tenían algún plan ya no me incluían. A diferencia de Kristi, yo no hacía amigos con facilidad, y para mí, ella seguía siendo mi mejor amiga. Mi respuesta a ese aislamiento fue rogarle que me dejara acompañarla al centro comercial, o adonde fuera. Claro que eso hizo que Kristi me excluyera todavía más. Se debió de haber sentido sofocada por tenerme a su lado todo el tiempo, tratando de encajar de la misma manera como lo había hecho con mi hermana, años atrás.

Uno de los aspectos de la adolescencia que Kristi y yo compartíamos, pero que yo no se lo podía decir, era nuestro creciente interés por los chicos. No me atreví a decirle absolutamente nada, ni siquiera cuando por fin me sobrepuse al miedo que sentía al imaginar lo que pasaría si Carole se enterara o me viera con un chico, y me permití involucrarme con una persona.

Era el verano de 1988, había un chico verdaderamente atractivo, como un año menor que yo, que frecuentaba la piscina que estaba cerca de nuestro trailer. Las chicas lo acosaban como si fueran verdaderas fanáticas en una competencia de patinaje, y él parecía disfrutar toda esa atención. Yo estaba seguro de que salía con una de ellas, o incluso con más.

Brad (no es su verdadero nombre) medía como un metro ochenta, tenía el cabello claro, la piel bronceada y buena musculatura. Su cuerpo era el del nadador perfecto, y aunque a mí los chicos de tipo italiano me parecían más atractivos, él, ciertamente, no me desagradaba . . . y, aunque parezca mentira, ¡él también se sentía atraído por mí! Al principio, no me di cuenta de su interés, pero en la piscina se acercaba para mojarme, y en ocasiones fingía luchar conmigo. No puedo decir que era algo que me importara, pero me confundía, porque yo estaba seguro de que él no era gay.

Más o menos un mes después de que lo vi por primera vez, Brad llegó a la piscina cuando yo andaba por ahí y me llamó para decirme: "Te veo en tu casa hoy, a las diez". Antes de que pudiera registrar lo que me acababa de decir, respondí: "Está bien". Se alejó y me dejó en "shock". No sabía qué pensar: ¿Acaso iría por las razones que yo imaginaba o simplemente lo haría para entablar una amistad? Ahora que pienso en todas las miradas y los juegos "rudos", sólo puedo sacar una conclusión de esa auto-invitación que se acababa de hacer. Estaba aterrado, no por la oportunidad que se me presentaba para tener contacto físico con un chico por primera vez, eso era algo que deseaba, sino por lo que mis padres pensarían si nos encontraran juntos en mi habitación (Laura se había mudado un par de años atrás y vivía en un departamento cercano, con una compañera).

No me preocupaba tanto mi mamá, porque aunque nunca hablamos de mi condición como gay, yo siempre hablaba abiertamente delante de ella: cuando veía en la televisión un chico que me gustaba, se lo decía, y ella se limitaba a comentar si estaba de acuerdo conmigo o no. Sin embargo, nunca hacía algo similar cuando mi papá estaba en casa. Sabía lo que pensaba de George por ser gay, y decidí que sería más seguro para mí, y menos doloroso para él, si le evitaba la pena de enterarse de que tenía dos hijos gays. Por eso era mi papá el que me preocupaba, y sobre todo porque sabía que estaría en casa. Desde su jubilación, un año antes, siempre estaba en casa.

Una hora antes de que Brad llegara yo iba de un lado a otro

de mi habitación, queriendo trepar las paredes, en un estado de pánico total. Quería que Brad llegara, quería estar con él, pero ¿qué sucedería si nos descubrían? Si nos veían, ¿se enteraría Carole?

Terminé por no preocuparme por mis padres, porque ellos se fueron a dormir poco después de las nueve y media. Fue entonces cuando enfoqué toda mi ansiedad en anticiparme mentalmente a lo que sucedería. Yo no tenía experiencia, ¿qué se supone que debía hacer? ¿Debería dejar que él dara el primer paso, lo debería de dar yo? Estaba sumergido en mis sueños y suposiciones cuando escuché que tocaron la puerta. Miré el reloj. Eran las diez de la noche en punto.

Brad estaba en la puerta de mosquitero, coloqué mi dedo en mis labios para indicarle que guardara silencio. Abrí la puerta y, por un momento, lo vi en sus pantalones de mezclilla deslavados y su camiseta blanca. Se veía guapísimo, y en ese momento me sentí no tan guapo, y no comprendí qué interés podía tener en mí. Pero ahí estaba, parado en mi sala, lo tomé de la mano y lo conduje hasta mi habitación.

Desperdicié mi energía pensando quién iba a hacer el primer movimiento, porque todo comenzó con un abrazo mutuo. No les puedo decir que fue como yo lo había imaginado, porque no me había imaginado cómo sería, pero fue divertido y totalmente natural. No fue nada romántico, porque ciertamente nuestro interés no iba mucho más allá del físico. No fue sino hasta que lo despedí, pasada la medioanoche, cuando me di cuenta de que ni siquiera nos habíamos dado un beso. Como dije, no fue un encuentro romántico, simplemente físico.

Antes de irse, Brad me preguntó si podía regresar al día siguiente, y le dije que sí, pero a la mañana siguiente me encontré en un estado de pánico total, al pensar en la posibilidad de que Carole se enterara. La lógica me indicaba que no había manera de que se pudiera enterar, pero no quería arriesgarme, así que cuando Brad pasó a verme por la tarde, le dije que no lo podría volver a ver.

* * *

El miedo a que Carole se enterara, y a lo que pasaría con mi futuro junto a Kristi, fue un factor determinante en mi vida. Ese verano, pese a que no se enteró de lo de Brad, pensé que, al lastimarme la espalda, le había dado a Kristi otra razón para deshacerse de mí.

El hecho de que yo fuera pequeño en comparación a otras parejas era algo que los críticos de deportes y los conocedores del patinaje siempre señalaban como una barrera para que Kristi y yo llegáramos a la cima de la profesión. Pero yo siempre respondí a esos comentarios demostrándoles que podía hacer todos los levantamientos y lanzamientos que otros hombres hacían. Sin embargo, mi poca estatura me hacía más suceptible a cualquier lesión. Como tenía que suceder, ese verano, en una exhibición cerca de San Mateo, me lastimé la espalda severamente.

Durante varios meses antes de la exhibición, había padecido fuertes dolores en la parte inferior de la espalda, que creo se debían a la presión de tener que recibir a Kristi conforme iba bajando de un triple twists: yo la lanzaba al aire, ella daba tres giros, la recibía de la cintura y la ponía nuevamente en el hielo.

En la exhibición, patinamos al ritmo de la música de *Romeo y Julieta*. La idea fue de nuestro entrenador, Jim Hulick, para darnos un toque un poco más maduro. El primer elemento en nuestro programa fue un triple twist, y al momento de recibir a Kristi me tropecé, caí sobre ella y fuimos a dar contra la barda. Debió de haberse visto bastante grave, porque pude escuchar las exclamaciones del público, que en el momento se puso de pie. Eso no nos había sucedido nunca, ni siquiera en las prácticas.

Kristi se levantó, me dio la mano, y dijo: "Vamos". Le dije que me dolía la espalda y que debíamos consultar a Jim, para asegurarnos de que estaba bien. Salimos de la pista, Jim me revisó y me dijo que parecía estar bien, que podíamos continuar. Cuando anunciaron que iniciaríamos de nuevo, el público aplaudió.

Todavía me dolía la espalda, pero temía decir algo porque

pensé que Carole diría que no era lo suficientemente fuerte como para patinar en parejas y que Kristi necesitaba un compañero más grande. Así que regresamos al hielo y patinamos nuestro primer movimiento: lancé a Kristi al aire y giró tres veces, pero luego, cuando la recibí, caí encima de ella otra vez y de nuevo fuimos a dar contra la barda. Kristi se levantó de inmediato, me pidió que siguiéramos, pero sentía tanto dolor que apenas si me podía poner de pie. Al final no pudimos terminar el programa.

Cuando salimos del hielo, Carole se acercó y me preguntó qué sucedía. Le dije que me había lastimado la espalda. Me preguntó si me la había lastimado solo por la caída, pero le contesté que hacía tiempo me molestaba. Me preguntó: "¿Kristi te pesa mucho?", y añadió: "Quizá ustedes dos deban renunciar a ésto". Fue exactamente como me lo había temido, pero intervino nuestro entrenador y le aseguró a Carole que quizá se trataba de una lesión menor, y que yo era lo suficientemente fuerte como para controlar a Kristi, incluso en los movimientos más difíciles.

Al día siguiente, mi papá me llevó al médico, quien me prescribió medicamentos anti-inflamatorios y me enseñó a hacer varios ejercicios para fortalecer la parte inferior de la espalda. Yo estaba determinado a que Kristi y yo siguiéramos juntos, en especial cuando todo indicaba que teníamos la oportunidad de ganar una medalla en el próximo campeonato nacional.

Para el otoño de 1988, sólo dos elementos nos mantenían unidos a Kristi y a mí: el recuerdo de nuestros momentos de gloria y nuestro entrenador, Jim Hulick. Jim fue el elemento de unión que mantuvo nuestra sociedad, pero después de que se sometió a una operación a causa de un cáncer de colon, poco tiempo después de la exhibición de San Mateo, esa unión comenzó a debilitarse. Jim nos dijo que el pronóstico era bueno, que no teníamos de qué preocuparnos, pero lo que no nos dijo fue que su cáncer estaba relacionado con el SIDA. En 1988, las probabilidades de sobrevivir para casi cualquier persona a la que se le había diagnosticado SIDA, eran, a lo mucho, muy pobres.

A pesar de su falta de energía y su baja de peso, Jim logró seguir con nosotros, de acuerdo con el horario de entrenamiento cotidiano, a lo largo de todo el otoño. En esa época, cuando él tenía que ir a Los Angeles para una quimioterapia o cuando estaba demasiado debilitado por los efectos secundarios como para venir a la pista, Kristi y yo trabajábamos por nuestra cuenta. Habíamos estado trabajando juntos durante tanto tiempo, que unos días sin Jim no tenían mayor impacto en nuestro desempeño.

Kristi y Carole fueron muy comprensivas respecto a la enfermedad de Jim. Me apena decir que yo me porté poco menos que tolerante. No quería que Jim estuviera enfermo, y la impaciencia afloraba en mí cuando él no era el mismo ser entusiasta de siempre. En ocasiones me portaba muy petulante, y eso es imperdonable, sobre todo porque Jim había dejado a todos sus otros patinadores para enfocarse en nosotros. Él nos demostró una gran valentía y entrega, y yo, en cambio, demostré una gran inmadurez.

Si es que puedo tener alguna excusa por mi comportamiento, esa era que ya me sentía inseguro respecto a mi relación con Kristi y Carole, y la enfermedad de Jim sólo me hacía sentir mayor inseguridad. Como si la enfermedad de Jim no fuera suficiente, unas semanas antes del campeonato nacional mi papá sufrió un ataque apopléjico lo suficientemente severo como para que terminara en cuidados intensivos. El estado de salud de papá había ido deteriorándose desde su jubilación. Había tenido diabetes y presión alta desde mediados de los años setenta, y nunca siguió las indicaciones del doctor para cuidar su dieta y dejar de beber. Papá era muy terco, y el doctor le advirtió que si no tenía cuidado terminaría con inyecciones de insulina en lugar de píldoras, pero le encantaba la comida mexicana y sus "six pack" de cerveza, así que al poco tiempo comenzó a aplicarse las inyecciones.

Yo estaba con mi papá la tarde que tuvo su primer ataque. Estábamos sentados en el pórtico, sin hacer realmente mucho, y de pronto se colocó una mano en un lado de la cabeza y se cayó. Le pregunté qué le pasaba y me dijo que no se sentía bien. Sabía que algo andaba muy mal, y mamá y yo queríamos llamar a una ambulancia, pero él no nos dejó. Dijo que no iría a ningún lado hasta que llegara Laura, así que la llamé a su departamento y llegó de inmediato. Para entonces, papá tenía dificultad para hablar y todo su lado izquierdo comenzó a colgarse, como si estuviera totalmente lánguido. Entre los tres lo subimios al auto de Laura y lo llevamos al hospital.

Durante los primeros días, papá estuvo en cuidados intensivos. Yo estaba muy impresionado y me moría de miedo al pensar que iba a morir. Por fortuna, mi rutina en la pista me ayudó para no dejarme vencer. Con el campeonato nacional a la vuelta de la esquina, tenía que practicar todos los días, pero iba todas las tardes al hospital para visitar a papá y llevar a mamá a casa. Laura pasaba por mamá todas las mañanas y la dejaba en el hospital para que pasara todo el día con papá. Hablé con George por teléfono y le dije lo que había sucedido, pero pensó que sería mejor no ver a papá, por temor a que tuviera otro ataque.

Si creen que el ataque asustó a mi papá lo suficiente como para apegarse a una dieta a partir de entonces, les diré que eso no sucedió. Odiaba la comida del hospital, y tan pronto como lo sacaron de cuidados intensivos nos suplicó que le lleváramos comida de Taco Bell. En ocasiones lo complacíamos para que estuviera contento, pero lo hacíamos con cierta reserva porque sabíamos que, a la larga, sólo le estábamos causando un daño mayor.

Para cuando me fui a Baltimore, en febrero, para competir con Kristi en el campeonato nacional de 1989, papá estaba ya en casa y en plena recuperación. Pese a ello se me hacía difícil salir y dejar de preocuparme por su salud. Estaba acostumbrado a que mi papá fuera el hombre fuerte de la casa, a que siempre estuviera presente, aun cuando no tuviéramos nada que decirnos. Cuando me despedí de él para ir a Baltimore, lo vi como un anciano. Sin embargo, seguía siendo mi padre, y antes de que me fuera, me deseó suerte y me dijo: "Permite que la estrella dorada de las alturas brille sobre ti".

En Baltimore, Kristi y yo esperábamos llegar a un tercer lugar, cuando mucho, pero sorprendimos a todos, incluso a nosotros mismos, y alcanzamos un segundo lugar después del programa corto. Realizamos un programa de técnica difícil y logramos realizar el salto más complicado de la noche, un double axel; con eso fue suficiente. Jim estaba tan emocionado por nuestra ejecución, que literalmente lo tuvieron que detener para evitar que saliera hacia la pista para abrazarnos.

Para el programa largo, patinamos la rutina de *Romeo y Julieta*. Usamos unos trajes preciosos, de color azul obscuro, con una franja dorada a lo largo. Eramos la única pareja de la noche que planeaba realizar un side-by-side triple flip. De hecho, éramos la única pareja en el mundo que podía ejecutar ese movimiento en una competencia.

Durante el calentamiento tratamos de practicar nuestro triple flip y algunos de los otros movimientos, pero una de las parejas rivales, los que querían llegar a primer lugar, se nos cruzaban intencionalmente cada vez que tenían oportunidad de hacerlo. Nosotros íbamos de un lugar a otro hasta que encontramos un espacio en donde tuvimos la oportunidad de realizar nuestros movimientos. Estaba tan enojado con la otra pareja que tenía ganas de matarlos, pero pensé que sería mejor vengarse con un programa perfecto.

Desde el momento en que entramos a la pista para nuestro programa largo, cada uno de nuestros movimientos fue impecable. En un par de ocasiones miré hacia donde estaba Jim, y pude ver que tenía las manos unidas al frente, y asentía con la cabeza cada vez que lográbamos un salto. No era el único que respondía a nuestros saltos, cada vez que pisábamos el hielo de nuevo, el público retenía la respiración y después rompía el silencio con vitores y aplausos.

En nuestro movimiento final me colocaba sobre una rodilla y envolvía a Kristi sobre mi pierna. El público estaba de pie ovacionando nuestra actuación, y yo comencé a llorar. Mis sentimientos estaban a flor de piel, en ese momento pensé en mi papá y no pude contener las lágrimas.

Yo no fui el único que lloró, Jim también lo hizo cuando Kristi y yo patinamos hacia él y nos abrazó. Me sorprendió verlo tan emocionado; creo que para entonces ya estaba enterado de la gravedad de su enfermedad, y quizá pensó que ése sería su último campeonato con nosotros.

Nos dirigimos hacia "la cabina del beso y el llanto" (se le llama así porque es en donde los patinadores y sus entrenadores se besan y lloran) para esperar nuestras calificaciones, mismas que fueron muy buenas. Subimos al primer lugar, pero todavía no patinaban Natalie y Wayne Seybold, una pareja de hermanos seis años mayores que nosotros y con cuatro años más de experiencia como seniors. Ellos ocuparon el primer lugar después del programa corto, así que imaginábamos que terminarían también en primer lugar en el programa largo, y nosotros quedaríamos en segundo lugar. Eso no representaba un problema, porque con sólo ocupar uno de los tres primeros lugares podríamos ir a París el mes siguiente, para nuestra primera competencia senior.

Kristi, Jim y yo nos dirigimios hacia donde estaban las cámaras de televisión, junto a la pista, para ver a los hermanos Seybold. Desde el principio del programa parecían estar muy nerviosos, y después de unos cuantos movimientos torpes, cuando Wayne lanzó a Natalie al aire, ella giró tres veces, cayó sobre su pierna derecha, y se cayó. El público se quedó sin aliento, y Kristi y yo nos abrazamos. Desde ese momento todo fue cuesta abajo para los Seybold. Natalie se volvió a caer, y se le enredó la cuchilla del patín con una de las agujetas. Fueron con los jueces para pedirles que les permitieran comenzar de nuevo. Sentí pena por ellos, porque todos los patinadores trabajamos muy duro durante todo el año, y sólo se requiere de una mala actuación para que todo se venga abajo. Sin embargo, su desgracia nos favorecía, así que debo admitir que no me sentí *tan* mal.

Los jueces no los dejaron comenzar de nuevo y tuvieron que

retomar el programa en donde se habían quedado. Al terminar el público les respondió con cariño. Cuando salieron de la pista seguía pensando que Kristi y yo no teníamos posibilidad de convertirnos en campeones nacionales. Nos quedamos de pie, esperando las calificaciones con gran ansiedad. Nadie dijo nada, pero todos pensábamos lo mismo: no era posible que pudieramos ganar, pero al mismo tiempo, después de esa actuación, no había forma de que los Sybold ganaran. Sus calificaciones técnicas fueron lo suficientemente altas como para empatarnos, pero después aparecieron sus calificaciones por estilo y éstas fueron verdaderamente bajas. Habíamos ganado, y una vez más tuvimos nuestra clásica escena de abrazos, gritos y saltos. Kristi y yo habíamos llegado a la cumbre, fue un momento de alegría absoluta. No me podía concentrar en toda aquella emoción, lo que quería era ir a casa para poder enseñarle la medalla a papá.

Antes de que terminara el campeonato, Kristi ganó otra medalla, la de plata, en la competencia individual.

Un mes después del campeonato nacional, Kristi y yo íbamos camino a París para el campeonato mundial. Fue un viaje inolvidable, pero no por el patinaje. Hicimos un buen papel y alcanzamos un quinto lugar general, lo cual era increíble para ser la primera vez que participábamos como pareja senior en un campeonato mundial. Pero lo que en verdad hizo el viaje inolvidable fue mi primer beso.

Después de que Kristi y yo terminamos con nuestra parte, Kristi tenía todavía que competir durante tres días, antes de que llegara a su fin el campeonato. Así que mientras ella estaba concentrada en la práctica y la competencia, yo paseaba por las calles principales e iba a los centros nocturnos con otros patinadores, tanto hombres como mujeres. Carole me aclaró que no le gustaba que saliera hasta tarde, pero como cualquier adolescente rebelde, y para variar, hice caso omiso de su orden. Me alegro de haberlo hecho.

Uno de los lugares que visité se llamaba el Boy's Club. No sé si era un bar gay, pero uno de los patinadores había escuchado que era un lugar maravilloso para bailar. También resultó que todos los chicos que frecuentaban el lugar eran guapísimos; se aceró a platicar conmigo uno muy atractivo, alto, a quien llamaré Christophe. Él no hablaba mucho inglés y yo nada de francés. A pesar de las barreras del idioma, Christophe logró convencerme de que le gustaba y que quería que me fuera con él a su casa. Acepté, salimos del club, y Christophe pidió un taxi.

Debo de haber estado loco, estaba en París, en un taxi, con un hombre que me doblaba la estatura, camino a su departamento en Dios sabe qué lugar de la ciudad, pero en ese momento yo era un chico de diecinueve años con las hormonas al máximo, y Christophe era un hombre atractivo y romántico de veinticinco, que me parecía sumamente interesante.

Cuando llegamos a su departamento, Christophe me mostró sus trofeos de boxeo, pero a pesar de su fuerza, obvia en el ring, era el chico más amable y dulce que se puedan imaginar. Me abrazó y me besó. Había esperado mucho tiempo para ese primer beso, y casi me desmayo. Pero no me atreví a desmayarme porque no me quería perder la experiencia ni un solo segundo.

Conforme Christophe me besaba, comencé a pensar en lo que Carole pensaría, y de pronto eso arruinó todo. Me alejé de Christophe y miré mi reloj. Eran las cuatro de la mañana. Sabía que Carole me mataría si se enteraba que andaba afuera a esas horas. Así que le dije a Christophe como mejor pude que tenía que regresar al hotel. Me pidió con dulzura que me quedara, pude entender lo que me pedía, pero le dije que tenía que irme y me acompañó a la calle a pedir un taxi. Abrió la puerta del taxi, me abrazó nuevamente y, en público, en una calle de París, con el conductor al lado, me besó apasionadamente. No puedo creer que lo haya dejado ahí parado a la mitad de la calle por temor a lo que Carole haría, pero el patinaje con Kristi era mi vida, y éste era un riesgo demasiado grande. No volví a ver a Christophe, pero nunca lo olvidaré.

7

LA DESPEDIDA

Después del gran éxito que habíamos alcanzado al convertirnos en campeones nacionales y al terminar en quinto lugar en París, sin mencionar mi encuentro con Christophe, todo comenzó a ir cuesta abajo. Por lo menos en mi caso, porque a Kristi le iba bastante bien: sus calificaciones mejoraban de competencia en competencia y recibía invitaciones para asistir a los campeonatos internacionales de más alto nivel.

Por una parte, me daba gusto que a Kristi le fuera bien; por otra, su creciente éxito sin mí, y toda la atención que recibía de los medios y del mundo del patinaje me pusieron a temblar cuando pensaba sobre nuestro futuro juntos. Quizá fue un acto de desesperación, pero fue entonces cuando cambié la ortografía de mi nombre para que quedará como el de Kristi. Me convertí en "Rudi" Galindo. Por su lado, Kristi intentaba establecer una mayor distancia entre nosotros así que estoy seguro de que mi nuevo nombre casi la volvió loca.

* * *

Mientras tanto, la salud de Jim seguía empeorando. Los doctores habían descubierto otro tumor canceroso en su pecho, pero él nos seguía ocultando la verdad; sin embargo, cada vez faltaba con mayor frecuencia a las prácticas. Con sólo verlo, y por lo delgado que estaba, te podías dar cuenta de que su salud no mejoraba, en absoluto.

A pesar de que el estado de salud de Jim era crítico, yo no me daba cuenta de que se estaba muriendo, y no creo que ni siquiera él mismo lo admitiera. Incluso nos prometió que estaría con nosotros en las Olimpiadas de 1992, y yo quería creer que así sería. Así que, con las promesas de Jim, traté de hacer a un lado mi preocupación para concentrarme en algo que parecía una crisis más inminente que su salud. La entrenadora de individuales de Kristi, Christy Kjarsgaard, anunció que contraería matrimonio en la primavera de 1989 y que se mudaría a Edmonton, Alberta, con su marido. A pesar de que Kristi había prometido que siempre estaríamos juntos, decidió mudarse a Edmonton después de su graduación de la preparatoria, en junio, para continuar con la misma entrenadora. Para mí eso significaba tener que mudarme también a Edmonton, o renunciar al patinaje en pareja con mi compañera de toda la vida. Carole me dejo escoger, me dijo que yo tendría que elegir. En ese momento no se me ocurrió que podría regresar al patinaje individual, y no imaginaba poder encontrar otra pareja en una etapa ya tan tardía de mi carrera, así que decidí mudarme a Edmonton.

Odiaba el lugar aunque, por lo general, sólo pasaba ahí periodos de apenas una semana, tras los cuales regresaba a casa. Me alojaba en un departamento amueblado, a varias cuadras del centro deportivo Royal Glenora, en donde Kristi entrenaba. Mientras Jim estuvo relativamente bien, llegó a volar a Edmonton en varias ocasiones, para trabajar con Kristi y conmigo, pero la mayoría del tiempo la pasaba solo. Me sentía tremendamente desubicado. Nunca antes había vivido por mi cuenta; siempre había estado con mi familia o con la de

Kristi. Ahora estaba lejos de casa y muy solo. Por otro lado, Kristi tenía a su entrenadora y a todas sus amigas en el Royal Glenora, y ellas no tenían ningún interés en convivir con su amigo el "marica". Nunca utilizaron esa palabra frente a mí, pero la escuché a mis espaldas en muchas ocasiones.

Cuando estaba en Edmonton, casi siempre la entrenadora de Kristi pasaba por mí para llevarme a las prácticas. Un par de ocasiones se le olvidó, y yo tuve que caminar colina abajo varias cuadras, con la nieve hasta las rodillas, para llegar al Royal Glenora. Quizá esté exagerando un poco, pero ese es el recuerdo que tengo; lo cierto es que el que me dejaran parado en la nieve, sólo reforzaba la sensación que tenía de ser un estorbo.

En el hielo, Kristi y yo no teníamos sincronización alguna; no me sorprendía, ya que casi no teníamos oportunidad de trabajar con Jim, y además el patinaje en pareja ya no era la prioridad de Kristi. Pensé que Jim, dado su estado de salud, se retiraría y nos pondría a cargo de otro entrenador, pero era un hombre con una gran determinación y todavía no estaba listo para rendirse.

A pesar de lo poco ortodoxo de nuestro entrenamiento y de lo distante de nuestra relación, Kristi y yo hicimos un buen papel en las dos competencias internacionales en las que participamos a finales del año. En octubre terminamos en segundo lugar en Skate America, lo cual me ánimo muchísimo y me hizo pensar que quizá, después de todo, seguiríamos juntos. Después, el fin de semana de Acción de Gracias, fuimos a Kobe, Japón, para la competencia del trofeo NHK.

Kristi y yo volamos a Japón directo desde Canadá, y nos encontramos con Jim en el hotel. No lo habíamos visto en varias semanas, y nos sorprendimos al ver lo mucho que había empeorado. Estaba sentado en una silla de ruedas y se veía tan terriblemente delgado, que parecía perderse en la ropa. El padre de Jim había viajado con él porque estaba demasiado enfermo para hacerlo solo. Nos partía el alma verlo en esa condición. Sin duda eran los últimos días de su vida, pero quiso estar ahí, a pesar de todo. Creo que Kristi y yo debímos de haber significado mucho para él, porque incluso en esas condiciones, fue capaz de subirse a un avión para estar con nosotros.

Durante nuestro programa, yo me caí en un triple flip, y terminamos en cuarto lugar. No creo que a ninguno de los dos nos importara en qué lugar habíamos terminado, cuando Jim estaba tan grave. Sólo recuerdo haberme sentido como si mi vida estuviera fuera de control. En el pasado había permitido que todos se hicieran cargo de mí, y ahora, con Jim enfermo, con papá enfermo, con Carole concentrada en Kristi y con Laura en casa, dedicada a su propia vida, me sentía perdido. No sabía qué hacer, así que simplemente me dejé llevar por la corriente.

Después del NHK, Kristi y yo nos fuimos a una gira corta por Japón, y Jim voló de regreso a casa, a Los Angeles, con su padre. Durante el vuelo tuvo problemas de respiración, y del aeropuerto lo trasladaron directo al hospital. Después de unos días lo llevaron a casa de sus padres, donde siguió empeorando, por lo que tuvo que regresar al hospital. Fue un domingo cuando Kristi habló con Jim por última vez. Después me dijo que no pudieron conversar mucho, pero ella le dijo: "Gracias por todo", sin saber qué tan cerca se encontraba Jim de la muerte. Yo no tuve esa oportunidad, él murió el 10 de diciembre de 1989. Tenía treinta y siete años.

Cuatro días después, Laura y yo viajamos en automóvil desde San José para asistir al funeral, que se llevó a cabo en el Cementerio Forest Lawn, en Covina, California. Carole y Kristi se fueron por su cuenta y las vimos allá. Todo lo que recuerdo de la ceremonia es que había mucha gente, y que todo el entorno, con todas esas colinas y árboles, era hermoso. La mayor parte del tiempo estuve como ido, difícilmente podía aceptar el hecho de que Jim estuviera muerto. Durante muchos años había sido una presencia contínua y reconfortante en mi vida, y no podía pensar en lo que su pérdida significaría para mí. La forma en la que enfrenté el dolor de su muerte fue haciéndolo a un lado para seguir adelante. Era lo único que sabía hacer.

Cinco días después de que Jim murió, el abuelo de Kristi, uno de sus más grandes admiradores, murió de cáncer pulmonar. Después de todo ésto no se cómo logramos salir adelante y prepararnos para el siguiente campeonato nacional en Salt Lake City, para el cual faltaba sólo un mes, pero lo hicimos.

Antes de que Jim muriera, le pidió a su amigo John Nicks, uno de los mejores entrenadores en Costa Mesa, California, que trabajara con nosotros, y nos pasamos una semana con él en diciembre, repasando los programas que habíamos aprendido con Jim. Kristi y yo ya nos sabíamos nuestras rutinas bastante bien, así que la mayor parte del tiempo John se limitaba a darnos algunas ideas y a fungir como apoyo, ahora que Jim se había ido. Era una responsabilidad enorme para él, pero hizo su mejor esfuerzo para cumplir con la promesa que le había hecho a Jim; tenía que apoyarnos para el campeonato mundial.

En febrero de 1990, Kristi, John y yo nos vimos en Salt Lake City para el campeonato nacional. Aunque Kristi y yo regresábamos como los campeones de parejas, toda la atención estaba centrada en ella, no en nosotros como pareja. Desde su actuación el año pasado, con la que ganó la medalla de plata, Kristi había pasado de ser una principiante a ser una de las principales contendientes por la medalla de oro en las Olimpiadas de 1992. Por lo menos eso es lo que se decía en el medio.

En el campeonato nacional, el rumor de último momento era que Kristi y yo estábamos a punto de separarnos, pero ella decía que no quería que la forzaran a tomar ninguna decisión, que deseaba seguir patinando en ambas categorías, y aseguraba que, de verse obligada a tomar una decision, "sería muy difícil".

Durante el campeonato nacional, lo que parecía igualmente

difícil era el horario de Kristi. Tenía que arreglárselas de tal manera que pudiera competir tanto en parejas como en individual. A pesar de mi renuencia a aceptar lo estresante que todo esto era para ella, no puedo sino reconocer que su horario era mortal. Por ejemplo, el día que teníamos nuestro programa corto, Kristi tenía que estar en la competencia de patinaje artístico obligatoria a las 11:00 de la mañana en Bountiful, Utah, que está como a media hora en auto de Salt Lake. Después, mientras las otras patinadoras tenían tiempo para descansar, Kristi y yo practicábamos durante una sesión que estaba reservada para patinadores junior. No podíamos asistir a la práctica de parejas de la mañana debido al programa obligatorio de Kristi, y John Nicks tuvo que sacar a dos de sus estudiantes de la pista para dejarnos un espacio a nosotros. Al terminar nuestra práctica, yo salía de la pista y Kristi se quedaba para seguir trabajando con su entrenadora en su programa individual. Después regresaba al hotel, dormía una siesta, comía y nos veíamos en la pista Salt Palace para nuestro programa corto. Cualquiera podía darse cuenta que era imposible que Kristi continuara con ese horario y ganara el primer lugar en ambas categorías. Pero yo no lo veía así, yo estaba justo a su lado, y desde ahí, aún tratando de ser comprensivo, ello no tenía más opción que seguir patinando conmigo.

Dadas las condiciones tan inusuales de nuestras vidas, fue un verdadero milagro que Kristi y yo patináramos tan bien en Salt Lake City y que ganáramos la medalla de oro, para así retener nuestro título nacional. Sin embargo, a pesar de lo que algunos habían pronosticado, Kristi no se llevó la medalla de oro en la categoría individual. Alcanzó un segundo lugar, y muchos, incluyendo a Kristi y a Carole, lo atribuyeron a su horario tan demandante y exhaustivo.

Durante las tres semanas entre nuestro triunfo en Salt Lake City y los campeonatos mundiales en Halifax, Nueva Escocia, una vez más tuvimos que hacer frente al reto de darnos el tiempo para practicar. Con Kristi en Edmonton; nuestro entrenador temporal, John Nicks, en Costa Mesa, y yo en San José, la logística era una verdadera pesadilla.

Traté de enfrentarlo con mi mejor sonrisa, e iba a Costa Mesa un par de días a la semana para trabajar por mi cuenta con John, mientras que Kristi se quedaba en Edmonton con su entrenadora, preparando su programa individual. Con John practicaba algunas cosas que creía necesario cambiar en el programa largo, y después viajaba a Edmonton y le enseñaba a Kristi lo que había aprendido. Era muy frustrante, y teníamos dificultades intentando hacerlo por nuestra cuenta.

Kristi y yo nos tendríamos que enfrentar a una competencia fuerte junto con otras diez y siete parejas que competirían en Halifax, pero esa era la menor de nuestras preocupaciones. Había muchas otras cosas que estaban en nuestra contra: mi moral, el interés de Kristi en su carrera individual, y la falta de un entrenamiento y asesoría constantes. Y después las cosas empeoraron. Justo antes de abordar el avión a Halifax, mi padre sufrió otro ataque y de nuevo terminó en terapia intensiva. El daño, en esta ocasión, fue peor; hablaba por teléfono con Laura dos veces al día para ponerme al tanto. Era casi seguro que papá se salvaría, pero iba a necesitar de mucha rehabilitación.

De alguna manera logré bloquear en mi mente todo eso para nuestro programa corto, y comencé bien, pero Kristi perdió el control durante el manejo de pies y nunca recuperamos el ritmo. A pesar de ello, llegamos al quinto lugar, y si ejecutábamos un buen programa largo, podríamos alcanzar un tercer lugar y llevarnos una medalla.

Nuestro programa largo resultó un desastre. Creo que nos fue mejor la primera vez que lo practicamos. Desde nuestro primer salto, fue un error tras otro. Me descuadré en un side-by-side triple, después Kristi se descuadró en otro triple, y después en un double axel. Eran tantos los errores, que ya no podíamos controlarlos. El único consuelo fue que pudimos retener el quinto lugar, lo que garantizaba que los Estados Unidos podrían enviar a tres parejas al campeonato del año siguiente. Si hubiéramos terminado más abajo, sólo hubieran podido ir dos. Pero después del nivel tan increíble que habíamos alcanzado, era un consuelo mínimo para nuestra actuación tan deficiente.

Kristi logró un mejor resultado en su programa individual, pero no por mucho. Se cayó en dos ocasiones en su programa largo y terminó en cuarto lugar; ella contaba con ganar cuando menos la medalla de bronce, y se le fue de las manos.

No quería pensar en todo lo sucedido, pero en un artículo que apareció unos días después del campeonato, Ann Killion, una columnista de deportes del *San Jose Mercury News*, hizo la tan esperada pregunta: "¿No será que Yamaguchi no está explotando todo su potencial por querer competir en dos eventos?". Killion citaba a Carole Yamaguchi diciendo que Kristi tendría que considerar la opción de dejar uno de los eventos: "Creo que tendrá que pensar seriamente al respecto".

Tenía esperanzas de que Kristi decidiera seguir junto a mí, pero nadie que supiera de patinaje podría haber pensado igual.

Después del campeonato mundial, Kristi y yo nos fuimos durante todo un mes de gira. Estuvimos en veinticinco ciudades distintas, y en todas yo patiné en piloto automático.

Al poco tiempo de que regresamos a casa después de la gira, Laura recibió una llamada de Carole pidiéndole que tuviéramos una junta los cuatro, junto con un funcionario de la Asociación de Patinaje Artístico de los Estados Unidos. La cita se llevó a cabo el 26 de abril en una de las oficinas en la pista de Dublín. Nadie me tenía que decir cuál era el tema a tratar. Después de tantos indicios, ¿cómo no lo iba a saber?

Mientras me preparaba para asisitr a la junta, le compré a Kristi un oso de peluche. Ella me había dado dos osos de peluche para Navidad, y yo quería que ella tuviera uno mio. Aunque estaba muy enojado con ella y con Carole, Kristi todavía me importaba mucho. También le grabé un cassette con el tema *Memory* de la obra de Broadway *Cats*.

De aquel día sólo conservo un recuerdo borroso. Ni siquera recuerdo cuándo nos dirijimos hacia allá, pero Laura y yo llegamos a la oficina y nos sentamos a esperar. Kristi y Carole ya habían llegado, junto con un juez de la USFSA. Después de haber tenido una relación tan estrecha con ellas, toda aquella formalidad parecía ridícula. Kristi iba rumbo hacia el estrellato, y creo que la USFSA quería asegurarse de que nuestra separación fuera lo más agradable, amable y oficial posible. Aparentemente había muchos intereses involucrados en la carrera de Kristi, y creo que nadie quería que se armara un escándalo en la prensa, que dañara su imagen o de la Asociación. Yo estaba decidido a seguirles la corriente, a no mostrarle a nadie lo disgustado que estaba. Yo siempre acostumbraba mostrarme tal y como me sentía, pero esa fue una de las pocas veces en que decidí guardarme mis sentimientos.

La junta duró sólo unos minutos. El funcionario explicó que Kristi tenía que renunciar al patinaje de parejas porque se tenía que concentrar en su carrera individual. En ese momento, Kristi comenzó a llorar. Yo no lloré, porque no quería que se dieran cuenta de mi enojo, pero había razones de sobra para llorar. Nuestros seis años y medio juntos habían terminado. Todo lo que habíamos logrado como pareja era parte del pasado. Todo lo que yo había trabajado con Kristi ya no existía. Ya no habría campeonatos nacionales, ni mundiales, ni tampoco Olimpiadas. Incluso peor, tenía que ir a casa y darle la noticia a mi papá. Desde su recuperación del primer ataque, me había dicho en varias ocasiones: "Rudy, no estoy muy bien, pero quiero aguantar para llegar a las Olimpiadas". Temía que abandonara su lucha por la vida una vez que supiera que ya no habría Olimpiadas.

Cuando el funcionario terminó de hablar le entregué a Kristi el oso de peluche y la cinta. Nos abrazamos, pero ninguno dijo nada. Ni siquiera pude mirar a Carole; sólo me di la vuelta y salí de la oficina. Laura me siguió y nos dirigimos al auto. Durante la media hora de camino de regreso a San José, traté de imaginarme cómo le daría la noticia a papá. Pero no pude. No quería. Sabía que no importaba cómo se lo dijera, no lo iba tomar por el lado amable.

Laura y yo entramos a la casa y me senté del otro lado de la

mesa, mirando a mi padre que estaba sentado en el desayunador, escuchando la televisión. Su vista había empeorado
tanto que todo lo que podía hacer era escuchar. Le platiqué a
papá de qué había tratado la junta, le dije que Kristi y yo ya
habíamos terminado como equipo, y que ahora estaba solo,
por mi cuenta. Nunca antes había visto a mi papá llorar, pero
cuando terminé de platicarle una sola lagrima rodó por su
mejilla. No dijo nada, y durante algunos segundos los dos nos
quedamos sentados. Después me paré de la mesa, fui a mi
habitación, cerré la puerta, me recosté en la cama, y sollocé.

8

Comenzando de Nuevo

Tenía dos opciones después de que Kristi y yo nos separamos. Podía dejar arrastrarme por la depresión, encerrarme en mi cuarto y desaparecer, o podía salir al hielo, regresar a patinar, y demostrarle a todo el mundo que no necesitaba a Kristi para ser campeón. Para mi fortuna, el enojo era lo suficientemente intenso como para poder levantarme, así que, cuatro días después, tenía un entrenador nuevo y estaba de regreso en la pista, realizando saltos que no había vuelto a practicar desde que había renunciado a los programas individuales, dos años antes.

No quiero dar la impresión de que fui capaz de dejar atrás mi rompimiento con Kristi en cuestión de días. Estaba enojado y lastimado porque me sentí abandonado. Durante mucho tiempo sólo pude ver las cosas desde mi propio punto de vista y ni siquiera consideraba la posibilidad de que la separación hubiera sido la mejor decisión para la carrera profesional de Kristi. Sin embargo, durante los días y las semanas que

111

siguieron a la junta traté en serio de continuar con mi vida, a pesar de lo herido que me sentía, y para ello, no pude haber tenido mejor apoyo que mi nuevo entrenador, Rick Inglesi.

Rick era del Este y era un joven muy entusiasta, en sus treintas, chistoso y con mucha energía. También era muy bien parecido. No me sentía atraído hacia él, aunque fuera italiano. Era el tipo de chico que aparece en *Melrose Place* y, por si fuera poco, conducía una motocicleta *Harley*, que, esa sí, me tenía verdaderamente impresionado. Siempre me ha parecido muy atractiva esa imagen del tipo rudo.

Rick y yo nos habíamos visto unos años atrás, cuando coincidíamos en algunas competencias en la pista de Belmont, en donde él daba clases medio tiempo. Siempre se portaba bien conmigo, y para mí, él era fabuloso. Era el tipo de chico que se levantaba a las tres de la mañana, hacía ejercicio, iba al supermercado, ordenaba su casa, y estaba en la pista a las 5:30, de perfecto humor. Yo sabía que Rick era el tipo de persona que yo necesitaba en ese momento de mi carrera; alguien que me ayudara a mantener una actitud positiva, a mirar hacia adelante, a no estancarme en el pasado.

No era ningún secreto que Rick era gay, algo que para mí era importante. Pasas mucho tiempo con tu entrenador, y me quería sentir bien con la gente que me rodeara. Si pensaba que un chico era guapo, quería tener la libertad de comentarselo a Rick sin tenerme que preocupar porque fuera a pensar mal de mí o porque me mandara de regreso a casa.

A diferencia de la mayoría de los entrenadores de patinaje sobre hielo, Rick había comenzado con el patinaje de ruedas. Había ganado un título nacional, y después había cambiado al hielo. Primero patinó en la rama individual y después en parejas, y en esta categoría ganó un título nacional, con una chica japonesa-norteamericana. Pensé que esa era una coincidencia interesante. Después dejó las competencias a un lado y se dedicó a patinar por todo el mundo para *Holiday on Ice*. Por último se dedicó a entrenar.

Me daba mucha pena hablarle a Rick para pedirle que fuera mi entrenador, así que le pedí a Laura que ella lo hiciera. La respuesta inicial de Rick fue muy positiva, y de inmediato se pusieron de acuerdo para nuestra primera reunión. Al día siguiente fui a la pista y empecé a patinar alrededor mientras él terminaba con un alumno. Cuando ya estaba libre me llamó y me dio un gran abrazo, que era justo lo que necesitaba, porque estaba bastante nervioso. El abrazo me tranquilizó por completo.

De entrada le advertí a Rick que había pasado mucho tiempo desde la última vez que había patinado solo y había practicado mis triple jums, así que tendría que tenerme paciencia. Antes de que dejara la categoria individual, en 1988, ya hacía cinco de los seis triple jumps, todos excepto el triple lutz. Pero en parejas sólo hacia un triple toe y un triple flip. Rick me dijo que no importaba, que estaba ahí para ver cómo patinaba. Volví a ponerme nervioso. No quería cometer ningún error, así que hice cuatro de mis cinco saltos. Caí bien en todos ellos, pero no hice el triple axel, porque no me sentía seguro de poder hacerlo sin caerme.

Después de haber hecho el cuarto salto patiné hacia Rick y él puso su brazo alrededor de mi hombro. Me dijo que era sensacional, que parecía como si hubiera estado practicando los saltos todo el tiempo. La meta de Rick era reforzar mi autoestima, que después de lo sucedido estaba muy dañada, y me comenzó a dar ánimos desde esa primera lección.

El único inconveniente de trabajar con Rick era que daba clases en dos pistas diferentes: los martes y jueves en la Iceland, en Berkeley, y en Belmont los lunes, miércoles, y viernes. Así que dos veces a la semana tenía que recorrer el largo trayecto hacia Berkeley. Mi auto estaba a punto de morir, así que me levantaba a las tres de la mañana, manejaba a la estación Fremont BART más cercana, y tomaba el tren. Sin embargo tuve suerte, porque después de un par de meses, Rick decidió trabajar de tiempo completo en Belmont.

Nuestra meta para el primer año era ver si podía llegar a los primeros diez lugares en las competencias nacionales de 1991, para demostrarle a la gente que podía patinar muy bien por mi cuenta. Para el año siguiente, la meta era estar entre lo siete u ocho primeros, con la esperanza de que eso fuera suficiente para que me asignaran a una de las competencias internacionales. La Asociación de Patinaje Artístico de los Estados Unidos se reune cada primavera para decidir cuál de los mejores ocho patinadores de las competencias nacionales puede representar al país en las múltiples competencias internacionales.

En el fondo de mi mente, yo ya había imaginado con precisión la trayectoria de mi regreso: Después del segundo año me veía subiendo constantemente, hasta alcanzar el primer lugar en los campeonatos de 1996, y después un lugar en el equipo olímpico de 1998. Sin embargo, no comenté mis sueños con nadie, porque podían pasar muchas cosas de un año a otro.

Con Rick, la mayor parte del trabajo se centraba en mis triples, en especial mi triple axel. También tenía que perder un poco de peso, porque había engordado un poco para poder tener la fuerza suficiente para levantar a Kristi. Ahora ese peso de más me dificultaba los saltos. Detestaba la idea de adelgazar, porque pensaba que me veía mejor con unos kilos de más. A Rick no le preocupaba mucho mi peso, me dijo que hiciera unas cuantas abdominales. Con todo el trabajo que realizábamos en la pista perdí casi cinco kilos sin proponérmelo.

Con bastante tiempo de anticipación comenzamos a preparar mis programas para la temporada de 1991, que comenzó con las competencias de división, a finales de 1990. Supusimos que me iría lo suficientemente bien como para pasar al campeonato nacional. Rick eligió la música, la coreografía y también el vestuario. Le gustaba hacerse cargo de todo, y yo confiaba en él. Casi siempre me agradaba su gusto para el vestuario, que podía ir de lo dramámatico a lo sencillo. Durante los años que trabajé con él me hice famoso por usar un vestuario llamativo, repleto de lentejuelas.

La coreografía de Rick era diferente, angular. Quería hacer cosas modernas, así que incorporó movimientos de jazz y funk. Como fondo musical para mi programa corto escogió el tema del *Cancan,* y me hizo llevar pantalones negros, una camisa a rayas rojas y negras y una bufanda negra alrededor del cuello.

Para el programa largo, Rick eligió la música del la obra de Broadway *Cats* (por fortuna no escogió "Memory"). Mi traje era una malla entera y ajustada de color negro, con lentejuelas a todo lo largo que simulaban las rayas de un gato. También usé calentadores ligeros de terciopelo, pero la parte más extravagante del traje eran las mangas, que bajaban tanto que casi me cubrían las manos. En ese entonces, sólo las chicas utilizaban mangas en pico. La razón para emplearlas en mi vestuario era que yo tengo manos grandes, y Rick creyó que serían menos notorias si las cubríamos parcialmente.

No sé en qué estábamos pensando Rick y yo cuando escogimos las mangas en pico, porque imaginé que llamarían más la atención hacia la posición (no intencional) de mi manos. Nadie nos dijo nada del vestuario, pero mis manos serían algo que les daría mucho de qué hablar a los jueces, por lo menos en privado, durante varios años.

En las competencias de división de la Costa del Pacífico terminé en tercer lugar, y sorprendí a muchos que ya me daban por acabado. Hubiera estado más feliz si hubiera llegado al primer sitio, pero hice mi mejor esfuerzo por enfocarme en nuestra meta, que era llegar al campeonato nacional de 1991, en el Target Center, en Minneapolis. Lo más importante que podía hacer era estar ahí y demostrar que no me había dado por vencido. También utlizaríamos la experiencia para medir qué tan bueno era en comparación con otros patinadores del país. ¿Era al menos lo suficientemente bueno como para hacer el esfuerzo de regresar al patinaje individual? Eso era lo que estábamos a punto de descubrir.

Mi programa corto estuvo bien, terminé en décimo lugar de veinte competidores. Tras mi programa largo quedé en onceavo lugar, pero me enorgullecía el hecho de haber podido relizar seis de mis siete triples. Me costó trabajo sentirme bien por lo que había logrado, pues después de haber ganado en dos ocasiones consecutivas el primer lugar del campeonato nacional de parejas, un onceavo lugar en patinaje individual no era fácil de aceptar.

La mejor parte, y la más motivante, fue la respuesta del público. Al principio me sentí un poco extraño por haberme convertido en el único centro de la atención, por estar solo ante el reflector, pero antes de llegar a la primera mitad de mi programa corto ya estaba disfrutando el hecho de no tener que compartir con nadie el centro del escenario.

La parte más difícil del campeonato fue ver competir a Kristi. Creo que no tenía porque verla, pero tampoco me podía quedar en la habitación del hotel. Así que Rick y yo la observamos desde las gradas, como cualquiera otro espectador. Traté de reprimir mis impulsos y evitar desear que no le fuera bien, pero era difícil no imaginarla de regreso a casa sin *ninguna* medalla. Claro que, dado que era la favorita para llevarse la de oro, era poco probable que mi deseo se hiciera realidad. Por si fuera poco, el hecho de que por primera vez no tuviera la presión de patinar tanto en individual como en parejas le daba mayores oportunidades para llegar a la cima.

Sin lugar a dudas, el programa corto de Kristi fue perfecto. Alcanzó el primer lugar (sus rivales, Tonya Harding y Nancy Kerrigan, obtuvieron el segundo y tercer lugar, respectivamente). Al terminar su programa, y aun en contra de mi voluntad, aplaudí de pie, junto con el resto del público. Había una parte de mí que se sentía instintivamente emocionado por el éxito de Kristi. Aunque seguía enojado con ella, en el fondo todavía la quería.

En el programa largo, Kristi sorprendió a todos, incluyendome a mí y a Rick, con un programa en el que patinó al ritmo de la música de la ópera *Samson et Delila*, pero se cayó en uno de sus triples y quedó en segundo lugar. Tonya Harding hizo una triple axel, era la primera mujer en el país que lo ejecutaba en una competencia, y se llevó la medalla de oro; incluso uno de los jueces le dió un 6.0. Nancy Kerrigan se llevó la medalla de bronce.

Mientras empacábamos para regresar a casa, no podía evitar el pensar en que Kristi se dirigía al campeonato mundial, mientras que yo iba de regreso a San José. No me parecía justo. Lo único que me quedaba por delante era un año de trabajo intenso, antes de tener la oportunidad de llegar de nuevo al campeonato nacional. En casa no había nada que me entusiasmara. Laura vivía con su novio, como a media hora de distancia. No tenía amigos cercanos. Y George, a quien había visto realmente poco durante años, había desaparecido por completo después de que descubrieron que había desfalcado a Taco Bell por 25,000 dólares. La policía había ido a la casa a interrogarnos, pero no teníamos idea de dónde podía estar.

Detestaba estar en casa. Me sentía enojado, solo, frustrado. Parecía que no podía remediarlo de otra manera que no fuera perdiendo la calma, y eso fue justamente lo que hice. No recuerdo cuál fue el motivo de mi enojo, o por qué estábamos en desacuerdo, pero mi padre y yo estábamos enfrascados en una discusión tan fuerte, que estoy seguro nos escucharon en varios trailers a la redonda. La discusión llegó a su clímax cuando le dije que me iría de la casa.

Fuí a mi habitación, le hablé a Laura y le dije que me quería ir de la casa, que ya no soportaba estar ahí. Me tranquilizó y me dijo que me podía quedar en su casa durante algún tiempo, en la habitación de huéspedes. Se ofreció para recojerme en un par de horas, tiempo suficiente para empacar.

Incluso entonces sabía que la pelea con mi padre no era la única razón por la que quería huir de casa. Además de sentir que a los veintiún años ya era demasiado grande para seguir viviendo con mis padres, la salud de papá iba cada vez peor desde la diabetes, y no podía soportar el ver como un hombre siempre fuerte y grande se iba convirtiendo en un inválido. Tampoco me creía capaz de estar presente en el momento de su muerte. En ese entonces no pensé en lo egoísta que era al dejarle toda la carga a mi madre. Sólo me importaba huir, y la pelea había sido la excusa perfecta.

Cuando Laura llegó, yo ya había empacado y estaba listo

para marcharme. Me ayudó a llevar las cosas al auto, y después regresamos para que me despidiera de mi padre. Me dijo: "Creo que aquí termina todo, ¿cierto?". Esas eran las primeras palabras que me dirigía después de la pelea. Luego comenzó a llorar. Aunque me sentía muy mal, no podía quedarme.

Laura intentó que papá se sintiera mejor, y le dijo que no estaría lejos. Yo también traté de tranquilizarlo, diciéndole que sólo me iría durante una temporada, que regresaría. Ya era hora de que estuviera por mi cuenta, aunque "por mi cuenta" significara, en realidad, depender, una vez más, de la bondad de mi hermana.

Me sentí aliviado al no estar en el trailer, y volver a estar con Laura resultó reconfortante. Convivir con su novio, a quien realmente no conocía muy bien, me resultaba un poco extraño, pero la mayor parte del tiempo nos llevábamos bien.

A pesar de nuestra pelea, seguí en contacto con mi padre. Hablábamos por teléfono con frecuencia, y yo iba a casa una vez a la semana. Aunque lo amaba, no teníamos mucho de qué hablar, por lo que nuestra conversación telefónica siempre era la misma. Él me decía: "Hola, Rudy. ¿Cómo te va? ¿Qué tal el patinaje? Sigues con tus entrenamientos. Ven a visitarnos de vez en cuando". Eso era todo, y para ambos parecía suficiente.

Al poco tiempo que me mudé con Laura, se llevaría a cabo el campeonato mundial, pero desafortunadamente yo no iría. Quizá no debí de haberlos visto, sabía que me sentiría mal al ver las competencias de parejas y todavía peor al ver a Kristi, pero no pude evitarlo, aunque por lo menos lo hice de manera inteligente y los vi con Laura.

La defensora del campeonato individual de mujeres, Midori Ito, de Japón, era la favorita para llevarse su segunda medalla de oro. Cuando menos esos eran los pronósticos antes de que se cayera al otro lado de la pista, en donde estaba la cámara de televisión, mientras intentaba dar un salto combinado. Cuando se cayó, instintivamente me encogí y me sentí mal por ella, porque es sumamente penoso cuando te caes en una competencia. Esta fue peor que una caíada normal, pero se levantó y terminó el programa. Su valor fue motivo de admiración, pero no fue suficiente para vencer a Kristi, quien recibió el primer 6.0 de su carrera. Tonya Harding alcanzó el segundo lugar, y Nancy Kerrigan la medalla de bronce.

Después de ganar la medalla de plata en las competencias nacionales y la de oro en el mundial, Kristi se convirtió en lo que la prensa llamó "El nuevo bombón en patines de los Estados Unidos". No quería admitirlo, pero dados los resultados, Kristi había tomado la decisión correcta al concentrarse en el patinaje individual. ¿Estaba celoso? ¡Claro! ¿Cómo podría no estarlo?

Poco después del mundial regresé a la pista, para entrenar en la temporada de 1992. Pensé descansar todavía más antes de comenzar, pero Rick me hablaba contínuamente y me decía lo mucho que me extrañaban en la pista: "No es lo mismo sin ti. Los chicos te quieren mucho". Al poco tiempo regresé. No sólo gracias a la labor de Rick, sino además porque tenía ganas de comenzar a trabajar en los nuevos programas y divertirme con sus alumnos más jovenes. Si iba a regresar a la cima, tenía que trabajar mucho. Además, como siempre, el estar en el hielo era lo único en la vida que me levantaba el ánimo.

Otra de las cosas buenas que sucedieron ese año fue una nueva amistad que había empezado a cultivar con un chico de nombre Reuben. Lo conocí un año antes, en la pista Eastridge, mientras me probaba un par de patines nuevos. Miré hacia el hielo, y ahí estaba este chico de color, regordete, de veintitantos años, practicando crossovers. Trataba de comportarse de manera casual, como si supiera lo que estaba haciendo, pero de cuando en cuando se tropezaba solo, y luego batallaba para mantenerse de pie. Y ¿los saltos? Nunca había visto nada tan gracioso, me quedé ahí parado tratando de no reírme a carcajadas.

Por una casualidad salimos de la pista al mismo tiempo, él notó que llevaba un par de patines nuevos y ese fue el pretexto para que comenzáramos a platicar; me sugirió la mejor manera de ablandarlos, todavía recuerdo que dijo: "La mejor forma es ponértelos en la tina". Yo solté la carcajada, y él quería saber qué me hacía tanta gracia. Le dije que era un patinador profesional y que había ablandado muchos patines, pero nunca en una tina. Me presenté, y ahí fue cuando me enteré que Reuben era uno de los alumnos de Laura. Él me reconoció por mi apellido, pero también por los años que había hecho pareja con Kristi.

Después de ese primer encuentro, yo solía pasar por la pista de Eastridge una vez a la semana, sólo para divertirme un rato, y ahí me encontraba con Reuben. Patinábamos juntos y luego salíamos a algún otro lado. Me gustaba su personalidad. Era gracioso, activo y algo loco. También era gay, y me agradaba la idea de tener un amigo gay.

Para cuando me mudé con Laura, Reuben y yo ya nos habíamos convertido en ese tipo de amigos con el que puedes sostener conversaciones de una sola palabra; siempre sabíamos lo que el otro estaba pensando, y ambos teníamos un sentido del humor un tanto perverso. El poder reír con Reuben era un buen antídoto para mi continuo mal humor.

Después de conocernos durante algún tiempo, Reuben me invitó, junto con Laura, a comer a su casa. Vivía en Concord, al otro lado de la bahía de San Francisco, en un condominio fantástico, junto con su pareja, Wayne; ellos fueron la primera pareja gay que conocí.

Wayne se portó muy bien con nosotros, me agradó, aunque era muy reservado en comparación con Reuben. Era como diez años mayor que él, y estaba igual de rechoncho. Wayne se describió a sí mismo como alguien que venía de muy abajo, pero evidentemente había sabido cómo salir adelante. Por el condomino en que vivían, uno se daba cuenta de que Wayne y Reuben tenían mucho éxito. Resultó que los dos trabajaban para la misma compañía de insumos médicos de alta tecnología. Llevaban una vida tan normal y tan tranquila, que eran dignos de admiración. Pensé que tendría suerte si algúin día yo pudiera conocer alguien con quien llevar una vida en pareja tan estable como la de ellos.

ICEBREAKER

Me dió gusto tener el apoyo de Reuben a lo largo de todo el año previo a la preparación del campeonato nacional de 1992. De vez en cuando llegaba a las prácticas y se quedaba un lado de la pista, junto con todas las mamás. Estoy seguro de que algunas personas pensaban que Reuben era mi amante, pero no me importaba. Lo que me importaba era que Reuben era mi amgio y que sentía por mí el suficiente afecto como para levantarse a las cinco y media de la mañana para llegar a la pista y quedarse parado, helado, sólo para que yo tuviera a alguien cercano en caso de necesitarlo.

Durante ese año, una de las razones por las cuales necesitaba a Reuben a mi lado, no tenía nada que ver con el patinaje. Llegué a casa una tarde y Laura me dijo que habían arrestado a George. Antes de que pudiera verlo lo enviaron a la prisión de Vacaville, que queda a casi dos horas al norte de San José, para cumplir una sentencia de año y medio. Le hablé a Reuben para preguntarle qué hacía en relación con George; me sentía totalmente inútil pero quería hacer algo. Reuben me sugirió que le escribiera, y así lo hice. Así fue, también, como George y yo nos reencontramos por primera vez, desde mi infancia.

En mis cartas le contaba acerca del patinaje y de mamá, y él respondía describiéndome cómo era la vida en la prisión. Yo le ponía dinero en el sobre, y hacía que mamá escribiera una nota que dijera: "Te Quiero".

En una de sus cartas, George me dijo que había resultado VIH positivo. Yo sabía que él había tenido relaciones con muchos hombres a lo largo de los años, y también sabía que George no era la persona más responsable del mundo, así que no me sorprendió. Sin embargo, me entristeció saber que mi hermano se moriría más temprano que tarde, y por lo mismo estaba decidido a acercarme a él todavía más, durante el tiempo que le quedara de vida.

George me pidió que no le comunicara a mis padres la noticia de su enfermedad, y yo respeté su deseo. No tenía caso decirle a mi padre, porque sería un punto más para que él estuviera contra George, y mi madre se habría agobiado por la preocupación. Ya veríamos cómo manejar la situación cuando George empezara a mostrar los síntomas.

Por alguna razón, no recriminaba a George por estar en prisión. Era mi hermano y pensé que era hora de que yo le abriera mi corazón. Él tenía problemas y yo necesitaba estar a su lado, como él lo había hecho cuando vivíamos con mi tía Cindy. Además, yo era lo único que tenía. Papá nunca le escribió: seguía sin aceptar el hecho de que George fuera gay, y Laura estaba tan enojada por el desfalco a Taco Bell, que no quería saber nada de él. Así que sólo le quedaba yo.

En la pista, Rick y yo trabajábamos mucho para perfeccionar mis saltos triples y poder armar mis nuevos programas. Nuestro plan para ese año previo al campeonato nacional de 1992 era básicamente el mismo que el del año anterior, excepto que en esta ocasión mi meta era llegar a ocupar uno de los primeros ocho lugares, para que al menos me consideraran para algunos campeonatos internacionales. En el pasado había viajado tanto, que realmente me sentía mal por no poder salir al extranjero. Si en esta ocasión ocupaba un buen sitio, tendría la oportunidad de subirme a un avión e ir a algún lado interesante.

Mi primer obstáculo llegó en diciembre, durante las competencias de divisón de la Costa del Pacífico. Estaba enfermo del estómago, y eso no me ayudó en lo más mínimo. Sin embargo, y a pesar de todo, logré un excelente programa corto, sin un solo error. En el programa largo, logré relizar el primer triple axel, pero me caí al intentar el segundo. Al levantarme, sentí como si fuera a vomitar, pero me dije a mi mismo que tenía que aguantar un par de minutos más. Me paré, seguí con el programa, hice las caravanas de agradecimiento correspondientes, y salí corriendo al baño. Milagrosamente, lo había hecho lo suficientemente bien como para conservar el primer lugar.

Con los dedos cruzados, Rick y yo volamos a Orlando al campeonato nacional. Patiné a la perfección en las sesiones de práctica, y aunque no estaba realizando las combinaciones de saltos más difíciles, pues no eran lo suficientemente consistentes como para hacerlos en la competencia, recibí todo tipo de cumplidos por parte de otros patinadores y entrenadores por lo bien que estaba patinando. Sin embargo, en lugar de hacerme sentir seguro, los cumplidos me cayeron como una bomba, por todas las expectativas que se estaban creando a mi alrededor. Me empecé a preocupar por lo que la gente pensaría si no patinaba tan bien en el campeonato como lo había hecho en las sesiones de práctica.

La noche anterior al campeonato no pude dormir. Sólo pensaba en todo lo que habían comentado respecto a mi patinaje, y después imaginaba cómo caía en el hielo frente a toda esa gente que había visto mi programa. En cambio, debí de haber pensado en programas perfectos, sin errores, programas fáciles; pero al recordar que todos me creían capaz de lograrlo me atrapaba mi miedo al fracaso.

Por fortuna, mi pesadilla no se convirtió en realidad. Patiné sin ninguna caída en ambos programas, pero me cuidé tanto de no caerme, que patiné sin mucha energía. Era como si me hubiera limitado a realizar los movimientos, y los jueces me calificaron de acuerdo con eso. Gracias a la estupenda coreografía de Rick, logré llegar a un octavo lugar y un aplauso moderado por parte del público, muy lejos de lo habían sido las medallas de oro y las ovaciones de pie de mi últimos años con Kristi.

Rick se aseguró, rápidamente, de convencerme de que había hecho un buen trabajo. Estaba contento por mí, porque ahora podría participar en las competencias internacionales. No quería parecer un aguafiestas, así que hice mi mejor esfuerzo para compartir su entusiasmo, aunque implicó una verdadera lucha el lograr no sentirme abrumado por la frustración. Después de haber alcanzado el éxito en el pasado, las medallas y el primer lugar en el campeonato nacional por parejas, un octavo lugar no era nada envidiable. Ademas, éste era el campeonato en el que se determinaba quién iría a las Olimpiadas. Se suponía que éste iba a ser un momento importante en mi carrera con Kristi; nuestra última escala antes de las Olimpiadas del 1992. En cambio, ahora era un patinador sin nombre, que no podía escalar con rapidez la cima que conducía al éxito.

Como se podrán imaginar, ver las competencias de parejas en el campeonato nacional fue una tortura. En lugar de estar en la pista con Kristi, defendiendo el título y la oportunidad de viajar a las Olimpiadas en Albertville, estaba en las gradas con Rick, observando cómo la mesera Calla Urbanski y el chofer de un camión de carga, Rocky Marval se llevaban la medalla a casa. Irían a las Olimpiadas junto con Jenni Meno y Scott Wendland, ganadores de la medalla de plata, y Natasha Kuchiki y Todd Sand, quienes se habían llevado la de bronce. Y claro, Kristi también iría a las Olimpiadas: ganó el campeonato nacional a nivel senior y recibió una ovación de pie en ambos programas.

Me regresé a casa para curar mi ego herido y para ver las Olimpiadas de invierno en televisión. Debí de haber estado desesperadamente necesitado de atención, porque permití que una estación local de televisión me grabara mientras veía la competencia individual de mujeres. Querían ver mi reacción ante la actuación de Kristi en las Olimpiadas, e hice mi mejor esfuerzo para darles lo que querían. Curiosamente, no me tuve que esforzar mucho, porque en realidad estaba nervioso y al final ovacioné sinceramente su actuación.

Después de que Kristi venció a Midori Ito de Japón, para así llevarse la medalla de oro, el reportero me preguntó cómo me sentía. ¿Qué le podía decir? Le dije que me sentía feliz por ella. Lo que no le dije fue que yo me sentía miserable, y que, una vez más, me hervía la sangre de rabia.

Como lo hacía casi siempre, descargué mi furia sobre la persona que estaba más cerca de mí. Laura fue el blanco en esta ocasión. No recuerdo sobre qué discutíamos, tampoco ella se acuerda, pero realmente nos enfurecimos, y cuando Laura estaba a punto de pegarme, entró su novio. Él pensó que yo era el que trataba de pegarle a Laura, y entonces me echó de la casa. Contrario a lo que hubiera creído, ella no hizo nada por convencerlo de lo contrario. No daba crédito a lo que sucedía.

Tenía dos opciones. Podía regresar con mis padres, o podía hablarle a Reuben y pedirle que me dejara vivir con él y con Wayne (nunca se me ocurrió buscar un lugar por mi cuenta porque no tenía forma de pagarlo). Llamarle a mi padre estaba fuera de consideración, así que le hablé a Reuben. Para entonces, él y Wayne habían vendido su condominio y vivían temporalmente en un departamento de dos recámaras, en Belmont, mientras buscaban una casa nueva.

Reuben me dijo que pensaba que no habría problema, pero que primero tenía que hablar con Wayne. Estaba seguro de que él tendría ciertas reservas, sobre todo porque estaban viviendo en un departamento pequeño y Wayne, a diferencia de Reuben, no me conocía en realidad. Pese a ello, después de hablarlo decidieron darme una oportunidad. Al día siguiente me habló Reuben para avisarme que podía mudarme con ellos, así que empaqué mis cosas y Laura me llevó a mi nuevo hogar. Para entonces ya nos hablábamos, pero no hizo el menor intento por convencer a su novio de que me dejara quedar. No podía estar enojado con Laura, porque yo tenía la culpa de todo.

Pensé que sería divertido vivir con Reuben y Wayne, y así fue en muchas ocasiones, pero todos tuvimos que adaptarnos. Ellos tuvieron que acostumbrarse a tener a un adolescente con mayoría de edad en casa, y yo me tuve que acostumbrar a vivir con una pareja que en ocasiones actuaba más como mis padres que como amigos. Al principio, el principal problema fue la falta de espacio, pero eso cambió unos meses después, cuando nos mudamos a su nueva casa, en Belmont.

Para mí fue un arreglo ideal porque así tuve oportunidad de vivir con Reuben, quien realmente me agradaba, además de que no tenía que pagar renta y ellos pagaban toda la comida. Yo ganaba poco con algunas clases de patinaje que daba a la semana, y eso, junto con el poco dinero que recibía por parte de la Asociación de Patinaje Artístico de los Estados Unidos, lo invertía en el patinaje. No estaba en condiciones de mantenerme. Así que, para compensar el hecho de no tener que pagar renta, siempre me aseguraba de que los platos estuvieran lavados para cuando ellos llegaran, y que la casa estuviera limpia. Era lo menos que podía hcer para corresponder a su generosidad.

La mayoría de los días eran iguales. Me levantaba antes que ellos y me llevaba uno de sus autos a la pista. Para cuando yo regresaba a las diez o las once de la mañana, ellos ya estaban en el trabajo. El resto del día hacía todo tipo de cosas: ejercicio, limpiaba la casa, jugaba con los perros (Sara, un beagle travieso, y Buddy, una cruza de pastor un tanto alicaído). Si era necesario, iba de compras. Para el mediodía ya no tenía muchas cosas qué hacer, así que veía mucha televisión. No tenía otros amigos, y mi familia estaba en San José, así que me sentía bastante aislado y solo. Para cuando Reuben y Wayne llegaban, me daba tanto gusto que salía corriendo a recibirlos, tal y como lo hacían Sara y Buddy.

Por lo general, Reuben y Wayne llevaban a casa comida rápida para la cena. En otras ocasiones, si Reuben llegaba temprano, cocinaba. A veces yo los sorprendía con mis burritos, que les encantaban. Después de la cena veían la televisión, y después se iban a la cama. Yo, para entonces, tenía tanta energía que quería quedarme despierto y platicar, pero no había con quién hacerlo, excepto con los perros, y aunque trataba de hablar con ellos, no eran, precisamente, los mejores conversadores.

Como me lo imaginaba, me fue más fácil convivir con Reuben que con Wayne. Reuben era mi amigo, y Wayne adoptó conmigo un papel más paternalista, lo que tenía sus ventajas y desventajas. Me gustaba cuando llegaba a la pista para verme patinar o cuando iba a las competencias. Se enrogullecía de mis logros como lo haría un padre. Por otro lado, en ocasiones sentía que me trataba como a un niño: me decía que limpiara mi cuarto, me daba permiso para salir, me decía que tenía que estar de regreso a determinada hora. Eso no me gustaba en lo absoluto, así que terminábamos discutiendo al respecto. Pero Wayne me recordaba que si iba a vivir en su casa tenía que acatar sus reglas, que eran un tanto más estrictas que las reglas en casa de Laura o de mis padres.

Tampoco estaba acostumbrado a responsabilizarme por las tareas diarias, como llevar una chequera o archivar mis solicitudes de beca de la USFSA. En el pasado, siempre alguien se había hecho cargo de todo eso: mi papá, Carole o Laura. Así que Reuben y Wayne se sentaron conmigo y me enseñaron a llevar el control del dinero que recibía de mis alumnos y a mantener mi chequera con determinado saldo. También me hicieron archivar mis solicitudes. Yo quería que ellos lo hicieran, pero insistieron en que necesitaba hacerme responsable de mi propia vida, en que ya era tiempo de que creciera. Tenían razón. Tenía veintidós años de edad y todavía quería que alguien me cuidara.

Cuando realmente los necesitaba, Reuben y Wayne sabían escucharme, y muchas noches les confesaba todas mis frustraciones en el patinaje. No sabía si debía seguir compitiendo o resignarme a renunciar y buscar algún espectáculo sobre hielo en el que pudiera ganar algo de dinero. Patinaba desde los ocho años de edad, y no sabía si podía volver a ganar una medalla. Los dos me apoyaron mucho. Me decían lo buen patinador que era, que no importaba lo que decidiera, me apoyarían en un 100 por ciento, y que me querrían aun cuando no ganara medallas, o aunque ya no patinara. Después me decían que me fuera a dormir y que me sentiría mejor a la mañana siguiente, lo cual solía suceder.

Reuben y Wayne nunca me dijeron qué hacer respecto al patinaje. Siempre hice lo que yo quise. Pero ellos sabían que no importaba qué tanto me quejara, yo seguía teniendo ganas de competir y de lograr hacerme un nombre por mí mismo y para mí. Necesitaba probarme. No podía darme por vencido, todavía no.

En una ocasión, cuando me sentía realmente enojado por no poder alcanzar un mejor lugar en las competencias, les dije que me iba a México a patinar, en donde sabía que podía ingresar al equipo Olímpico. Esperaba que Reuben y Wayne me convencieran de que no me fuera, pero Wayne fue a mi habitación y empezó a empacar por mí. Me dijo: "¿Quieres ir?, ¡pues vé!" Después me preguntó a qué hora salía mi autobús. No supe qué hacer, así que terminé de empacar y me fui a acostar. No creo que se hayan sorprendido cuando, al día siguiente, me encontraron en casa al regresar de su trabajo.

Una de las cosas que en verdad me gustaban de Reuben y de Wayne era que siempre tuvieron fe en mí. Incluso después del Festival Olímpico de 1992, en Los Angeles, en donde fui un fracaso, ellos siguieron creyendo que podría lograrlo. Ni siquiera yo lo creía en ese momento. Fue terrible. Patiné como principiante, y todo fue culpa mía. No había tomado mi entrenamiento con seriedad; pensé que me bastaría con mi talento natural y mi habilidad para saltar. Todos los otros patinadores estaban en un entrenamiento formal de pesas y ejercitándose en la caminadora, mientras yo me tiraba al sol para tener un bronceado perfecto. Podría culpar a mi entrenador por no haberme presionado, pero Rick no era ese tipo de entrenador. Yo quería alguien que fuera accesible, que no me presionara, y eso fue exactamente lo que obtuve.

En el Festival Olímpico el pantinaje no fue mi único problema. Mi vestuario fue desastroso. Estaba diseñado para complementar mi programa largo, en el que patinaba al ritmo de *El pájaro de fuego*, de Stravinsky, en una versión electrónica, con sintetizadores. Yo pensaba que el traje era fantástico, y en el vestidor todos los chicos comenzaron a hacer distintas exclamaciones cuando me lo puse. Es difícil describirlo, pero se suponía que eran como llamas contra un fondo negro, con una tela color carne que me cubría la parte superior del cuerpo. Las flamas estaban hechas de lentejuelas, e iban desde la parte superior de un lado del cuerpo hasta la parte inferior de la pierna. Ese es quizá el único traje de todos los que he usado que mercía el calificativo de despanpanante, y vaya que lo era. Los jueces lo detestaron, y después de mi programa, le dijeron a Rick que tendría que deshacerme de él.

Entre mi terrible actuación y mi traje despanpanante, me imaginé que no tendría la oportunidad de asistir a ninguna competencia internacional ese año. La USFSA todavía no se había reunido para decidir a dónde iría quién, pero estaba seguro de que tendrían alguna excusa para no enviarme a mí. Sabía que lo último que querrían sería enviar a un chico afeminado, vestido de manera excéntrica y sin ser un patinador sobresaliente a representar a los Estados Unidos en alguna competencia internacional. Reuben y Wayne insistían en que tendría la oportunidad de ir. Tenían razón, pero tras todo ello había un motivo que no imaginaba.

LA USFSA me ofreció ir a *Prague Skate*, una de las competencias internacionales de segunda importancia, pero con una condición: Tenía que calificar en una competencia eliminatoria contra el patinador que ocupaba el séptimo lugar a nivel nacional. Los dos fuimos a Las Vegas, a competir contra otros dos patinadores de nivel mundial, uno canadiense y otro rumano. No podía confiar en mi habilidad natural en esta ocasión, así que trabajé muy duro en mi preparación. Valió la pena. Vencí a todos los demás, terminé en primer lugar, y gané mi oportunidad para competir en Praga.

Participar en *Prague Skate* fue el empuje que necesitaba. No había salido del país a una competencia desde que Kristi y yo habíamos ido juntos a Escocia, para el campeonato mundial de 1990. El viaje a Praga estaba programado para octubre, justo antes del campeonato de división, así que tenía un par de meses para prepararme. Había estado trabajando con Rick en mi triple lutz, el único de los seis saltos triples que no había aplicado en una competencia, y logré dominarlo lo suficientemente bien como para incluirlo. También comencé a trabajar con pesas en el gimnasio que Reuben y Wayne me habían instalado en su casa.

A la mitad de mi entrenamiento para *Prague Skate*, me tomé un día libre para ir a Vacaville. La sentencia de George de año y medio había terminado, y era momento de traerlo a casa. Yo estaba muy emocionado porque después de haber mantenido correspondencia durante ese tiempo, me sentía muy cerca de él, de una manera que nunca antes había experimentado.

Soñaba despierto durante largos periodos, pensando cómo sería todo cuando George regresara a casa después de cumplir su sentencia. Eramos hermanos y los dos eramos gays, me imaginaba que podríamos andar juntos y divertirnos, e ir a todos los centros nocturnos. Por lo menos, eso era lo que yo deseaba.

La prisión estaba a dos horas de distancia en automóvil, y le pedí a una de las mamás que acudían a la pista, con quien me llevaba bien, que me acompañara. Chris Miller es como diez años mayor que yo. Ella es heterosexual, pero no le incomodaba andar conmigo, y en ocasiones incluso íbamos juntos a algún centro nocturno gay. Cuando pensaba en la posibilidad de ir por George yo solo me ponía nervioso, así que me dio gusto tener quién me acompañara.

Al llegar a la prisión, no pudimos encontrar la unidad especial para presos con VIH, pero después de dar algunas vueltas supimos a dónde teníamos que dirigirnos. Llegamos un poco temprano, así que esperamos junto a una reja alta, con alambre de púas. Había un mundo de diferencia entre el patinaje artístico y la prisión de Vacaville. Me resultaba difícil pensar que mi hermano mayor había pasado ahí los últimos dieciocho meses.

Después de unos minutos, vimos una larga hilera de hombres que se acercaban a la reja, y ahí estaba George. Estaba bronceado por pasar tanto tiempo en el exterior, y excesivamente delgado, por no comer; en casi todas sus cartas mencionaba cuánto odiaba la comida de la prisión. Apenas atravesó la reja me dio un fuerte abrazo; yo le presenté a Chris.

George tenía hambre, así que fuimos a Jack in the Box por unos tacos Jack, que eran sus favoritos. Aunque los de Taco Bell hubieran sido sus predilectos, por razones obvias no creo que hubiera aceptado ir ahí. Durante el almuerzo, George nos contó historias sobre la vida en la prisión: cómo un gigantón lo había declarado su novio, y cómo no había podido hacer mucho una vez que fue elegido, aunque a él no le agradara el tipo, porque George no era mucho más alto que yo. A mí todo me parecía como una pesadilla, pero él había sobrevivido. Siempre lo hizo.

De camino a casa de mis padres, George sugirió que nos detuviéramos en uno de los bares a los que solía ir, así que fuimos a un bar gay en San José. Creo que, en parte, no quería llegar directo a casa, por temor a enfrentarse con mi papá. Sabía que mi mamá lo aceptaría como siempre lo había hecho, pero papá era un caso distinto. A pesar de que había permitido que George viviera con ellos, creo que lo hizo más por obligación que por otra cosa. Estoy seguro de que si George hubiera tenido otro lugar a dónde ir, lo hubiera preferido. Pero no tenía amigos cercanos, y no tenía dinero.

Todavía era temprano cuando llegamos al club, y ya había bastante gente; la mayoría parecía conocer a George. Tomamos algunos tragos, y él se la pasó todo el tiempo de un lado para otro, hablando con todos y tratando de conquistar a alguien. Sin decirnos nada, en determinado momento se fue con alguien. Pensé que era el primer día de libertad de George, así que traté de no enojarme con él por habernos dejado ahí.

Creo que lo más duro para George, después de haber estado en prisión, fue regresar a casa con mis padres. Sabía lo que papá pensaba al respecto, de hecho me sorprende que lo haya dejado regresar. Aunque, por otro lado, como la salud de mi papá se iba deteriorando y necesitaba ayuda para moverse, quizá él agradecía que George estuviera ahí para ayudarle a mamá a cuidarlo. Yo sé que mamá estaba ansiosa de que regresara, pero George no le hacía la vida nada fácil; le tenía poca paciencia y se enojaba con ella muy a menudo. A pesar de todo, mamá siempre trataba de complacerlo, o al menos de mantenerlo bien alimentado. Por eso mismo, a George no le tomó mucho tiempo recuperar el peso perdido.

George era bien parecido y siempre estaba bien arreglado. Constantemente me recordaba que era más guapo que yo, y que no tenía ningún problema para conquistar a los chicos. No me importaba que conquistara a chicos y que se los llevara a la casa; no veía eso como una competencia. Mi única preocupación, cuando salíamos juntos, era que los chicos que George conquistara supieran que tenía el VIH. Yo siempre le decía que más valía que le dijera a cualquiera con quien tuviera intenciones de tener relaciones que era VIH-positivo. No me parecía justo que no lo hiciera. Durante los mese siguientes, hubo ocasiones en las que yo mismo se los decía. Si George estaba con alguien, yo aprovechaba cuando se disculpaba para ir al baño, o para cualquier otra cosa, para acercarme y preguntarle al tipo si sabía que George era VIH-positivo. Se los decía porque sabía que George no lo haría, y a veces, para cuando George regresaba, el tipo ya se había ido. Tuvimos pleitos fuertes por ello. A George sólo le importaba su diversión, no la salud del otro. Esa actitud me enfurecía, pero traté de que mi furia no sobrepasara el cariño que sentía por él. Fue una verdadera lucha.

Creo que podía haberme quedado en casa y evitar salir con George, pero me gustaba estar con él. En ocasiones era divertido, y también pensaba que debía cuidarlo. Así que un par de veces a la semana pasaba por mí a casa de Reuben y Wayne para ir a los centros nocturnos. Eramos tan diferentes como el día y la noche. Yo me sentaba en la barra, mientras que George se la pasaba bailando arriba de la mesa de billar, se acercaba a los otros chicos y les proponía irse a la cama. La gente se acercaba para decirme que no podían creer que fuéramos parientes. Nos parecíamos físicamente, sí, pero él era más salvaje.

Entre más bebía, peor se ponía. Su bebida favorita eran los desarmadores, y después de dos o tres se ponía como un auténtico depravado. Todo lo que le importaba era divertirse y encontrar a alguien con quien salir. Muchas veces desaparecía y me dejaba sin medio de transporte para regresar a casa. Tenía que hablarle a Chris, a Reuben o a Wayne para que me fueran a recoger. En otras ocasiones, quería irme para poder llegar a casa y dormir lo suficiente para poder patinar al otro día, pero él quería quedarse un rato más. El par de veces que traté de sacarle del bolsillo las llaves del auto, para poder irme, él intentó golpearme. Me daba un empujón, y aunque de pronto se detenía, yo podía ver el odio de un ebrio en sus ojos.

Así no era cómo yo había imaginado que serían las cosas cuando George saliera. Pensé que nos divertiríamos. Pensé que sería mi amigo. Creo que nunca me imaginé que se comportaría de una forma tan irracional en los bares, ni que se enojaría de esa manera conmigo. Además, siempre trataba de conquistar a los chicos con los que yo estaba hablando. Si alguien me interesaba, tenía que ser de George; era como un concurso sin sentido. Trataba de que eso no me afectara, porque sabía que era el alcohol lo que lo hacía actuar así, pero en ocasiones me enojaba, y me herían las cosas terribles que me decía. La mayoría de las veces en que actuaba de manera cruel, yo me ponía a platicar de patinaje con el cantinero. Trataba de ignorar el hecho de que George se estuviera comportando como una porrista en la habitación de al lado. No es broma. Despedazaba los periódicos, fabricaba grandes pompones y hacía verdaderas locuras. En un par de ocasiones traté de hablar con él acerca de su comportamiento, pero él pensaba que yo estaba celoso por todos los chicos que él podía conquistar. Me decía: "Yo puedo conquistar a quien yo quiera, tú no puedes conquistar a nadie". La verdad era que, no quería a nadie, por lo menos no para una sola noche.

A pesar de algunas desveladas con George y un par de crudas, logré ponerme en forma para cuando viajé a Europa para el *Prague Skate*.

Días antes de la competencia recibí todo tipo de cumplidos en las prácticas, por lo bien que me veía y por lo bien que estaba patinando. Me encantaba recibirlos pero, como siempre, tenía problemas para asimilar las expectativas de la gente, la presión que me generaban. Como tenía que suceder, ejecuté el peor programa corto de mi vida. Me descuadré en el triple axel, double toe. Hice un double flip en lugar de un triple, y aterricé en dos pies en lugar de uno. Estaba en un estado de shock, tal que me quedé parado por un momento y lancé una mirada hacia Rick, tratando de decirle: "¡Ay, Dios mio!", pero Rick seguía sonriendo. Siempre me maravilló su capacidad para estar tan alegre y con tan buena disposición.

Después hice un spin y casi me caigo. Fue humillante, y cuando aparecieron mis calificaciones técnicas, fueron tan bajas que pensé que me lo estaba imaginando. Me dieron varios 3.9 y varios 4.0. Lo único que me salvó de quedar en el último lugar de treinta patinadores, fue la calificación por estilo. Me dieron un 5.7, suficiente para alcanzar un quinto lugar.

Me disgusté tanto por haber patinado tan mal en el programa corto, que en venganza ejecuté un programa largo perfecto. Logré todos los triples, ¡todo salió perfecto! Salí del hielo y me recibió una multitud de gente con buenos deseos; me decían que era el mejor y que iba a llegar al campeonato mundial. En esa ejecución obtuve un primer lugar, y gracias a ello subí hasta el segundo lugar final. Me llevé la medalla de plata. Finalmente, después de más de dos años, estaba de regreso.

Volví de Europa completamente estimulado para el campeonato de división; estaba ansiosos por participar, para de ahí pasar al campeonato nacional y demostrarme a mí mismo de qué era capaz. En el campeonato de división, que se llevó a cabo en las Vegas, realicé un buen programa corto y llegué al primer lugar. Ahí es excactamente en donde quería estar para pasar al nacional.

En 1993 partí hacia Phoenix, para participar en el nacional. Para entonces, mis dos programas estaban más dominados que en la competencia de división. Rick puso la coreografía de ambos programas con mucha música clásica. Los vestuarios eran elegantes pero sencillos, nada de lentejuelas. Aprendimos la lección y decidimos que era mejor no enemistarnos con los jueces. No estaría por demás tenerlos de mi lado, para variar un poco.

Me sorprendí durante la semana que practiqué en Phoenix; me sentía totalmente relajado. No me sentía tan a gusto en una competencia desde mi primer campeonato nacional con Kristi. Todo lo que necesitaba era un tercer lugar, con eso volvería a estar en el podium, con una medalla al cuello y camino al campeonato mundial.

Cuando llegó mi turno y el anunciador pronunció mi nombre, sentí cómo corría la adrenalina por mis venas. Hice dos respiraciones profundas, entré a la pista, y me coloqué en posición. Comenzó la música y me preparé para mi primer triple. Conforme tomaba vuelo, justo antes del despegue, una voz interna me dijo: "No has fallado en toda la semana, lo harás perfecto, vamos", y entonces, bang, estaba de bruces en el hielo, no sólo me caí, azoté con fuerza contra el hielo. Durante una fracción de segundo me quedé sentado, demasiado sorprendido como para moverme. Cuando pasó el shock, mi primer impulso fue correr hacia los jueces y suplicarles que me permitieran comenzar de nuevo. Pero la música seguía su ritmo, así que me puse de pie y traté de continuar.

Llegué a un séptimo lugar. Si esto hubiera ocurrido en 1991, hubiera estado feliz por haber llegado tan lejos. Pero no era 1991, además me sentía pésimo por haberme caído de nuevo en una competencia; estaba listo para morder al primero que se me acercara. Rick fue el primero que me buscó en los vestidores y, como siempre, trató de animarme; me dijo que no me preocupara, al día siguiente tendría la oportunidad de presentar mi programa largo. No sé que dije o que actitud tomé, pero fue lo suficientemente negativa como para que de pronto él se pusiera furioso; me llamó mocoso malcriado y pen . . . Me quedé anonadado. Rick nunca decía cosas así. Se dio la vuelta y se fue, y yo salí del lugar tan pronto como pude. No me esperé para ver a Reuben, a Wayne o a mi hermana, que estaban en las gradas, observando la competencia.

Regresé corriendo al hotel, sintiendo ganas de gritar, de arrancarme la piel a pedazos. No podía entender qué pasaba. ¿Por qué tenía tanta mala suerte? ¿Acaso esto significaba que el regreso al patinaje no estaba en mi destino?

Después de un rato, Laura llegó al hotel y me abrazo mientras yo lloraba. Se portó de maravilla. Siempre supo cómo hablarme, y con una voz muy dulce me dijo: "Olvídalo.

Mañana será otro día. Lo harás perfecto. Todos confiamos en tí". Después de un rato, me tranquilice y Laura me dejo para que me sobrepusiera a la depresión por mi cuenta.

Al día siguiente, obviamente, utilicé toda mi frustración por haber fracasado en el programa corto y realicé un programa largo perfecto. Pero ese año la competencia fue muy fuerte, y aun con un programa perfecto sólo alcancé el cuarto lugar. Me sentí afotunado de haberlo logrado. Eso me ayudó a alcanzar un quinto lugar global, un lugar arriba de Todd Eldredge, el campeón nacional en dos ocasiones. Después de haber arruinado el programa corto, estuve feliz de haber obtenido un quinto lugar. Para Todd, después de dos campeonatos nacionales, un sexto lugar debió de haber sido devastador.

Para cuando llegué a casa del campeonato nacional, mi vida parecía ir por buen camino. Había logrado un lugar lo suficientemente bueno como para ser elegible para una competencia internacional como la NHK o *Skate America*. Si seguía trabajando duro, tenía grandes esperanzas de poder ganar una medalla al año siguiente, en el campeonato nacional. En casa, todo iba de maravilla con Reuben y Wayne; me había convertido en parte de su familia. Mi padre no estaba muy bien, pero seguía resistiendo. George estaba en casa, y eso era mejor que tenerlo en prisión. Lo único que me faltaba en la vida era un novio. Y como si el cielo hubiera respondido a una plegaria, en ese momento conocí a un hombre llamado Kurt. No sabía que había sido el diablo quien me había concedido el deseo.

9

Sin Control

Como la mayoría, esperaba encontrar el amor algún día y vivir feliz para siempre. Hasta ese momento, sólo me había enamorado en dos ocasiones. El amor de mi infancia fue Johnny Rivera; el otro, Greg Loganis, a quien vi en televisión en las Olimpiadas de 1988. Para mí, Loganis era la combinación perfecta de un chico tierno, bien parecido, dulce, y amable, pero supuse que era heterosexual y que tenía muchas novias. No puedo creer lo equivocado que estaba.

Mi nuevo amor se llamaba Kurt, y ahora que ya no me preocupaba que Carole Yamaguchi estuviera encima de mí para juzgarme, lo conquisté con toda la fuerza y la ingenuidad de un adolescente enamorado, aunque yo tenía ya veintitres años, y no era propiamente un adolescente; así que no puedo utlizar eso como excusa para la estupidez que cometí.

En lugar de haber conquistado a Kurt, debí de haber tirado mi vida por el caño. Eso hubiera sido más fácil para todos, incluyéndome a mí. Tenía que aprender algunas lecciones fuera de la pista de patinaje y, como siempre, las aprendí a golpes. Quizá leer mi experiencia les ayude a no cometer los mismos errores, sean o no gays.

Conocí a Kurt justo después del campeonato nacional. Estaba en la pista, viendo a un chico que tomaba una clase de patinaje particular—después supe que eran novios—y de repente comenzamos a platicar, así de simple. Aunque pensé que era atractivo, no era mi tipo. Tenía el pelo castaño claro y era un poco más alto que yo. Era delgado, pero puro músculo, aunque sin exagerar. También tenía una voz fenomenal y una personalidad sagaz. Se daba aires de heterosexual, y eso me parecía muy atractivo. Me gustaba el hecho de que fuera masculino y estuviera al frente de las cosas. Por instinto supe que era gay.

Si hubiera pensado por un segundo que Kurt podría terminar siendo mi novio, nunca le hubiera hablado para invitarlo a salir. Nunca le he pedido a nadie que salga conmigo, nunca, ni ahora. Le temo mucho al rechazo. Sin embargo, en un principio sólo vi a Kurt como un buen amigo, y eso facilitó las cosas. Podría haber ido con Wayne y Reuben, pero ellos eran como una pareja de casados, y no hubiera resultado tan divertido. Así que le llamé a Kurt y le pregunté si quería ir a San Francisco, al bar Bandlands. Aceptó.

Yo estaba muy emocionado, me puse unos pantalones de mezclilla nuevos y una camiseta de lycra ajustada, y esperé a que Kurt llegara por mí. Deben comprender que Reuben y Wayne eran mis únicos amigos gays; nunca había tenido un amigo gay de mi edad, un compañero, así que eso era algo nuevo para mí.

Kurt llegó en un automóvil desvalijado. Era un contraste muy grande: un hombre guapo, vestido en una camisa Polo blanca y pantalones de mezclilla negros, conduciendo un auto tan oxidado que no se podía distinguir cuál había sido su color original. Abrí la puerta temiendo que me fuera a quedar con ella en la mano, y nos dirigimos hacia Castro, que es uno de los barrios gay de San Francisco.

Nos sentamos en el bar, pedimos un par de vodka tonics, y

comenzamos a platicar. Fue entonces cuando me enteré de que Kurt tenía novio, y de que se iría en unos cuantos días a otra ciudad, debido a un empleo nuevo que había conseguido. Después de un rato, me di cuenta de que Kurt ya no tomaba de su trago y le pregunté si quería otro más. Me dijo que no tenía mucho dinero, que de hecho no le alcanzaba para pagar otro trago. Él era cantante y trabajaba una vez a la semana en un bar; ese era su único empleo, aunque, según él, estaba buscando algo más. Le dije que no se preocupara por el dinero, que yo invitaba. Actué como si a mí me sobraran los dólares porque lo quería impresionar. La verdad es que tenía poco dinero en el banco, producto de lo que me pagaban algunos de los alumnos de Laura por ayudarles con sus saltos y sus spins, y de la escasa ayuda que recibía de la USFSA. Si tomábamos demasiado yo también estaría en la ruina. Pero no me importaba. Si ese era el costo que tenía que pagar por tener un amigo, me acabaría el dinero. Era mucho mejor que estar solo todo el tiempo.

Así fue como Kurt y yo comenzamos a salir un par de veces a la semana. Manejábamos hasta San Francisco o salíamos en San José. Bebíamos bastante y después regresábamos a casa. Nunca se nos ocurrió turnarnos para manejar sin ir ebrios. La pasábamos demasiado bien como para que algo así nos importara. Le agradezco a Dios que no hayamos matado a nadie, y que no nos hubíeramos matado nosotros mismos en un accidente. En un par de ocasiones nos detuvo la policía de San José mientras yo manejaba, pero reconocían mi nombre y se limitaban a sugerirme que condujera con cuidado. En ese entonces, pensé que tenía suerte porque nunca me arrestaron, pero ahora creo que hubiera sido mejor que me hubieran detenido y encerrado por una noche. Esa era una lección que todavía tenía que aprender.

No les puedo decir cómo sucedió o por qué, pero después de haber salido juntos un par de veces, me enamoré de Kurt. Él era el mismo de siempre. Yo parecía agradarle, pero no me había dado motivo alguno para pensar que estaba enamorado de mí. Además, por la frecuencia con que hablaba de su novio, de cómo le estaba yendo en su nuevo trabajo y de cuánto se extrañaban, yo tenía más de una razón para pensar que sólo le interesaba como amigo. Pero eso no me importó. Tenía que estar con Kurt o enloquecería.

Cada vez que salíamos, yo trataba de encontrar alguna señal para convencerme de que los sentimientos de Kurt hacia mí habían cambiado. En ocasiones parecía coquetear conmigo, o se mostraba celoso si hacía algún comentario sobre alguien que me parecía atractivo. Después de una noche de gran fiesta, siempre se quería quedar a dormir en mi casa, y yo se lo permitía, pero el hecho de que durmiera con camiseta y shorts, y el que nunca hubiera tratado de besarme me parecían evidencias suficientes para suponer que sólo le interesaba por mi dinero. Mientras dormía a mi lado, yo imaginaba la manera de lograr que me quisiera. Estaba convencido de que si pasaba suficiente tiempo con él, si le invitaba suficientes tragos, cambiarían sus sentimientos y querría algo más que mi amistad.

A pesar de que quería estar con Kurt, no siempre podía salir cuando él quería, porque tenía que patinar por la mañana. Como eso sucedió a principios del año, podía justificar el hecho de no estar en mis cinco sentidos cada mañana, pero una noche bebimos demasiado y nos desvelamos mucho, y me resultó casi imposible levantarme de la cama para acudir a mi clase. Logré llegar hasta la pista, pero fue inútil, no pude realizar ninguno de mis saltos.

Si Kurt me hablaba para invitarme a salir y yo no podía por el patinaje, me preguntaba si podía pasar a la casa para que le prestara dinero. Como yo quería agradarle, siempre le decía que sí. En otras ocasiones, simplemente llamaba para pedir dinero y así poder salir con sus amigos, sin mí. Iba a la casa, le daba el dinero, y después me decía que me tenía que quedar en casa, y yo le obedecía como si fuera su mascota. Era patético. Yo era patético, pero estaba tan obsesionado con la idea de que lo quería, de que estaba enamorado de él, que si me hubiera pedido que saltara de un puente quizá le hubiera dicho: "Lo que tú digas".

A Kurt le agradaba ir a un club en el que cantaban un par de amigos, a quienes llamaré Scott y Anne. Ellos me agradaban, y cuando terminaban su actuación la pasábamos juntos hasta las tres o cuatro de la madrugada. La velada siempre terminaba con la misma rutina: Kurt me pedía quedarse conmigo en la casa de Reuben y Wayne, y yo se lo permitía. Pero a pesar de mis esperanzas, nunca hubo una intimidad física que fuera más allá del calor que yo buscaba al acurrucarme contra su cuerpo por la noche. Creía que eso era mejor que nada.

No pasó mucho tiempo antes de que Reuben y Wayne se percataran de mis ausencias frecuentes y de mi nuevo amigo gay. No les gustaba que yo estuviera fuera de casa tan tarde, y no querían a Kurt ni tantito. Así que comenzamos a tener problemas por las horas a las que regresaba. En esta ocasión no sólo era Wayne el que se oponía, también Reuben estaba sobre mí, diciéndome que tenía que tomar más en serio el patinaje y que no podía suponer que llevando ese ritmo de vida sería capaz, después, de pisar la pista y ganar. En verdad debí de haber puesto su paciencia a prueba. Después dejaron de pelear conmigo, a final de cuentas yo era un adulto legalmente, e iba a hacer lo que yo decidiera. Así que las cosas se calmaron durante un tiempo, por lo menos hasta que se enteraron que estaba ingiriendo drogas.

A pesar de que mi hermano George había estaba muy metido en el *speed* y la cocaína, y sólo Dios sabe qué más, y a pesar de todo lo que sucedía con las drogas en nuestro vecindario y en la escuela, nunca había probado nada. Ni cocaína, ni mariguana, ni *speed*. Nada. Sólo cigarros, y distintos tipos de bebidas alcohólicas, que ya eran lo suficientemente nocivas. Realmente no me interesaba nada, además de los cigarros y el alcohol, hasta que Kurt y sus amigos me invitaron a aspirar un poco de *speed*.

Era ya bastante tarde, fue una de esas noches en la que

habíamos ido a escuchar a Scott y a Anne. Estábamos en su pequeño departamento platicando. Me quedé dormido como a las tres y media de la mañana, y de pronto me despertaron para decirme que fuera con ellos a la cocina. En la barra había un polvo blanco, como cocaína. Les pregunté qué era y Scott me dijo que *speed*. Colocó un popote en mi nariz y me dijo que aspirara, pero yo dudé y le pregunté que si ardería. Me contestó que un poco, pero que me agradaría. Kurt me animaba y me decía: "Házlo, Rudy". Me tomó de la mano, y eso fue suficiente para convencerme. No pensé en cómo las drogas habían arruinado a mi hermano. No pensé en el patinaje. No pensé en lo que dirían Reuben y Wayne. Todo lo que sabía era que Kurt me tenía de la mano, y que si el hecho de que yo aspirara lo hacía feliz, aspiraría un poco de *speed*, o de cualquier otra cosa que me pusiera enfrente. Así que lo hice y me quemó como nada que jamás haya sentido. Comencé a brincar por toda la cocina sosteniendo mi nariz durante dos o tres minutos, tratando de detener el ardor, y después la droga hizo efecto.

Esto no es publicidad gratuita para el uso de drogas, describiré el lado negativo más adelante, pero la sensación en ese momento fue increíble. Todo era maravilloso. Me sentía con mucha energía. Estaba con mis mejores amigos. Kurt era mi amante. Sentía ganas de hablar, hablar, hablar. La vida no podía ser mejor.

Cuando dejé de saltar, me di cuenta de que todos me miraban, querían saber si me había gustado. Les dije: "Esta cosa me gusta", y después no me podían callar. Ellos también aspiraron un poco, y hablamos toda la noche sobre el patinaje, la música, los novios, la situación del mundo.

Estuve despierto durante los cuatro días siguientes. ¡Cuatro días! Y tenía que seguir patinando. Recuerdo esa primera noche, me quedé en el departamento de Anne y Scott hasta las 6:30 de la mañana, antes de regresar a la casa de Reuben y Wayne y prepararme para mi clase. Entré y me dijeron: "Estuvo buena la fiesta, ¿no?" No tenían ni idea de que estuviera drogado, y comenzaron a hacerme burla por haber estado fuera toda la noche. Me bañé, me pusé mi traje de patinar, y me fui a la pista. Me sentía con tanta energía que pude haber patinado todo el día.

Esa primera vez que aspiré *speed* con Kurt fue la primera vez que me dijo que me quería. Había esperado mucho tiempo para oír esas palabras, y no me importaba si se requería de un poco de *speed* para que me lo dijera. Todo lo que me importaba eran sus palabras. Me quería, y estúpidamente pensé que si le compraba drogas se convertiría en mi amante. Nunca me besó siquiera, pero no pasó mucho tiempo antes de que nos pasaramos tres o cuatro noches a la semana bebiendo con Scott y Anne.

En una noche típica, íbamos a escuchar a Scott y Anne, después nos quedábamos en el bar hasta que el encargado nos corría. Regresábamos al departamento de Scott y Anne, sacábamos la droga, y nos quedábamos toda la noche platicando. Después, Kurt y yo regresábamos a la casa para que yo pudiera recoger mis cosas, y lo llevaba a la pista conmigo. Durante mi clase, me lucía ante Kurt; después regresábamos a la casa de Reuben y Wayne. Nos quedábamos en la cama todo el día, tratando de dormir, pero nuestros corazones latían tanto con la droga, que ni siquiera podíamos cerrar los ojos. A veces Scott y Anne llegaban a la casa y pasaban ahí todo el día, escuchábamos música, aspirábamos un poco de *speed;* todos nos lanzábamos en un viaje maravilloso. Muchas ocasiones escuchábamos música de patinaje y tratábamos de sacar nuevas ideas para mi programa.

Al terminar el día, regresaban a su casa y yo me bañaba, me vestía y estaba listo nuevamente para salir, justo cuando Reuben y Wayne abrían la puerta. Nunca me dijeron nada. En ese momento, creo que me estaban dando tanta manga ancha como necesitaba.

Todas esas salidas costaban dinero, y ¿quién creen que pagaba la mayoría de ellas? Mi cuenta de banco quedó en ceros en poco tiempo, así que comencé a mentir y a engañar a la gente para conseguir dinero para comprar droga. Le llamé a uno de mis admiradores y le dije que necesitaba dinero para unos patines nuevos. También le llamé a unos amigos de Laura y les pedí dinero para poder confeccionarme unos trajes nuevos para las prácticas. Después utilizaba el dinero para salir a divertirme. Me sentía mal, pero estaba tan fuera de control, que no me sentía lo suficientemente culpable como para detenerme.

El engaño y las mentiras no eran lo único malo en mi vida. Toda la droga que estaba aspirando también tenía efectos secundarios nefastos, como el hacer que me fuera imposible dormir por más de un par de horas, y el anular mi apetito por completo. El *speed* también te carcome los músculos, así que terminas por verte bastante demacrado. Pensé que me veía bien, pero en las fotos de esa época pueden darse cuenta de lo delgado y mal que estaba.

Cuando el *speed* comenzó a dejar de surtir efecto, sufrí terriblemente. Fue lo peor. Te hundes por completo. Te deprimes y te alejas de todos. Quieres comer pero no puedes. Tu estómago te pide a gritos un poco de alimento, tu cuerpo te pide un poco de sueño, pero no puedes ni comer ni dormir. Además, después me vinieron los espasmos musculares. Una noche inhale tanto speed, que me dieron unos espasmos tan fuertes que no pude caminar. Metí los pies en agua caliente, pensando que así me libraría del dolor, pero no me ayudó en nada. También me volví paranóico: me imaginaba que todos sabían que estaba ingiriendo drogas; que me descubrirían y me enviarían a prisión. ¿Les parece divertido? Después de un tiempo ya no me importaba si me divertía o no, ya no podía dar marcha atrás, me encontraba en un callejón sin salida.

Estaba tan concentrado en las drogas, las fiestas y las desveladas, que cuando Laura habló una noche para decirme que mi papá había tenido un ataque al corazón, me tomó un minuto poder descifrar lo que decía. De alguna manera logré reponerme y salí hacia el hospital. En el camino, no podía dejar de pensar en mi papá conectado a todo tipo de máquinas y tubos. Debido a mi confusión mental, ocasionada por las drogas y las lágrimas, tuve que manejar con mucha precaución para no salirme de la carretera.

Laura, mamá y George ya estaban ahí, y mi papá se encontraba muy delicado. El doctor nos aclaró que no la libraría, y le preguntó a Laura si la familia quería que papá estuviera conectado a un sistema de vida artificial, en caso de necesitarlo. Mi papá siempre había sido determinante a ese respecto: no quería que se hiciera, pero yo le rogué a Laura que sí, para que papá pudiera seguir con vida; le pedí que le dijera a los doctores que hicieran todo lo posible para salvarlo. No importaba si papá y yo no manteníamos la mejor de las relaciones. Era el único padre que tenía, y quería que viviera lo suficiente para ver que su hijo menor no era un fracaso, que viviera lo suficiente para poder retribuirle de alguna manera todos los sacrificios que había hecho para que yo pudiera patinar. Pero mis súplicas histéricas no tuvieron ningún efecto. Para variar, mamá tomó una decisión determinante. Quizo hacer lo que papá había indicado. Laura estuvo de acuerdo. George simplemente guardó silencio, y yo no pude hacer otra cosa que cruzar los brazos, sentarme en un silla de la sala de espera, y llorar.

Papá vivió unos cuantos días más. Yo estuve siempre en el hospital, sentado en su cama por horas y horas. Mamá y Laura también estuvieron ahí, y George sólo un par de veces, en visitas cortas. Mi papá estuvo siempre totalmente consciente, pero muy débil, se había quedado en los huesos. En sus estancias anteriores en el hospital, cada vez que las enfermeras lo picaban, bromeaba y les decía: "¡Owwww!" Pero ahora era como un costal vacío. Permanecía inmóvil. De cuando en cuando nos poníamos a platicar en voz baja. Me dijo: "No sé si voy a vivir lo suficiente como para verte triunfar en el patinaje". Le dije que era un tipo fuerte, que viviría más tiempo que todos nosotros. No lloré frente a él porque no quería que se diera cuenta de lo grave de la situación. Pensé que si le brindaba mi apoyo, quizá saldría adelante. Siempre lo había hecho las ocasiones anteriores, y yo me negaba a pensar que ahora sería diferente. Necesitaba a mi padre. No se podía morir en este momento. No antes de que yo llegara a casa con una medalla de oro del campeonato nacional, para que él la sostuviera con sus propias manos.

El último día que ví a mi padre fue el día que murió. Platicamos de cosas cotidianas como el clima y el patinaje. Me quedé sólo un rato, sin saber que sería la última vez que lo vería. Antes de irme puse mi mano sobre su cabeza, me agaché y lo besé en la mejilla. Me despidió con la mano cuando salí de la habitación, yo hice lo mismo.

George me habló a medianoche a casa de Reuben y Wayne. Estaba llorando y me dijo: "Papá murió". No sé porqué me sorprendí, pero así fue. No parecía real. Por fortuna, Reuben y Wayne estaban ahí para consolarme, mientras yo me mecía de un lado a otro de la cama, diciéndome a mí mismo que no podía estar muerto, que sólo era una pesadilla.

En realidad me afectó mucho la muerte de mi padre, pero no me dí cuenta de ello hasta que vi a toda esa gente alrededor de su ataúd abierto, en el velorio. Lo pude ver desde lejos. Se veía muy bien, mejor que cuando estaba en el hospital. Se veía como el padre que yo conocía antes de que enfermara. Ahí fue cuando me di cuenta de que ya no estaba entre nosotros, y perdí el conocimiento. Un par de parientes me ayudaron a salir de la habitación. Me acostaron en un sillón de la sala de espera. Yo no podía dejar de llorar.

Después del velorio me quedé con Kurt, en casa de su tío. Nunca me había sentido tan deprimido como esa noche, así que cuando Scott y Anne llegaron con un poco de *speed* no dudé ni un segundo. Lo acomodamos y lo inhalamos. Unos cuantos minutos después, ya estaban en un viaje largo. Sólo alivió un poco el dolor que me causaba la muerte de mi padre. No inhalé mucho porque no quería estar tembloroso al día siguiente en el funeral; yo era uno de los encargados de cargar el féretro. Desafortunadamente, inhalé lo suficiente como para ocasionarme espasmos en los pies, y al otro día tuve problemas para caminar. Le eché la culpa a los zapatos, pero era el *speed*.

No resentí tanto el funeral como el velorio. Quizá el *speed*

Mi primera entrenadora,
Colleen Blackmore, y yo en
el hotel para la competencia
"Oktoberfest" celebrada en
1977 en Marysville, California.
Los últimos retoques de costura
en mi traje.

(Colección del autor)

¡Cumplo ocho años! Ese
es mi hermano, George,
a la izquierda, con el
gorro de Mickey Mouse
que hace juego con mi
fiesta.

(Colección del autor)

Divirtiéndome con mi papá y
Laura en una competencia
local en Visalia, California
en 1978.

(Colección del autor)

Se podrán dar cuenta lo orgulloso que está mi papá de mi primer lugar como patinador novato en el campeonato nacional en Indianapolis en 1982. De izquierda a derecha: Jim Julick, Colleen Blackmore, mamá, yo y papá.

(Colección del autor)

Mi papá, el vaquero, con uno de sus muchos sombreros vaqueros en el picnic anual del Club de Patinaje Mission Valley a principios de los 1980s.

(Colección del autor)

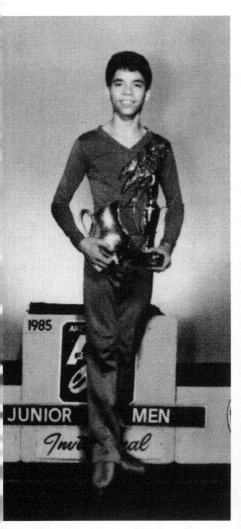

Otro gran momento. Primer lugar en 1985 en la competencia "Arctic Blades" en Los Ángeles.
(William Udell)

Kristi Yamaguchi y yo.
(Colección del autor)

Mi familia en el porche de
nuestra casa móvil en 1992;
Laura, papá, mamá, yo y George.
(Colección del autor)

En la pista Dublin para la
competencia local "Skate St.
Moritz" en 1994. A la izquierda
se encuentra Joan Cristobal.
Ella es una de las estudiantes de
Laura, y yo hice la coreografía de
su programa. Junto a Joan están
Laura, Rick Inglesi y yo.
(Colección del autor)

Al frente del carro de Laura con
mamá en su garage en 1995.
(Colección del autor)

Tomando un descanso después de hacer mi programa largo durante una práctica en diciembre de 1995 en el Ice Centre en San José.
(Steve Keegan)

Laura y Andy celebrando el cumpleaños de mi hermana en 1995.
(Colección del autor)

En la pista de San José en enero 18, consultando con Laura durante una práctica oficial para el campeonato nacional de 1996.
(Colección del autor)

Perdí la cabeza de emoción justo después de completar un programa corto perfecto en el campeonato nacional de San José en 1996.

(Anna Marie Remedios/*San José Mercury News*)

Mi famoso giro "shotgun" al final de mi programa largo en el campeonato nacional de 1996. Pueden ver por la sonrisa en mi rostro que sabía que mi programa había sido perfecto.

(Foto AP/Craig Fuji)

Mis mejores amigos, Wayne Leonard y Reuben Jenkins, en 1996.

(Colección de Wayne Leonard y Reuben Jenkins)

Payaseando en la práctica
con Joan Cristobal en el
Ice Centre en San José
en 1996.

(Colección del autor)

Justo después de ganar el
campeonato nacional de 1996.
No podíamos estar más felices.
Mis entrenadores anteriores,
John Brancato y Kevin Peeks.

(Lynn Noto)

¡El día de la boda de Laura!
Yo, Laura, Andy Black, y el
papá de Andy, el Juez Tom
Black, en el hogar del Juez
Black en los Aptos,
California, agosto 10,
1996.

(Sara Black)

Viajando en autobús a la siguiente ciudad en el Gira Mundial de Campeones de Patinaje Artístico Sopa Campbells con la medallista olímpica de China, Chen Lu, yo y Laura, abril de 1996.

(Colección del autor)

Foto oficial del equipo norteamericano mundial de 1996. Fila superior, de izquierda a derecha: Jason Dungjen, Kyoko Ina, Renee Roca, Gorsha Sur, Todd Sand, Jenni Meno, Michelle Kwan, Rudy Galindo, Tonia Kwiatkowski, Elizabeth Punsalan, Jerod Swallow; fila inferior, de izquierda a derecha: Brian Wells, Tara Lipinski, Dan Hollander, Todd Eldredge, Shelby Lyons.

(Paul Harvath)

me ayudó. No lo sé. Pero me gustó escuchar a la gente decir cosas agradables de mi padre. Eso me hizo sentir mejor.

Ni Kurt, ni Scott ni Anne asistieron. Ellos nunca se ofrecieron, pero yo tampoco se los pedí. Temí que la gente se diera cuenta de que estaban drogados.

Durante todo el tiempo del funeral, lo único que quería era regresar con Kurt, y eso fue lo que hice en cuanto terminó el servicio. A pesar de que me utilizaba, sentía alivio a su lado. Después del funeral de mi padre, necesitaba sentir ese alivio que me brindaban los brazos de Kurt. Sin embargo, mis sentimientos seguían sin ser correspondidos, y eso lo hacia todavía más deseable.

En casa, la relación entre mamá y George iba de mal en peor. Ella lloraba sin cesar, estaba inconsolable, y George casi no le tenía paciencia; le gritaba todo el tiempo, diciéndole que ya superara lo de mi padre, que su llanto no lo iba a revivir. Yo creía que George estaba siendo cruel y se lo dije, pero me ignoró.

En realidad, no sé qué fue lo que sintió George con la muerte de mi padre, porque nunca dijo una sola palabra y apenas si interrumpió su rutina de visitas nocturnas a los bares, desveladas, bebida y sexo. Se podría pensar que siendo VIH-positivo, George tenía más cuidado. Siempre temí que algo pasara, y como un mes después de que papá murió, así fue.

La primera crisis de Goerge sucedió un fin de semana en que el novio de Kurt regresó por unos cuantos días. Yo me quedé solo con mis sentimientos de ira y mis celos, así que, para no pensar en Kurt, le llamé a Laura y le dije que si quería ir a Santa Cruz a pasear. Pasamos la mayor parte del tiempo hablando sobre la muerte de papá y sobre la reacción de mamá. Antes de regresar a nuestros respectivos hogares, decidimos pasar a casa para ver cómo estaba ella y para tratar de animarla.

Cuando entramos, George estaba sentado en el sillón. Tenía un color rojo encendido. Nos dijo que había ido al parque con un amigo y que se había quedado dormido bajo el sol durante tres horas. De pronto empezó a tener convulsiones. No supimos qué hacer. Durante unos minutos nos quedamos ahí parados, en total asombro, mientras George se deslizaba del sillón hacia el piso. Estaba temblando como una hoja, después los ojos se le pusieron en blanco. Yo estaba convencido de que éste era el principio del fin, pero después George se sentó y nos dijo que estaba bien. Pero estaba lejos de verse bien, y llamamos al 911. La ambulancia no tardó en llegar y se llevó a George al hospital. Mamá y yo nos subimos al auto de Laura y seguimos a la ambulancia.

Le llamé a mi amiga Chris Miller, que sabía de enfermería, y le pedí que nos alcanzara en el hospital. Me alegró que hubiera estado con nosotros, porque pensé que George moriría ahí mismo, en ese momento. Chris pudo hablar tranquilamente con los doctores y después asegurarnos que estaba bien. Básicamente tenía una insolación con algunas complicaciones relacionadas con el VIH. Permaneció esa noche en el hospital, con suero, y a la mañana siguiente lo mandaron a casa.

George estuvo bien durante una semana, pero después comenzó a empeorar. Perdió el apetito, comenzó a perder peso, estaba cansado todo el tiempo y parecía tener problemas con la memoria. Yo todavía vivía con Reuben y Wayne, pero las primeras dos semanas después de que salió George del hospital, me quedé con él y con mamá en casa. Fue entonces cuando George le dijo a mamá que era VIH-positivo. Ella lloró un poco, pero eso fue todo. No creo que se haya dado cuenta, sino hasta después, de todas las implicaciones que tenía lo que George le acababa de decir.

No me necesitaban todo el tiempo, pero yo quería ser de utilidad y llevé a George al doctor, además de que iba de compras, hacía los mandados y me aseguraba que él descansara lo más posible. No salía a los bares a divertirse porque no quería que nadie viera lo delgado que estaba. Así que no fue tan difícil mantenerlo en casa.

Después de dos semanas, George parecía estar lo suficientemente bien como para valerse por sí mismo, así que regresé con Reuben y Wayne . . . y a las parrandas con Kurt y sus amigos.

Fue en esta época cuando le confié a Reuben que estaba involucrado con drogas. No sé qué me imaginé, pero las drogas me volvían estúpido y pensé que si Reuben sabía todo sería más fácil, porque ya no tendría que ocultarme tanto ni preocuparme por la posibilidad de que se enteraran.

Reuben se sorprendió, y yo estaba sorprendido por su sorpresa. No se había dado cuenta de que ingería drogas y Wayne tampoco, pero una vez que se los dije fue el acabose. Me dijeron que el *speed* afectaría mi salud, que ya no podría patinar, y siguieron con el sermón una y otra vez. Me dijeron: "Se acabaron las salidas tarde. Se acabó la amistad con Kurt. Se acabaron las drogas".

Reuben y Wayne querían controlarme, pero yo no estaba para eso. Se aseguraban de que me fuera a dormir, pero en cuanto ellos se dormían yo me escapaba por la ventana de mi habitación. Kurt me esperaba en la calle siguiente, y nos íbamos a consumir más drogas. Tenía precaución en regresar a casa antes de que despertaran. Si Kurt regresaba conmigo, lo sacaba por la ventana antes del amanecer.

Reuben y Wayne no eran estúpidos, y una mañana, muy temprano, Reuben entró a mi habitación cuando Kurt todavía estaba conmigo y le comenzó a gritar: "¡Fuera de mi casa. No quiero volver a verte aquí!". Yo comencé a gritarle a Reuben y todo se convirtió en una de esas escenas de telenovela como las que había visto en televisión años atrás. Comencé a gritarle a Reuben que no podía hablarle de esa forma a mi amigo, y que no estábamos haciendo nada malo. Reuben se limitaba a decirme que me callara, mientras le pedía a Kurt que tomara sus cosas y se fuera. Le grité a Reuben diciéndole que se iba a arrepentir. Me dijo: "No me importa. Te dije que no lo trajeras aquí, y quiero que se vaya antes de que yo salga al trabajo". Se fue y azotó la puerta antes de salir.

No sé como tuve las agallas para amenazar a Reuben, porque a final de cuentas esa era su casa y yo su invitado. Me sorprende que no nos hubiera echado a los dos a la calle. Supongo que pude haber regresado a casa de mi mamá, pero no quisé. Me gustaba tener la casa para mi solo cuando se iban a trabajar. Ahora comprendo que me convertí en un adolescente de pesadilla.

Ese gran escándalo con Reuben no sería el último. Unas semanas después, Kurt me vino a buscar para pedirme dinero e irse con sus amigos a jugar boliche. Yo estaba harto de prestarle dinero y de quedarme en casa mientras él se divertía, así que le dije que me iría de compras. Me dijo que no, que me quedara en casa, que no quería que saliera. Comenzamos a pelear. De pronto me pude zafar y le llamé a Reuben al trabajo y le dije que tenía que venir de inmediato, que Kurt me tenía prisionero en la casa. Para cuando Reuben llegó, Kurt ya se había ido.

Ya podrán imaginar lo enojado que estaba Reuben. Prometí ya no dejar entrar a Kurt jamás. Claro que rompí mi promesa, porque tenía que estar con él. Estaba enamorado de él, lo que sea que eso significara, y tenía que verlo. Así que, como lo había hecho en el pasado, me escapaba de la casa y después metía a Kurt a hurtadillas.

Después de otro gran incidente, tuve miedo de que mi vida diera un giro radical. Una noche regresé con Kurt de un bar, después de haber inhalado *speed*. También habíamos bebido, pero con el *speed* no nos sentíamos tomados. Queríamos dormir y que no nos despertara la luz del amancer. A Kurt siempre le gustaba tener la habitación a oscuras, y mis ventanas no tenían persianas. Así que fui por unos clavos y un martillo y comencé a clavar una manta sobre la ventana. Esto fue a las tres de la mañana, estaba tan metido en el alcohol y en las drogas, que no se me ocurrió pensar que Reuben y Wayne escucharían el martilleo. Claro, Reuben entró a la habitación de inmediato, y se puso furioso. El efecto de la droga era tal, que ni siquiera recuerdo qué pasó, pero para cuando me di cuenta Kurt ya no estaba y yo estaba recibiendo un sermón. Ahora sí tuve miedo, porque pensé que Reuben y Wayne me echarían de la casa.

Ojalá pudiera decir que a partir de entonces decidí no volver a ver a Kurt, pero fue él quién decidió no volverme a ver. Se cansó de tener a este perro faldero enfermizo a su lado. Quizá también se hartó de que lo corrieran de la casa. Lo pude haber persuadido, pero no lo hice. Y el patinaje tuvo mucho que ver. Reuben y Wayne me decían una y otra vez que tenía que salir adelante, porque ya se acercaba el Festival Olímpico en San Antonio, Texas. Me dijeron que tenía que dejar de ver a Kurt y que tenía que dejar las drogas.

Así que, finalmente, fue el patinaje lo que me salvó. Reuben y Wayne me obligaron a reconocer cómo todas esas desveladas y esa droga habían afectado mi energía. Por supuesto yo no quería quedar en ridículo en Texas, y así fue como decidí ya no inhalar más *speed* y retomar el patinaje en serio. Reuben y Wayne me ayudaron a darme cuenta que el patinaje era todavía lo más importante en mi vida, y eso fue lo que me ayudó a dejar las drogas, e incluso a Kurt.

El decidir dejar las drogas fue más fácil que hacerlo en verdad. Cuando me sentía bien no había problema y podía prescindir de ellas, pero cuando me sentía deprimido, el deseo era tremendo. Les confesaba a Reuben y a Wayne la falta que me hacía un poco de droga, y me corregían: "No, no te hace falta". Quería salir al bar para conseguir una poca, y ellos me impedían salir de la casa, Es curioso, cuando sentía ese enorme deseo por la droga, me decían que me comiera una manzana. Me gustaban las manzanas, cierto, pero no era exactamente lo mismo.

En verdad debo agradecerle a Reuben y a Wayne por haber tomado las riendas de mi vida, porque no sé si hubiera podido salir adelante sin sus consejos y su apoyo. Con el tiempo, el deseo por la droga fue cediendo.

Sin embargo, mi deseo por estar con Kurt no pasó tan rápido. Nunca le volví a llamar, pero en un par de ocasiones fui al bar en donde cantaban Scott y Anne. Veía a Kurt desde lejos, pero nunca le hablé. Aunque parezca estúpido, todavía deseaba estar con él, pero sabía que si lo frecuentaba de nuevo podía arruinar mi vida. Para mi fortuna, después de unos meses pude ver la verdadera naturaleza de mi relación con Kurt. Lo que yo quería y necesitaba era un novio a quien querer y que me quisiera, pero por la forma en que me trató y se aprovechó de mí, Kurt ni siquiera fue mi amigo. Fui un idiota. No tengo idea de lo que le haya sucedido a Kurt después. Sólo me alegro de no haberme encontrado con él nuevamente.

Ahora analizo todo lo que pasó y no puedo creer todo lo que hice la primera mitad de 1993. Tampoco puedo creer que Reuben y Wayne soportaran todas mis payasadas, pero lo hicieron. Como los mejores padres, me ayudaron a superar uno de los momentos más difíciles de mi vida. Espero que sepan lo agradecido que les estoy por ello.

10

El Campeonato Nacional de 1994

Después de todos los meses de locura con Kurt, de las drogas y las desveladas, me sorprendí de lo rápido que rehice mi vida en casa, con Reuben y Wayne. En unos cuantos meses todo volvió a ser como antes de conocer a Kurt. Incluso confiaron de nuevo en mí, y me permitieron utilizar su Mazda Miata para salir los viernes por la noche. Hasta esa libertad me dieron, no importaba que fuera una sola vez por semana. Eso sí, tenía prohibido manejar si tomaba, pero yo no me atrevería a fallarles de nuevo.

Una vez de vuelta en el hielo, a un mes del Festival Olímpico de 1993, en San Antonio, retomé muy en serio mi entrenamiento. Rick me tenía concentrado en recuperar mi energía y en lograr una consistencia total en mis saltos, y su estrategia dio resultado. La noche de la competencia, la pista de San Antonio estaba repleta hasta el tope con miles de personas. Todos mis triples y mi triple axel estuvieron impecables. Con mi programa corto llegué al cuarto lugar, y mi programa largo fue tan bueno, que terminé en segundo lugar global y con una medalla de plata. Estaba muy emocionado por haber tenido tan buen desempeño, sobre todo con sólo un mes de preparación en serio.

Como había llegado al quinto lugar en el campeonato nacional, esperaba que, además de participar en el Festival Olímpico, por lo menos me dieran la oportunidad de participar en dos de los eventos internacionales de mayor importancia. Así fue. Me seleccionaron para participar en el *Nations Cup* de Alemania, y como primer suplente para *Skate America*, que es la competencia internacional de mayor prestigio que se lleva a cabo cada año en los Estados Unidos. Ese 1993 se realizaría en el mes de octubre, en la ciudad de Dallas.

Como primer suplente para *Skate America*, estaba seguro de que terminaría yendo, porque invariablemente cuando menos un patinador se retira antes de la competencia. Así sucedió, pero en lugar de enviarme a mí, la USFSA decidió enviar a Todd Eldredge, quien apenas había alcanzado el sexto lugar en el campeonato nacional, y ni siquiera aparecía en la lista de los suplentes para *Skate America*. Un funcionario de la asociación le llamó a Rick y le explicó que Todd tenía más experiencia a nivel internacional, que había sido campeón nacional y, por lo tanto, que su carrera era de mayor peso. Me puse furioso. Sentía que debían de actuar de acuerdo con las reglas y mandarme a mí. ¿Por qué se tomaban la molestia de nombrar a un suplente si no iban a cumplir con su compromiso? Pero no había nada que pudiera hacer, ya que la USFSA tenía el derecho de eliminarme. Incluso lo volvieron a hacer, cuando otro patinador se retiró de la competencia. En esta última ocasión ni siquiera se molestaron en dar una explicación.

Cualquiera que hayan sido las razones reales por las que me eliminaron, yo sabía que la USFSA jamás las revelaría. Lo más que dijeron fue que su decisión era "subjetiva". Rick estaba convencido de que no querían un gay afeminado como representante de los Estados Unidos en *Skate America*. No era ningún secreto que la USFSA había tratado de proyectar la imagen de un país en el que las mujeres eran femeninas, no los hombres.

Más de un juez le había comentado a Rick que necesitaba ser más masculino, que los movimientos de mis manos eran "como de niña". En una entrevista a un periódico Rick dijo: "En ocasiones, Rudi logra ejecutar dos triple axels y lo que los jueces dicen es: 'No me gustan sus manos'". ¿Creían que hacía todo lo posible por comportarme como un afeminado? No. ¡Así soy!

Ahora que he tenido unos cuantos años para reflexionar al respecto, es posible que la USFSA haya tenido otras razones para ignorarme. Tenía fama de que explotaba bajo presión, pues ya lo había hecho en algunas competencias nacionales. Además, tenía mi temperamento, y no me esforzaba mucho por controlarlo. Sin embargo, no era el único que tenía problemas cuando se encontraba bajo presión en las competencias, y definitivamente no era el único patinador que había hecho algún berrinche. Así que me cuesta trabajo no pensar de nuevo en el asunto del "gay afeminado".

Cualesquiera que hayan sido las razones para dejarme fuera de *Skate America,* la USFSA mantuvo su decisión de enviarme a Alemania para la *Nations Cup,* en noviembre. En esa competencia, a la que asistieron patinadores muy competitivos, alcancé un cuarto lugar. Hubiera podido llegar al tercero, pero fui demasiado precavido en mi programa largo, y uno de mis dos triple axels lo cambié por un doble, así que terminé en cuarto lugar. Viktor Petrenko, de Ukrania, el campeón olímpico de 1992, quedó en primer lugar. Scott Davis, el campeón nacional de los Estados Unidos, quedó en segundo, y Sebastien Britten, de Canadá, terminó en tercero.

Regresé de Alemania con la certeza de que haría un buen papel en el campeonato nacional de 1994, en Detroit, estaba seguro de llegar a los primeros cinco lugares. Pensando todavía más a futuro, imaginé que podría ganar una medalla en 1995; para 1996, cuando el campeonato nacional se celebraría en San José, mi pueblo natal, podría ganar el campeonato, y después las Olimpiadas de 1998 . . . pero primero tenía que triunfar en Detroit.

Por tercer año consecutivo, llegué al campeonato nacional con una medalla del campeonato de división de la Costa del Pacífico. En el campeonato de división en Redwood City no tuve ningún problema para realizar mis saltos, ni mis combinaciones. Eso me dio la esperanza de que podría hacer lo mismo en el campeonato nacional, siempre y cuando pudiera mantener fuera de mi mente esas voces negativas.

La gente se portó muy bien conmigo en el campeonato nacional. Aunque ya habían pasado varios meses desde el fallecimiento de mi padre, todos se acercaban a decirme cuánto lo lamentaban. Hubiera querido decirles que no me recordaran la muerte de mi padre, porque yo estaba tratando de enterrar todos los sentimientos que ese acontecimiento me provocó. No quería pensar que mi padre ya no estaba con nosotros, así que el hablar de él hacía que todo me fuera más difícil. Mientras estuve fuera incluso evite hablar con Laura, mamá o George, porque sabría que saldría a relucir el tema.

Días antes de la competencia, mis prácticas fueron muy buenas, a pesar de que estaba tomando antibióticos para combatir una bronquitis severa. De nuevo, la gente me decía que lograría colarme al equipo mundial, lo que significaba que pensaban que quedaría dentro de los tres primeros lugares. Me hubiera conformado con el cuarto o el quinto, sobre todo porque estaba enfermo. La bronquitis me desgastó y no podía respirar. Así que, aunque todos me decía que lo estaba haciendo de maravilla, yo me sentía lento y tenía dificultad para tomar aire. Los antibióticos me ayudaron, pero me hicieron sentir un poco inseguro.

Todo lo que tenía que hacer era lograr mi primer combination jump en el programa corto, de realizarlo, sabía que tendría la oportunidad de alcanzar mi meta del año. Al entrar a la pista oía dos voces dentro de mi cabeza. Una me decía: "Está bien, no falles. Tuviste un error el año pasado, pero fue un error estúpido. Puedes hacerlo. Sabes que puedes'''. La otra voz me decía: "Vas a fallar. Vas a fallar".

Mientras yo patinaba sentía que, en verdad, ambas voces seguían combatiendo dentro de mí. Se acercaba el momento del combination jump, y traté de ignorarlas, me lancé al aire, di tres y medio giros, y aterricé suavemente. De ahí, me lancé para hacer el double toe, y otra vez aterricé sin problemas. ¡Lo había logrado! El público me apoyaba, estaba muy emocionado y quería realizar mi siguiente salto.

Ahora todo lo que tenía que hacer era mirar ese gran orificio que había hecho en el hielo durante el calentamiento, cuando practiqué mi tercer salto, el triple flip. Era un salto relativamente fácil, nunca me había caído al realizarlo. Así que patiné alrededor, ubiqué el orificio en el hielo, me tomé un segundo más, me coloqué en posición, me lancé para el salto, y ¡bam! Me estaba concentrando tanto en no tropezar con el orificio que me falló la sincronización e hice una media vuelta de más, caí hacia adelante, y terminé en el hielo.

Creo que no logré mantener mi entusiasmo durante el resto del programa, porque tanto mis calificaciones artísticas como las técnicas estuvieron muy bajas. Terminé en noveno lugar. Fue humillante y, como siempre, terminé furioso.

Justo como el año anterior, fallé en el programa corto y saqué adelante el largo. El público me ovacionó de pie por segundo año consecutivo, fue una de las únicas dos ovaciones que se dieron durante toda la competencia individual masculina. Sin embargo, a pesar de una ejecución estupenda, los jueces no fueron generosos con mis calificaciones. Ni siquiera creo que hayan sido justos. Después de mi desempeño tan malo en el programa corto, quizá no esperaban mucho de mi parte, y me calificaron de acuerdo con sus expectativas, en lugar de haberlo hecho fijándose verdaderamente en mi ejecución. Nadie ha dicho que éste sea un deporte objetivo. Llegué a séptimo lugar en el programa largo y a un séptimo lugar global. Fue una decepción tremenda.

* * *

Cualquiera que haya sido mi propia experiencia en el campeonato nacional en Detroit, nada se compara con lo que le sucedió a Nancy Kerrigan, ganadora de la medalla olímpica de bronce. Como todos saben, un agresor la hirió en la rodilla; finalmente se supo que había sido contratado por el ex-marido de Tonya Harding. Pero antes de que todo eso se aclarara, Tonya ya había participado en el campeonato nacional, mientras que Nancy se recuperaba del ataque brutal.

En realidad no tengo información de primera mano que pudiera compartir con ustedes con respecto al ataque a Nancy Kerrigan. Yo no estaba en la pista cuando ocurrió, y simplemente estaba tan sorprendido y horrorizado como todos los demás. Después, también me sorprendería saber que el público desconocía la existencia de rivalidades tan fuertes entre patinadores. Para nosotros no era ninguna novedad. El patinaje es un deporte muy competitivo, que se califica subjetivamente, y en el que cada patinador o patinadora participa por su cuenta. Dado el tiempo y el dinero que se necesitan para convertirse en un patinador lo suficientemente bueno como para llegar a la cima, nadie puede responder por ti; además, debido a la gran cantidad de dinero que se puede ganar una vez que se llega a la cima, uno está dispuesto a hacer lo que sea, claro, dentro de los límites razonables, para permanecer en esa posición y estar siempre delante de aquel que sea una amenaza.

No hay que actuar de manera agresiva o compartir tus sentimientos respecto a tus rivales con los reporteros, pero tras bambalinas la gente dice y hace todo tipo de cosas, desde comentarios poco agradables y chismes que obviamente afectan el esfuerzo de un patinador y su entrenador, hasta intentos de control de tipo psíquico para afectar a otros. Sucede a menudo.

Hasta antes del ataque a Nancy Kerrigan, la USFSA había logrado preservar una imagen de buenos modales y cortesía. Todo eso se vino abajo en el campeonato nacional de 1994. Pero nadie de la USFSA se ha lamentado de manera sincera por lo sucedido, porque tras el ataque, los comentarios negativos, las historias de intriga y las rivalidades vinieron de un gran número de televidentes que parecían no estar dispuestos a aceptar otra cosa que no fuera una competencia de patinaje artístico. Y eso, por supuesto, se tradujo en grandes ganancias para la USFSA, por los millonarios contratos que logró con las cadenas de televisión. El patinaje artístico femenil es el segundo deporte más visto en televisión, después del fútbol de la NFL y eso se debe, en gran medida, al asunto de Tonya Harding.

¿Veremos otro incidente como el ataque a Nancy Kerrigan? Quién sabe. En parte quizá por eso tanta gente está pegada a su televisión, esperando a ver que pasa.

11

EL CAMBIO

Después de haber fallado, una vez más, en el campeonato nacional, me sentía furioso y realmente sin ánimos para aceptar mi responsabilidad por haber fracasado. Fue a causa de la bronquitis. Fue el hoyo en el hielo. Fue el prejuicio de los jueces. Fue culpa de Rick.

Como no podía hacer nada en relación con la bronquitis, el hoyo en el hielo, o los jueces, no quedaba sino Rick, y en eso sí podía efectuar un cambio. Él me decía una y otra vez que ya habría otro año, y yo sólo pensaba que si tenía la oportunidad de regresar para el año siguiente, ya no sería con él como entrenador.

Regresé de Detroit sintiéndome muy deprimido y frustrado. Durante las primeras semanas, pasé mucho tiempo pensando en renunciar a las competencias. El único problema era que no sabía a qué dedicarme, si no era a patinar. Podía convertirme en profesional e ingresar a uno de los espectáculos sobre hielo, pero no estaba listo para algo así. Si me iba a retirar de las competencias tendría que ser después de ganar un campeonato nacional. Así, cuando menos tendría la oportunidad de llevar una vida decorosa y con cierta seguridad económica. También podía renunciar y convertirme en entrenador de tiempo completo. Me gustaba mucho trabajar con los niños y ellos también lo disfrutaban, pero no me podía imaginar a mí mismo todo el tiempo tras bambalinas.

Así que, al final, decidí que todavía no estaba listo para retirarme, y después de analizar mis opciones con Reuben y Wayne, decidí intentarlo una vez más. Pero antes necesitaba un entrenador nuevo.

Para justificar la contratación de otro entrenador, me tuve que convencer a mí mismo de que Rick me tenía atrapado. Nunca pensé en las características que buscaría en un nuevo entrenador, sólo sabía que no quería un entrenador que se encargara de todos y cada uno de los aspectos de mi entrenamiento. Quería trabajar con un coreógrafo externo. Quería que mi música se grabara profesionalmente. Quería colaborar con un diseñador de modas para que pudiera seleccionar mis trajes. Y para como estaban las cosas en ese momento, sabía que Rick jamás me dejaría hacer algo así, por lo que tenía que buscar otro entrenador.

Nunca intenté evaluar con precisión la forma en que la posesividad de Rick había influido sobre mi desempeño en el patinaje, pero era una idea que no podía borrar de mi mente. Quizá debí de haber pensado un poco más en mis problemas específicos, como mi poca auto-estima y mis dificultades para hacerle frente a la presión, pero no me interesaba hacer una auto evaluación a fondo. Lo que quería era un cambio rápido y fácil, y encontrar un nuevo entrenador cumplía con esos requisitos. O al menos así lo creía.

Después de platicarlo con Reuben y Wayne, decidí seguir su consejo y buscar a uno de los mejores entrenadores de mujeres de Los Angeles. Me aconsejaron que primero sondeara las posibilidades antes de tomar una decisión determinante en relación con Rick.

El que yo haya hecho la llamada directamente fue un gran avance. Era el tipo de cosas que por lo general mi hermana Laura hacía por mí, así que era comprensible que estuviera verdaderamente nervioso. El corazón me latía con fuerza mientras marcaba los números, el entrenador contestó a la segunda llamada. Me presenté y le dije que quería cambiar de entrenador. De inmediato me comenzó a decir en lo que tenía que trabajar y cómo tenía que cambiar mis programas: nueva coreografía, nueva música, todo. Y tenía que entrenar más, mucho más, mucho más. Yo quería participar en las competencias pero lo que él me describía era como el entrenamiento de un soldado no de un patinador artístico. No pensé que otro entrenador podría tener sus propias ideas respecto a lo que me hacía falta.

Después de que platicamos durante un rato, me dijo que si me interesaba entrenar con él no volviera a hablarle hasta después de haber despedido a Rick, pero supe, antes de colgar la bocina, que él no era el indicado. Además, entrenar con él significaba tener que mudarme a Los Angeles, y yo no quería alejarme demasiado de casa. Desde la insolación que había padecido unos meses antes, George sufría de ciertos padecimientos relacionados con el SIDA. Nada serio todavía, pero pensé que no sería buena idea el mudarme porque alguien lo tendría que cuidar más adelante, cuando su salud empeorara. Sabía que mamá no podría hacerse cargo sola, y Laura, como ya les comenté, estaba tan enojada con George, que apenas si le dirigía la palabra. Sólo quedaba yo.

La siguiente llamada fue para Rick. Ya había decidido que no quería trabajar con él, y decidí dar por terminada la relación lo antes posible. No me fue fácil, porque, aunque culpaba a Rick por lo que había sucedido en Detroit, en el fondo me agradaba. Por otra parte, no me sentía con la confianza absoluta como para tomar mis propias decisiones ¿Qué pasaría si despedir a Rick no era lo más apropiado? Sin embargo, hice la llamada. Fui al grano y le dije que necesitaba un cambio. Me contestó: "Esta bien chiquillo", siempre me llamaba de esa forma, "¿con quién vas a entrenar?". Se escuchaba tan tranquilo y amigable que me sorprendió, pero conforme hablábamos, me di cuenta de que su voz se oía un poco temblorosa, como si estuviera tratando de no llorar, me sentí terrible. Le dije a Rick que todavía estaba buscando un entrenador, que aún no lo había decidido. Fue una conversación casual, o por lo menos eso era lo que parecía. Rick terminó diciendo: "Fue fantástico trabajar contigo". Le agradecí por todo lo que había hecho por mí, incluso el haberme llevado a un campeonato internacional, y nos despedimos.

Ahora era libre. Ya había decidido que mi entrenador tenía que estar cerca del área de la bahía porque no quería estar lejos de casa en caso de que George empeorara, así que un entrenador de Los Angeles estaba fuera de consideración. Fue entonces cuando se me ocurrió trabajar con Julie Zusman. Trabajaba en la misma pista que Rick, así que la conocía desde hace tres años, cuando entrené en Belmont. Siempre se había portado bien conmigo y siempre era muy positiva. Después de haber platicado con ella varias veces, sabía que apoyaría mi idea de trabajar con coreógrafos, y que me permitiría grabar mi música de manera más profesional.

Le llamé a Julie por teléfono y hablamos largo rato respecto a Rick. Quería estar seguro de que, si trabajaba con ella, no le ocasionaría ningún conflicto; sabía que eran amigos. Me dijo que no me preocupara, que todo estaría bien, e hicimos una cita para vernos dos días después en la pista.

No fue como yo pensaba. Tenía idea de que Julie era del tipo de personalidad tranquila, como Rick, pero me equivoqué. En cuanto pisé el hielo me pidió que hiciera todos mis triples, incluyendo el triple axel, y me hizo repetirlos diez veces cada uno. "¡Bien! Otra vez. Otra vez. Otra vez". Y si realizaba un triple perfecto, no era suficiente: "Bien hecho, pero quiero verlo de nuevo. ¡Otra vez! ¡Otra vez!". Al poco rato quedé exhausto. Quería descansar un momento. Me dijo que regresara a la pista. "Tendrás que hacer ésto y ésto y ésto". Siempre había sido tan agradable, pero ahora que era mi entrenadora su personalidad era totalmente distinta. Se convirtió en un sargento. Yo estaba en shock, y todo lo que podía hacer era fingir que estaba disfrutando la clase. No sabía qué más podía hacer.

El primer día con Julie fue una lección importante, porque supe cuáles eran las características que no deseaba en un entrenador. No quería a alguien que cambiara mi manera de hacer las cosas. Yo ya sabía cómo me gustaba entrenar. Ya sabía hacer todos mis triples. Sólo quería a alguien que me apoyara, y no me gustaba la idea de terminar exhausto después de cada sesión. Quizá Julie pensaba que tenía que trabajar muy duro para ganar, pero yo no compartía esa idea.

Toda la primera semana me la pasé pensando como podía suspender mi trabajo con Julie, pero hice todo lo que me pidió. Escuchamos música para mi nuevo programa largo y seleccionamos una versión clásica de *El pájaro de fuego*. Había pantinado durante años con la versión disco de la misma pieza, y creo que era el momento para un cambio. Quizá debí de haber dejado la música disco años atrás, pero era tan divertido patinar con ese ritmo, que no podía resitir la tentación.

Una vez que tuvimos una primera grabación de la música, comenzamos a definir en qué partes irían los saltos. La música es tan intensa, que es fácil definir cada movimiento. Por ejemplo, se inicia con el triple más difícil, porque es importante relizarlo cuando tienes toda tu energía. Después pasas a un salto más fácil y después pasas a otros más complicados, conforme la música avanza. También se debe ejecutar el salto más importante a la mitad del programa, en el clímax del *crescendo*. Acomodas los giros en donde crees que deben ir, y a lo largo de todo el programa tienes que encontrar tus puntos de relajamiento, para no terminar agotado.

Una vez que terminamos de ubicar todos los saltos, Julie me hizo practicar todo el programa, realizando dobles en donde finalmente irían los triples. En ese momento no había coreografía, únicamente eran los saltos. Resultó muy difícil; para cuando habían pasado cuatro minutos y medio, yo ya estaba cansado y listo para un receso, pero Julie insistía en que debía repasar todo el programa de nuevo; ya casi para terminar me pidió que realizara algunos triples en lugar de dobles. Después tuve que comenzar de nuevo, pero ahora quería sólo triples. Era demasiado. Después de una semana y media comencé a inventar pretextos para no presentarme a entrenar. Le decía que tenía que ir a San José para cuidar a mi hermano, era mentira, pero tenía que alejarme y pensar en una solución. Me sentía culpable porque Julie se mostraba muy comprensiva y sólo me pedía que practicara mientras estaba fuera, y por si fuera poco después añadía: "Dile a tu hermano que lo mando saludar, y que espero que se sienta mejor".

Por esas fechas se acababa de inaugurar una nueva pista en San Jose, el Ice Centre, a tan sólo cinco kilómetros de la casa de mi mamá, y ahí era donde practicaba mientras se me ocurría una escapatoria. Las instalaciones eran increíbles, con pistas olímpicas, pero lo mejor de todo era que ahí era donde Laura practicaba con sus alumnos, así que pude pasar mucho tiempo con ella y conocer a sus mejores amigos: John Brancato y Kevin Peeks, quienes también daban clases ahí. Trabajaban en equipo; Kevin era el experto en saltos y John montaba la coreografía. Kevin tiene el pelo castaño rojizo y John lo tiene castaño más oscuro. Los dos estaban en sus treinta y tantos.

Me agradó mucho conocerlos, y para finales de la semana pensé que quizá podría entrenar con ellos en el Ice Centre. Lo consulté con Laura y le pareció una muy buena idea.

Mientras tanto, Julie me llamaba todos los días para preguntarme cómo iban mis prácticas. Yo le decía que bien. Al terminar la semana me preguntaba si regresaría al día siguiente; yo le inventaba alguna mentira respecto a George y le decía que me tenía que quedar otro día. Terminaba recomendándome: "Está bien. Simplemente háblame cuando regreses, y espero que tu hermano siga mejor". Dejaba pasar toda la semana y no le hablaba.

Me encantaba estar de regreso en casa, estar en el nuevo Ice Centre y tener a Laura a mi lado mientras patinaba, haciéndome sugerencias sobre cómo mejorar mis saltos y mis giros. Empecé a sentirme verdaderamente motivado, y eso fue lo que me ayudó a tomar la decisión de dejar a Julie para comenzar a trabajar con John y Kevin. Estando en San José, todo parecía perfecto.

Debí de haberle hablado a Julie para decirle que ya no regresaría, pero decidí tomar el camino de los cobardes y esperar a que ella me llamara. Cuando lo hizo ya se había enterado, a través de un tercero, que estaba practicando con John y Kevin. Estaba furiosa. Traté de explicarle que era mejor para mí estar en San José porque mi hermano estaba enfermo; era otra mentira, pero trataba de salvarme de alguna manera. No funcionó. Julie me dijo que podía haber entrenado con ella y viajar de un lugar a otro todos los días, lo que era cierto. Debí de haberle dicho la verdad, pero eso no se me ocurrió hasta que fue demasiado tarde, incluso para salvar la amistad.

Debo decirles que John y Kevin terminaron por ser más estrictos que Julie, pero para cuando me di cuenta ya era demasiado tarde para dar marcha atrás. Todo empezó con una reunión en casa de Reuben y Wayne. Laura había platicado con John y Kevin respecto a la idea de practicar conmigo, y sugirieron que nos reuniéramos para hablar al respecto. Así que Reuben y Wayne ofrecieron una pequeña cena; todavía vivía con ellos, a pesar de lo que le había dicho a Julie respecto a mudarme a San José con George. A la cita fueron Laura, John y Kevin. La pasamos muy bien, casi no platicamos de otra cosa que no fuera el patinaje, y después de cenar me sentaron en una pequeña silla y me dijeron lo que creían que yo necesitaba.

¿Han visto esos programas policíacos de televisión en los que sientan al sospechoso en una silla y lo empiezan a interrogar? Bueno, pues así me sentía, pero en lugar de hacerme preguntas John y Kevin me dieron un sermón. Me dijeron que necesitaba un cambio total: trajes más conservadores, buenas coreografías, menos movimientos femeninos, afeitarme la barba, quitarme el arete, otro corte de cabello más corto, nuevas fotografías, y una grabación musical profesional. Se la pasaron haciendo comparaciones sobre cómo las cosas habían sido en el pasado y cómo tendrían que ser en el futuro. Nada de pasearse durante las competencias en pantalones de mezclilla y camiseta. Fuera del hielo tenía que vestir de manera conservadora, con ropa de la mejor clase. Mientras me decían todas estas cosas, Laura, Reuben y Wayne asentían diciendo: "Sí, estamos de acuerdo. ¡Tienen razón!".

No podía creer lo que estaba pasando, pero no me atrevía a decir nada, porque sabía que Laura estaba muy interesada en que trabajara con John y Kevin. Así que dejé que siguieran adelante. Todos parecían pensar que eso era lo que hacía falta, así que ¿para qué discutir?, pero yo no estaba tan convencido de que el solo hecho de cambiar toda la fachada iba a producir una gran diferencia en la apreciación de los jueces. Mientras les siguiera dando motivos obvios para calificarme bajo, como el estrellarme sobre el hielo, ni un nuevo corte de pelo ni un traje conservador cambiarían las calificaciones.

A pesar de mi escepticismo, aceptaba que el cambio tenía cierto sentido. John y Kevin no querían darle a los jueces razón alguna para otorgarme calificaciones que no merecía. No era ningún secreto que los jueces te podían calificar bajo si no aprobaban tu apariencia o tu forma de acutar fuera del hielo. Así que, si a los jueces no les gustaba el pelo largo, tenía que cortármelo. ¿No les agradaba el arete? Bien, fuera. ¿Quieren que los patinadores se vean como pequeñas damas y caballeros? Hay que vestirse de gala. ¿Quieren que los hombres patinen como hombres? No más patinaje con movimientos femeninos. Bueno, a ese respecto no había mucho qué hacer: no iba a fingir que no era gay, y difícilmente podría ocultar mis movimientos femeninos, pero de hecho John y Kevin nunca me sugirieron que actuara de manera más masculina, porque sabían que no era buen actor. Soy quien soy, y el mundo tendría que vivir con ello.

Una vez que John y Kevin me tuvieron en el hielo, descubrí que los cambios exteriores superficiales no era lo único que tenían en mente. Creían que necesitaba mejores programas y que tendría que trabajar mucho más si quería lograr todos mis saltos y ganar. Eso significó un entrenamiento brutal dentro y fuera del hielo. En la pista, John y Kevin me hicieron trabajar más duro que nunca antes en mi vida, y fuera de la pista me pusieron en contacto con un entrenador con el que me reunía cinco días a la semana para una sesión de pesas y ejercicios aeróbicos que duraba hora y media.

Kevin estuvo a cargo de mi coreografía para el programa largo. Utilizamos la misma versión clásica de *El pájaro de fuego* que Julie Zusman y yo habíamos escogido, y Kevin mantuvo casi todos los elementos sobre los que había trabajado con Julie, aunque agregó dos triples más. *El pájaro de fuego* es de por sí difícil; ahora John y Kevin querían que hiciera ocho triples sin un solo receso durante todo el programa, cuando lo normal es tener dos o tres recesos en los puntos en que cambia el ritmo de la música, para así poder recobrar el aliento. John y Kevin eran inflexibles: sin recesos, con toda la energía posible durante todo el programa. Con el programa largo se tiene la opción de quedar diez segundos abajo de cuatro minutos y medio, o diez segundos por encima del tiempo. Ellos querían que estuviera en la pista en movimiento constante durante un total de cuatro minutos y cuarenta segundos. Me gustaba la coreografía de Kevin, pero era muy complicada. Desde el principio me hicieron ensayar todo el programa con toda la coreografía. Las primeras veces me dejaron tomar ciertos recesos y realizar el programa con saltos dobles en lugar de triples. Después tenía que repetir todo con saltos triples al principio, dobles a la mitad del programa, y de nuevo triples al final. Después de dos semanas comencé a practicar el programa completo con todos los saltos triples. Pensé que estaban tratando de matarme.

No me consideraba un deportista de tanta resistencia, aunque trataba de poner buena cara porque quería complacer a Laura, sobre todo porque ella estaba pagando todo. Pero, como dije, no soy buen actor. A menudo John y Kevin patinaban a mi lado, cuando sentían que no estaba rindiendo al máximo, y literalmente me empujaban, o me iban gritando: "¡Vamos! ¡Vamos! ¡Vamos!" John y Kevin gritaban por toda la pista a todo pulmón, y me avergonzaban delante de los demás patinadores. No lo soportaba, pero como eran amigos de

Laura, cuando ella me preguntaba cómo iba todo yo le decía: "Me encanta". La verdad era otra: ¡lo odiaba!

Laura pagaba todo de su bolsa, con el dinero que ganaba de las clases de patinaje. Les pagaba a John y a Kevin, al fotógrafo, al estilista; pagaba los trajes para entrenar, los trajes de gala, la música, el entrenador físico. Recuerdo que Laura elaboraba un cheque tras otro. Me sentía culpable, pero no tenía ningún otro apoyo. Casi no recibía nada por parte de la USFSA, y con la cantidad de horas que invertía en los entrenamientos, no tenía tiempo libre para dar clases. Así que, de no haber sido por la generosidad de Laura, no sé qué hubiera hecho. Aunque no me gustaba que me presionaran tanto, si Laura invertía todo eso en mí, no podía defraudarla.

Además de resisitr la presión de John y Kevin hasta mi límite, la salud de George empeoró considerablemente. Mamá me pidió que regresara a casa para ayudarle, porque George ya estaba demasiado débil como para sostenerse solo. Esa noche Reuben y Wayne me ayudaron a empacar, y dos días después estaba de regreso en casa, en mi antigua habitación, aunque la casa no era la misma. Sin papá ahí, la casa parecía vacía, y con George enfermo en la habitación contigua, era casi imposible dormir durante la noche. No podía dejar de pensar en las pesadillas que nos aguardaban a todos los que estábamos bajo ese mismo techo.

12

La Vida
en el Infierno

Los tres meses que pasé en casa con George fueron como si hubiera descendido al infierno. Al principio no fue gran cosa. Me dedicaba a ir al banco, a comprar los abarrotes o a traerle a George su comida favorita de Jack in the Box. Se suponía que tenía que ajustarse a una dieta especial, baja en grasas, pero al igual que a nuestro padre, a George le encantaban todas esas cosas grasosas y era casi el único placer que le quedaba en la vida. Me sentía útil al ir a todos lados y hacer esas cosas. Por primera vez estaba ayudándole a alguien a mejorar su vida, en lugar de concentrarme de manera exclusiva en mí mismo.

A las pocas semanas de que me mudé a casa, el estado de George empeoró mucho. Mi madre y yo estábamos enfrentándonos a la realidad que representa cuidar a una persona en etapa terminal de SIDA. A partir de entonces, las cosas se empezaron a poner difíciles. Había que ir al consultorio del médico, y al hospital cuando George se sentía demasiado mal y requería un tratamiento de urgencia. También teníamos que cerciorarnos de que tomara todos los medicamentos que lo mantenían con vida.

Lo peor fue el tratamiento intravenoso que se le tenía que administrar cada tercer día. Había contraído una infección viral en los ojos y le practicaron una cirugía para implantarle un catéter en el pecho, por el que se le inyectaba la dosis de medicina sin necesidad de picarle una vena cada vez que los empleados del servicio médico venían a conectar la sonda. George los odiaba. A veces les llamaba y les decía que no vinieran, les mentía diciendo: "Rudy y mi mamá lo van a hacer".

De hecho, así terminó siendo. Luego de observar tantas veces cómo conectaban la sonda, aprendimos a hacerlo. Era complicado. Primero, mi mamá y yo nos poníamos guantes de latex. Después teníamos que limpiar el catéter de George con una solución salina. Luego había que limpiar todo con alcohol, antes de inyectarle la aguja al tubo. Había que realizar todo el procedimiento en una forma precisa para asegurarse que no quedaran burbujas atrapadas en el tubo. George se enfurecía si quedaba tan sólo una burbujita. Uno trataba de darle el tratamiento lo mejor que podía y él se ponía a gritar que estábamos tratando de matarlo.

George se la pasaba gritándonos e insultándonos, pero nosotros nunca, nunca le levantamos la voz. Sabíamos que se estaba muriendo y él también lo sabía, así que su enfado era algo normal. A veces se disculpaba y nos explicaba que la estaba pasando muy mal, pero nunca nos dio las gracias. Habría sido agradable que nos agradeciera lo que hacíamos, pero él no sentía que fuera necesario. Así era.

Mientras George aún estaba bien, yo lo llevaba a la iglesia una vez a la semana. Esa idea se le ocurrió a él, no a mí. Yo creo en Dios, pero nunca me agradó la religión organizada. Me parece que George tampoco estaba muy interesado en la iglesia, pero creo que estaba buscando algún tipo de esperanza, además de que uno de sus amigos también asistía. Si yo hubiera estado en su lugar, también habría buscado una esperanza donde pudiera.

La iglesia era uno de esos templos evangelistas que aparecen en la televisión con una congregación de mil personas. El pastor se vestía con un traje elegante. Su esposa se sentaba en primera fila y traía puesto un sombrero muy hermoso y diamantes. Cuando pasaban el plato de la limosna, a nadie se le ocurría que lo que depositaban ahí se iba directo a pagar la ropa fina y las joyas de la esposa del pastor.

Lo que a George le gustaba más de esa iglesia era la "sanación de los enfermos", que realizaba el pastor. Yo no lo soportaba, pero George siempre quería pasar al frente a que lo curaran. No quería desilusionarlo diciéndole: "Sí George, seguro te va a curar el SIDA", así que mejor me quedaba en mi asiento, mientras él iba a que lo curaran. Cuando llegaba al frente de la fila, el pastor ponía la mano sobre la cabeza de George y le decía: "Dios te bendiga, hijo", y con gran dramatismo lo empujaba hacia los brazos de un par de miembros de la congregación, que estaban listos para recibirlo. Yo sé que eso lo estimulaba—le encantaba el dramatismo—pero no impidió que empeorara rápidamente.

Al poco tiempo, George necesitaba ayuda para ir de su cama al baño. Después, para que todo fuera más fácil, le pusimos un excusado junto a la cama. Al principio podía ir solo, pero luego de un par de semanas yo lo tenía que cargar y colocarlo en el asiento. Lo sentía como peso muerto. Me quedaba esperando, mientras él estaba sentado, sin hacer nada. Luego lo regresaba a la cama, y en cuanto me salía de la habitación él ensuciaba las sábanas. "¡Rudy!". Yo regresaba, lo levantaba de la cama y mi madre lo limpiaba y secaba. Después colocaba a George en una silla y mi madre le cambiaba las sábanas. Como ocurrió lo mismo varias veces, decidimos que necesitaba pañales.

Yo odiaba cambiarle los pañales a George, pero había que hacerlo. Por lo general lo hacíamos en equipo. Yo le desabrochaba los pañales y lo levantaba, mientras mi madre deslizaba el pañal por debajo de él. Luego lo volteábamos para un lado, lo cual no le gustaba porque le dolía apoyar todo el peso de su cuerpo en su esquelética caja torácica. Mi madre le limpiaba el trasero y lo secaba, y cuando terminaba yo lo levantaba para que ella deslizara un pañal limpio. Al final le abrochaba el pañal, lo tapaba y salíamos de la habitación. En un minuto volvía a ensuciarse. "¡Rudy!". Lo cambiábamos un promedio de cinco veces al día, aunque algunos días era más frecuente.

Manteníamos a George lo más limpio que podíamos dándole baños de esponja. Cuando empezó a oler mal lo llevábamos a la tina y lo bañábamos, aunque protestara. Siempre había sido una persona muy limpia y siempre le gustó ducharse, pero desde que se enfermó le dejó de importar y le molestaba que lo bañáramos.

El baño era una experiencia penosa. Nuestra casa era grande, si hablamos de casas móviles, pero seguía siendo una casa móvil y los baños en ellas son muy pequeños. Pasar a George por la puerta corrediza de vidrio y ponerlo en la tina requería de planeación. Primero había que meterle los pies, luego darse la vuelta y hacerlo que se deslizara. Yo le lavaba la espalda y mi madre le lavaba el pelo. Si le dábamos el jabón, el se lavaba lo que podía alcanzar, pero muy despacito, igual que un niño. Luego se quedaba ahí sentado en la tina, mientras le echábamos agua para enjuagarlo. Era tan triste ver a mi hermano mayor así, reducido a los huesos.

Cuando terminábamos, teníamos que sacar a George de la tina y secarlo. Yo lo sostenía mientras mi madre lo secaba rápido. Cuando se acercaba el fin, apenas si pesaba cincuenta kilos, pero cincuenta kilos siguen siendo cincuenta kilos.

Todo esto no era nada. La degeneración cerebral de George casi nos volvió locos a todos. Se ponía a gritar a causa del dolor de cabeza. Los gritos eran insoportables, y por lo general gritaba de noche. Yo tenía una medicina que me había dado el médico para rociarle el cráneo, y aunque eso le ayudaba a eliminar el dolor, antes de que sintiera la mejoría lo hacía gritar aún más.

A veces George gritaba y seguía gritando sólo Dios sabe por qué. Estaba demente. Se despertaba gritando y preguntaba dónde estaba o quuién lo estaba persiguiendo. Mi habitación estaba junto a la suya, así que yo lo oía hablando tonterías, a lo que le seguían gritos y golpes en las paredes. Me levantaba e iba a su habitación, pero la cama estaba vacía; lo encontraba detrás de las cortinas, encogido, como si yo fuera un asesino que venía a matarlo con un hacha. En esos momentos, él no tenía ni idea de quién era yo y lo tenía que convencer de que no le haría daño. Cuando por fin lograba llevarlo de vuelta a su cama, en cuanto empezaba a quedarme dormido, todo el proceso se repetía.

Un par de veces dude si en lugar de ponerme una almohada en la cabeza para poder dormir no sería mejor ponérsela a George, para asfixiarlo. Él estaba sufriendo tanto, que pensé que tal vez estaría mejor muerto. Otras veces pensaba que yo era quien debía estar muerto. Era muy difícil evitar ese tipo de pensamientos, que me hacían sentir muy culpable.

Quizá hubiera manejado mejor la situación si lo único que hubiera estado haciendo fuera cuidar a George. Sin embargo, también estaba entrenando más que en cualquier otro momento de mi vida, y tenía que estar en la pista a las seis de la mañana, cinco días a la semana.

Me voy a permitir darles una idea de lo que hacía en un día cualquiera: A las cinco de la tarde George me llama para que vaya a su habitación. Está temblando y sudando o tiene algún tipo de convulsiones. No quiero llamar a una ambulancia porque el costo es muy elevado, así que lo saco de la cama y entre mi mamá y yo lo metemos a su auto destartalado. Para entonces, el Trans Am ya no existía. Siempre teníamos una bolsa de plástico en el auto, pues nunca sabíamos en qué momento George tendría que vomitar. Esa fue una lección que aprendimos a la mala.

Me dirijo al hospital con la esperanza de que el auto no se vaya a descomponer. Al llegar, lo meten a una cama en la sala de urgencias y nos quedamos esperando a que le hagan algún análisis para ver qué anda mal. El peor de todos los análisis era cuando le tenían que sacar sangre fresca, directamente de una arteria. Tomaban una aguja enorme, y con mucho cuidado buscaban entre las venas de su muñeca en busca de una arteria. Ese procedimiento me alteraba mucho y tenía que alejarme. Desafortunadamente, los gritos de dolor de George se escuchaban hasta la sala de espera.

Luego de permanecer con él durante tres o cuatro horas— hasta que era obvio que se iba a quedar toda la noche en el hospital—entraba a decirle que me iba a casa y que lo vería por la mañana. Era tan agradable llegar a una casa tranquila, sabiendo que me podía meter a la cama y dormir sin la preocupación de que George tuviera un ataque a media noche. Pero entonces el teléfono sonaba a las tres de la mañana: era el hospital, para avisarme que iban a dar de alta a George y que tenía que ir a recogerlo. Esto sucedió varias veces, y nunca he podido entender por qué no podían dejarlo ahí toda la noche. Así que me levantaba, me vestía y me dirigía al hospital. Dejaban a George en la sala de espera, desplomado en una silla. Ya no tenía convulsiones ni nada parecido, así que se suponía que estaba mejor. Sin embargo, no me parecía que esa fuera una forma muy humana de tratar a un paciente.

Hacía que George me pasara un brazo por los hombros y yo lo sostenía por la cintura. De esa manera nos íbamos caminando muy despacio hacia el auto. Cuando llegábamos a la casa, llamaba a mi madre para que me viniera a ayudar. Nos acomodábamos a ambos lados de él y subíamos la escalera. Lo metíamos a la cama y para entonces él estaba tan exhausto, que por lo general se quedaba dormido de inmediato.

A mí ya no me quedaba tiempo para dormir, pues tenía que estar en la pista de hielo a las seis de la mañana en punto, así que mejor me daba un baño, me ponía mi traje para patinar y me iba al Ice Centre. Para calentarme, realizaba todos mis saltos de las 6:15 a las 6:45 A.M. Después Kevin me avisaba que ya era hora de mi clase, que consistía en un repaso completo de mi programa largo con Kevin a mi lado, diciendo: "¡Aprieta, aprieta, aprieta. Haz ésto. Haz aquello. No te detengas. Continúa. Más rápido. Aprieta!"

Muchas veces le decía que ya no podía seguir, y entonces Kevin me tomaba del brazo y me exigía que continuara. A veces me gritaba tan fuerte como podía: "¡Continúa, maldita sea!". Yo seguía hasta el final del programa, pero además tenía que realizar los saltos. Muchas veces me caía, pero él no permitía que me detuviera. Al final del programa largo, el corazón me latía tan fuerte que parecía que me iba a explotar.

La clase se prolongaba hasta las 7:15 A.M, pero John y Kevin me dejaban en la pista practicando los saltos y el programa largo—haciendo dobles en lugar de triples—durante una hora más. Cuando iba más despacio o intentaba detenerme, volvía a escuchar su mantra: "¡Aprieta, Rudy, aprieta!". Por fin, a las 8:15, había un corte para arreglar la pista y yo podía descansar, aunque no por mucho tiempo, porque inmediatamente después tenía que patinar otra hora más, durante la que ejecutaba el programa corto y tenía otra lección de media hora.

Del Ice Centre me iba al gimnasio, a trabajar con mi entrenador personal, a las 11:15 terminaba y a las 11:30 regresaba a casa. Me pasaba el resto del día haciendo mandados, en las compras y cuidando a George. Por la tarde lo llevábamos a la sala y lo sentábamos en el sofá mientras preparábamos su tratamiento intravenoso, que se le aplicaba alrededor de las cinco o seis de la tarde. Me iba a hacer la cena e intentábamos que George comiera, pero el tratamiento lo hacía sentir tan mal que siempre vomitaba. A las nueve de la noche lo metíamos a la cama. Si teníamos suerte, se dormía; si no, empezaba a hablar tonterías y a gritar. Era una pesadilla, sólo que para nosotros era peor, pues estábamos despiertos.

El fin de semana era un alivio. Me daba gusto no tener que levantarme por la mañana para ir a patinar, lo cual significaba que podía salir, siempre y cuando George estuviera durmiendo bien. Siempre le dejaba a mi madre el número de teléfono del bar al que iba, y le decía que me llamara si me necesitaba. No era difícil encontrarme porque sólo me sentaba en la barra a beber. Yo sabía que beber tanto como lo hacía me hacía daño, pero no me importaba. Me ayudaba a olvidar lo que pasaba en casa.

No siempre era suficiente beber sólo durante el fin de semana, a veces durante la semana, cuando George estaba dormido, también salía. Lo malo es que entonces tenía que lidiar con John y Kevin a la mañana siguiente. Si me sentían aliento alcohólico me daban un sermón y me castigaban, obligándome a trabajar más duro que de costumbre. Sabían que George estaba enfermo, pero yo no les quería decir todo lo que pasaba en casa porque imaginaba que iban a pensar que estaba inventando excusas, y luego me obligarían a trabajar aún más duro. Al menos eso es lo que yo creía.

A pesar de todo lo que bebía, el alcohol no surtía el efecto esperado y empecé a inhalar cocaína otra vez. Con la cocaína no me tenía que preocupar por el cansancio. Podía quedarme toda la noche cuidando a George, envolviéndole la cabeza en toallas para detener el dolor, cambiándole los pañales o lo que fuera, y después irme directo a la pista de hielo con la energía suficiente para patinar. Lo malo es que la droga hacía que el corazón me latiera aún más fuerte que de costumbre, lo cual me aterraba, pero no me atrevía a decirle a John y a Kevin que me presionaran menos. Podrían renunciar a seguirme entrenando y eso sería peor que cualquier otra cosa. Sin mi entrenamiento diario en la pista probablemente me habría vuelto loco.

Durante las semanas que usé la droga, antes de que se me acabara el dinero, fue grandioso. Aspiraba un poco de cocaína y sentía que el mundo era maravilloso, que nada me podía salir mal. Claro que George estaba enfermo, pero yo lo estaba cuidando. Estaba haciendo lo que debía. Por otro lado, estaba tenso, no podía comer y aún cuando me sentía cansado, no podía dormir. Además, aunque me sintiera bien, no me sentía feliz. No sé cómo describirlo, pero la cocaína es un depresor feliz. Me quedaba muy claro que ésta no era una solución permanente para mi vida, pero yo pensaba que a corto plazo me ayudaba.

Al sentirme agobiado me di cuenta de que la verdadera solución estaba en conseguir alguien que nos ayudara con George. No sé por qué pensé que yo era responsable de hacer todo personalmente, pero así me sentía en esa época. Hasta llegué a decirle a Laura que no quería que nos ayudara, pues no quería que viera la manera en que George se iba deteriorando. Tomando en cuenta que ella tenía unos sentimientos algo negativos hacia George, no fue difícil convencerla. Nadie más se ofreció a ayudar. George tenía muchos supuestos amigos en los bares, pero ninguno de ellos vino a verlo. La única persona que lo visitó fue un antiguo amigo de la secundaria, que trajo a su esposa y a sus hijos.

Lo que me dio el empujon definitivo para buscar ayuda fue un viaje a Viena que se acercaba. Era septiembre de 1994, tenía que ir a esa competencia y sabía que mi madre no podría sola con George, así es que llamé a Laura y le dije que necesitábamos ayuda, y en una semana teníamos una enfermera de las ocho de la mañana hasta el mediodía y otra de las dos a las cinco y media de la tarde. Por supuesto, de no ser porque tenían que cambiarle los pañales, George se comportaba admirablemente durante el día, pues se la pasaba durmiendo, pero en cuanto la enfermera se iba, él se despertaba gritando y golpeándose la cabeza en la pared. Era como vivir en un manicomio.

El mes anterior a mi partida a Viena, George se fue debilitando más y más. Durante el día no podía hacer nada. Apenas si podía moverse. Sin embargo, durante la noche—no sé de dónde sacaba la energía—seguía gritando y golpeando las paredes, hasta que se cansaba y se quedaba tan tranquilo que yo iba a revisarlo constantemente para ver si todavía respiraba. Por un lado tenía la esperanza de que hubiera muerto, por el otro, esperaba que siguiera vivo.

Cuando ya me estaba preparando para irme a Viena, parecía que George podía morir en cualquier momento. No nos reconocía ni a mi madre ni a mí y había dejado de hablar. Si se le preguntaba algo, lo más que hacía era poner los ojos en blanco. Recuerdo la mañana del día en que me iba. Estaba en mi habitación empacando mis cosas y llorando. Pensaba que tal vez no debía ir, que tal vez George se moriría durante mi ausencia, pero necesitaba hacer ese viaje. Había estado entrenando muy duro y patinaba maravillosamente. Si quería salir bien en la competencia nacional de 1995, me ayudaría quedar en uno de los cinco primeros lugares en Viena, para demostrar que podía competir a nivel internacional. No sabía si me estaba comportando en forma egoísta, pero me convencí de que a George le gustaría que fuera a la competencia.

Laura vino a recogerme para llevarme al aeropuerto, donde me encontraría con John y Kevin. Antes de irme entré a despedirme de George. Estaba totalmente ausente, pero yo prefería pensar que el verdadero George aún estaba ahí, que lo único que pasaba era que ya no se podía comunicar con nosotros.

Me acerqué a la cama y puse mi mano sobre la suya, que se encontraba fría y flácida. Estaba esquelético y me sentía incómodo al tocarlo. Le dije: "George, ¿me puedes oír?". Me pareció que me miraba y entonces le informé: "Me voy a Viena. Voy a competir y voy a tratar de ganar la competencia por ti. Te quedas en buenas manos. Te quiero". En ese momento no hubo respuesta; sin embargo, cuando ya me iba mi hermano me dijo: "Yo también te quiero, Rudy". Lo dijo con su antigua voz, como si nunca hubiese estado enfermo. Me quedé tan sorprendido que me reí. Regresé a su lado y volví a poner mi mano sobre la suya, pero ya se había vuelto a sumir en la inconsciencia. Laura me contó más adelante que, después de que me fui, no volvió a decir una sola palabra.

Cuando el avión despegó, me invadió una sensación de alivio y de remordimiento. Me sentía aliviado porque la responsabilidad de cuidar a George ya no pesaba sobre mis hombros, aunque fuera por unos cuantos días. Sentía remordimiento porque George me había vuelto a reconocer y no quería dejarlo. Lo que más temía era que muriera antes que yo regresara. No había estado presente cuando murió mi padre y quería estar al lado de George cuando llegara el fin.

Tomando en cuenta lo que había dejado en casa, no sé cómo pude patinar tan bien en Viena. Desde las sesiones de práctica estuve bien, aún comparándome con los invencibles patinadores rusos. Quedé en segundo lugar con el programa corto, un lugar abajo de Ilia Kulik, un joven patinador novato procedente de Rusia, que tenía un arsenal de saltos triples muy potentes. En el programa largo quedé adelante de Ilia y gané la medalla de oro. Estaba tan emocionado que me olvidé por un momento de mi preocupación por George.

Cuando regresé al hotel pasé a la recepción a preguntar si tenía algún mensaje. No había ninguno. Pensé que era muy raro que nadie me hubiera llamado. Siempre que competía Laura me llamaba para saber cómo me había ido. En ese momento me di cuenta de lo que pasaba, miré a Kevin y le dije: "Creo que George murió". Kevin, que ya había hablado con Laura, me lo confirmó.

Yo ya sabía que eso sucedería, pero no había forma de prepararme para la noticia de que George estaba muerto. Corrí por el pasillo, llorando y llamé a Laura desde mi habitación. Me dijo que George había muerto en calma, mientras dormía, y que estaba haciendo los preparativos para su funeral. No hablamos mucho después de colgar el teléfono lloré casi toda la noche.

Luego me enteré de que Laura había llamado a John y a Kevin una hora antes de que saliéramos hacia la pista, antes del programa corto, para decirles que George había muerto durante la noche. Les dijo que se esperaran hasta después del programa largo, que se realizaría al día siguiente, para decírmelo. No podía hacer nada para cambiar lo sucedido, y Laura sabía que nunca habría ejecutado el programa largo sabiendo que George había muerto. Tenía razón.

Al día siguiente de que me enteré de la muerte de mi hermano yo cumplía 25 años. John, Kevin y yo regresamos a California. El viaje a casa fue muy largo y todo el día me lo pasé pensando cómo sería el funeral, quién asistiría y qué diría la gente.

George había dicho que quería un funeral agradable, con un buen ataúd de madera y todo lo demás. Había estado ahorrando el dinero que le daba el gobierno a causa de su incapacidad, pero sólo habían mil dólares en su cuenta cuando murió. Laura había gastado tanto dinero en el funeral de mi padre el año anterior, que no había suficiente para hacer lo que George quería, así que lo tuvimos que incinerar, con lo cual quedó dinero para pagar una capilla en el velatorio y para comprar flores.

El funeral se llevó a cabo en la Capilla de las Flores, el mismo lugar donde habíamos velado a mi padre, pero en una capilla más pequeña. En lugar del ataúd, sólo había una fotografía enmarcada de George, que le tomaron antes de que se enfermara, rodeada de flores. La capilla estaba llena de gente, pero aparte de su amigo de secundaria que llegó con su esposa y sus hijos, ninguno de sus amigos asistió. Ninguno del grupo del bar. Ni uno solo. Toda la gente que asistió era del mundo del patinaje. Me hizo sentir bien que les importáramos tanto como para estar ahí, pero me dio tristeza que muy pocos de los que asistieron habían conocido a George. Eso fue lo que me hizo llorar, más que cualquier otra cosa.

Durante todo el tiempo que estuve cuidando a George, nunca olvidé que pude haber sido yo el que estuviera contagiado de SIDA. Yo no salía tanto como él, ni era promiscuo. Sin embargo, no se necesita ser promiscuo para adquirir el VIH. Todo lo que hay que hacer es tener relaciones sexuales con una persona infectada y no saber cómo protegerse o, por alguna razón, no tomar las precauciones debidas.

Cuando tuve relaciones por primera vez, yo no sabía que tenía que cuidarme. Como eso ocurrió a fines de los años 80, tal vez parezca difícil creerlo, pero yo estaba totalmente metido en el patinaje y nunca leía periódicos. Cuando estaba viendo la televisión y empezaban las noticias, cambiaba de canal. El SIDA no era algo de lo que se hablara en casa con mis padres, y tampoco aprendí nada al respecto en la escuela. Sólo asistí a la escuela hasta segundo de secundaria, y aunque ahí hubieran enseñado algo acerca del SIDA, yo sólo asistía medio tiempo, así que las posibilidades de que yo estuviera presente cuando hablaran del tema eran del cincuenta por ciento.

No quiero dar la impresión de que era un ignorante. Sabía lo que era el SIDA, pero no sabía lo suficiente como para imaginarme que me tenía que proteger de él. No fue sino hasta que pasé de los veinte años cuando se me ocurrió que tenía que tomar algún tipo de precaución, después de que le empecé a poner más atención a la epidemia y al impacto que tenía sobre el mundo gay.

Para mi fortuna, estoy bien. Pero me preocupo por los patinadores jóvenes de nuestra época, que al igual que yo no aprenden acerca del SIDA en la escuela ni en su casa, y que no tienen la información suficiente para protegerse de esta plaga que se puede prevenir. En este aspecto, pienso que la USFSA podría sentar un enorme precedente. Todos los años, los mejores competidores asisten a los campeonatos de división y nacionales. Esos son los patinadores que muy probablemente no hayan aprendido nada acerca del SIDA, a causa de los programas de entrenamiento tan exigentes que han tenido. ¿Por qué no llevarles a alguien de la comunidad de patinadores que esté infectado de VIH para que les hable del tema? Además, deberían cerciorarse de que todos asistieran a la plática. La conferencia debería ser obligatoria, tanto para patinadores como patinadoras. De no asistir, no se les debería permitir competir, así de sencillo. Nada va a impresionar más a esos patinadores jóvenes que escuchar a alguien que es parte de su comunidad.

En un mundo ideal, esta no debería ser una tarea que realizara la USFSA. Pero no vivimos en un mundo ideal, y la USFSA le debe a los patinadores jóvenes la educación que no obtienen en casa o en la escuela. El esfuerzo valdría la pena si gracias a él se salvara aunque fuera una vida.

13

El Campeonato Nacional de 1995

Después de los funerales, traté de no pensar en George. Hice lo mismo que cuando murieron mi padre y Jim Hulick. Traté de borrarlo de mi mente; de otra forma, mis emociones me habrían agobiado. Aunque tal vez esa no sea la mejor manera de enfrentar las pérdidas, es la que me ha funcionado, por lo menos hasta ahora. No es que George, mi padre o Jim se me hayan olvidado; los recuerdo todas las noches en mis oraciones. Sencillamente no pienso demasiado en eso. No puedo, si es que quiero seguir viviendo.

A mi regreso de Viena, mantuve el paso de mi programa de entrenamiento. John y Kevin estaban decididos a que estuviera en mejor forma para el campeonato de división y para el campeonato nacional de 1995. Me molestaba que me hicieran trabajar tanto, pero tengo que admitir que me estaban convirtiendo en un mejor patinador. El problema es que yo no lo estaba disfrutando.

En noviembre fui a la competencia regional en Redwood

City, una ciudad cercana, sólo para ver a algunos alumnos de mi hermana. No había ido a competir, pues el año anterior me había desempeñado lo suficientemente bien como para saltarme el campeonato regional y pasar directamente al campeonato de división de la Costa del Pacífico. Ahí me encontré a mi antiguo entrenador, Rick Inglesi, quien me dio un gran abrazo. Se veía magnífico, así que me sorprendió mucho oír, después del campeonato regional. Alguien me dijo que Rick tenía SIDA y que se encontraba mal. Yo ya sabía que el compañero de Rick había muerto hacía un año, a consecuencia de la enfermedad, pero nunca se me ocurrió que también él pudiera estar contagiado: tal vez yo era demasiado inocente, o tal vez tenía un enorme deseo de que él no estuviera enfermo.

Llamé a Rick e hice una cita para ir a visitarlo al hospital. Me pareció extraño verlo ahí, porque su apariencia era la misma de siempre. Charlamos un rato y me pareció totalmente normal, aunque de repente confundía las cosas y empezaba a decir cosas sin sentido. Yo no quería preguntar, pero me imaginé que tenía algún tipo de enfermedad mental, igual que George. Sin embargo, se veía tan bien, que yo estaba seguro de que pasaría mucho tiempo antes de que muriera. Me quedé con él un par de horas. Antes de irme a casa le di un beso y un abrazo y le dije: "Te iré a visitar cuando regreses a casa". Él me contestó: "Te quiero", y yo agregué: "Yo también te quiero".

Unas cuantas semanas después, antes de que tuviera oportunidad de volver a hablar con Rick, Laura me llevó a casa de John y Kevin, pues nos íbamos de viaje a Oregon, para el campeonato de división de la Costa del Pacífico. En el momento que entré a la cocina John me dijo: "Por cierto, ¿ya supiste que Rick murió?" Me quedé impactado, tuve que apoyarme en el respaldo de una silla. No dije una sola palabra durante el trayecto al aeropuerto y durante todo el vuelo a Oregon pensé en Rick y en todo lo que había hecho por mí. No sabía como iba a poder competir, pero no podía darme la vuelta y regresar a casa. Una vez más, tuve que borrar todo; para entonces ya era un experto, al grado de que, para cuando bajamos del avión, yo estaba totalmente insensibilizado.

A pesar de que me sentía como si mis emociones estuvieran muertas, patiné muy bien toda la semana de práctica en Oregon. El programa corto de ese año lo coreografiaron con música de la película *Strictly Ballroom*. Estaba patinando al compás de una pieza española y vestía un traje asociado con ese estilo: pantalón negro, una chaqueta negra sobre un chaleco negro y camisa blanca con corbata roja. Todo el programa tenía un toque latino.

Además de los movimientos obligatorios, el programa contaba con una coreografía muy complicada. Empezaba con un triple-axel y combinación de double-toe-loop. Después hacía un flying change sit spin; patinaba alrededor para realizar el sencillo triple flip, al que le seguía mi footwork en línea recta, y después de patinar un poco y de realizar otro giro obligatorio venían dos grupos de footwork circular, un double axel obligatorio, para terminar el programa con mi giro traveling.

Cuando llegó el momento de ejecutar el programa durante la competencia, me sentía bastante confiado. Sabía que no había manera de que me equivocara en la combinación de apertura. Di el salto y después un single axel . . . ¡un single axel! Estaba sorprendido, pero al segundo de haber aterrizado me di cuenta de que era mejor hacer un "triple toe loop" para compensar, y me salió bien. De cualquier forma, no podía compensar la equivocación con el triple axel, y durante el resto del programa estuve pensando que acababa de regalar mi título de la Costa del Pacífico. Debí de haberme concentrado en el programa, en lugar de estarme regañando, porque al final me descuadré del double axel, que es un salto realmente fácil.

Mientras patinaba para salir de la pista, podía ver la desilusión en las caras de John y Kevin. No dijeron gran cosa mientras íbamos caminando por el pasillo, de regreso al camerino. Tenía algo de curiosidad por saber mi calificación, pero estaba demasiado avergonzado para esperar en la orilla de la pista. Las calificaciones del aspecto técnico fueron muy bajas, alrededor de 3.6, pero las de estilo fueron casi todas de 5.6. Sería casi imposible ganar el título de la Costa del Pacífico por cuarto año consecutivo.

Mi competidor principal estaba parado cerca de mí cuando aparecieron las calificaciones y escuché que su entrenador le decía: "Vas a ganar . Vas a ganar!", pero salió a cometer las mismas equivocaciones que yo. Gracias a que mis calificaciones de estilo eran tan altas, lo vencí y me quedé en primer lugar del programa corto. Me sentí muy afortunado.

Una vez más, la coreografía de mi programa largo era *El pájaro de fuego*, y aún antes de entrar a la pista estaba pensando en lo cansada que iba a ser la ejecución. Sin embargo, con excepción de un two-footing al aterrizaje de un triple lutz, no cometí ninguna equivocación. Me volví a ganar el primer lugar y el poco público que estaba en las tribunas me aplaudió de pie. John y Kevin estaban extasiados, y yo me sentía más que aliviado.

Quisiera poder decir que mi ánimo era magnífico rumbo al campeonato nacional de 1995, a celebrarse en Providence, Rhode Island, pero no era así. A pesar de que había ganado el campeonato de división, sentía como si fuera a enfrentar una batalla imposible de ganar contra los jueces del campeonato nacional. Yo pensaba que no me iban a dejar ganar, aunque patinara bien. Me había convencido a mí mismo de que lo que en realidad querían era a esos patinadores norteamericanos y varoniles, y a pesar de todo el trabajo que realizara con John y Kevin para crearme una nueva imagen, yo estaba muy lejos de ese ideal. Lo que hacía las cosas aún más difíciles era que, por segundo año consecutivo, me dio bronquitis justo en el momento que salíamos a competir. John y Kevin no le pusieron atención a mis quejas y aparentaron que no me oían toser.

También me habría gustado cambiar la situación y dejar de culpar a todo y a todos. Lo que necesitaba hacer en el campeonato nacional, si es que quería llegar a buen término en el programa corto y en el largo, sin caerme, era alejar esas voces negativas, creer en mí mismo. Había entrenado árdua-mente y estaba patinando de manera impecable una práctica tras otra. Sólo necesitaba volver a hacer eso en la competencia.

Durante la primera sesión de práctica en Providence, todas las miradas se posaban en John, en Kevin y en mí. La gente quería ver cual sería mi desempeño con mis nuevos entre-nadores. Esto no era algo trivial. Muchos de los jueces asistían a las sesiones de práctica para ver qué tan bien se desem-peñaban los patinadores. Los jueces se empiezan a dar una idea acerca de los patinadores mucho antes de la competencia real, y lo que piensen acerca de la manera en que patinamos durante las sesiones de práctica puede tener un gran impacto en las calificaciones que nos proporcionan.

A pesar de lo mal que me sentía, ya que estaba seguro de que tenía fiebre, salí y patiné un programa corto limpio, in-cluyendo un triple axel, triple toe loop. Pero eso no fue lo suficientemente bueno para John y Kevin. Estaban furiosos: "¿Cómo te atreves a patinar tan despacio?" Traté de explicarles que me costaba mucho trabajo respirar, pero no me quisieron escuchar. Me ordenaron que regresara a la pista y que ejecu-tara el programa corto sin música y esta vez querían que lo hiciera rápido. Les dije que no podría hacerlo, que estaba demasiado congestionado. No aceptaron la negativa y me obligaron a salir a patinar; yo obedecí, pero esta vez no sólo patiné despacio, también se me pasaron algunos de mis saltos. Estaban tan enfadados que me ignoraron el resto de la sesión de práctica.

En cuanto salí de la pista, me fui al centro de salud a ver al médico. Estaba decidido a demostrarles a John y a Kevin que no estaba fingiendo, que en realidad estaba enfermo. No les dije a dónde iba, pero me buscaron y me encontraron ahí. El médico les explicó que tenía bronquitis y fiebre, y me recetó antibióticos.

John y Kevin no le dieron importancia al asunto y dijeron que estaría mejor muy pronto. Todavía faltaban tres días para que iniciara la competencia. Pensé que serían un poco más comprensivos, pero no me dieron descanso. Durante los siguientes tres días de prácticas, aún con público lleno, me seguían gritando: "¡Aprieta, Rudy!". Me sentía tan humillado ante mis compañeros de patinaje, que tenía ganas de matarlos. En lugar de eso, eliminé todos los saltos y los sustituí por dobles y triples. Eso no quería decir que no lo estuviera intentando, sencillamente no tenía energía.

Cuando se inició la competencia ya me sentía mucho mejor. Los antibióticos habían ejercido su magia. Abrí mi programa corto con un hermoso triple axel, double toe y el público se enloqueció. Realicé mi flying chain sit spin y recuerdo que al terminarlo estaba pensando: "¡Lo estoy haciendo muy bien!". Lo único por lo que me tenía que preocupar era por ejecutar ese sencillo triple flip que se me había ido el año anterior. Esta vez estaba decidido a no permitir que nada arruinara mi programa. Di una vuelta, realicé el double flip y me caí. No tengo idea de qué sucedió. Sólo sé que me arrastré para salir de la pista. Lo único que deseaba era irme a esconder.

Terminé el programa haciendo todos los movimientos de brazos como si no me importara. Mi ejecución parecía vacía y eso se reflejó en las calificaciones. Tanto mis calificaciones técnicas como las de estilo fueron bajas. Supongo que era obvio para todos que después de la caída me había dado por vencido. Una vez más, John y Kevin no dijeron nada, pero yo me di cuenta de que estaban desilusionados. Se puede adivinar lo que hice después, porque ya se estaba convirtiendo en algo rutinario. Regresé al hotel y lloré hasta cansarme. Para entonces me había convertido en un experto de la auto-compasión. Había trabajado tan duro, Laura había gastado tanto dinero, y yo lo había echado a perder en un salto fácil. Todo lo que se me ocurría pensar era: "¡Qué desperdicio!".

Nos quedaba un día para practicar el programa largo y fue un desastre total. Tenía instrucciones de no realizar el programa completo el día anterior a la actuación, y John y Kevin lo sabían, así que fui a la sesión de práctica confiado en que sólo tendría que hacer unos cuantos saltos y giros, pero durante la sesión algunos de los demás patinadores realizaron el programa completo, y cuando estaba calentando John y Kevin me llamaron para pedirme que hiciera todo el programa. Les dije: "No puedo". Estoy seguro que lo dije con firmeza. No estaba preparado mentalmente para ejecutar todo el programa y de ninguna manera lo iba a hacer.

John y Kevin trataron de mantener la calma y me explicaron que mucha gente estaba mirando, incluyendo varios de los jueces, y que era importante que me vieran ejecutar el programa largo y que me vieran hacerlo bien. Me les quedé mirando y les dije: "No hay forma de que lo pueda hacer". Se podía ver el fuego que les salía por los oídos y de inmediato me retracté y les dije que lo haría.

Cuando llamaron mi nombre, salí y ejecuté mi programa. Todo lo hice mal. Me justifiqué conmigo mismo diciéndome que todo se debía al hecho de que no estaba preparado, de que yo había pensado que no tendría que realizar el programa completo. Sin embargo, la verdad es que estaba enfadado con John y Kevin, y al patinar tan mal frente a todas esas personas, incluyendo a los jueces, los estaba castigando. Quería avergonzarlos. Desde luego que esa ejecución tan mala no daño a nadie tanto como a mí, pero en ese momento no se me ocurrió pensar en eso. Estaba demasiado concentrado en estar enfadado y en desquitarme.

Al terminar mi programa, John y Kevin me volvieron a llamar. En cuanto empezaron a criticarme, me alejé patinando. No quería volver a oírlos. Estaba harto de ellos y, al parecer, también ellos estaban hartos de mí, porque cuando me di la vuelta, los vi salir del auditorio. Yo no lo podía creer, pues ningún entrenador abandona a su alumno en la pista durante ese tipo de sesión de práctica, cuando todo el mundo los está observando, pero dada mi propia actitud, supongo que me lo merecía.

Lo que debí de haber hecho fue ir detrás de ellos y disculparme por mi comportamiento infantil, pero, desafortunadamente, yo aún no había terminado de comportarme como un niño de cuatro años. Hice que uno de los guardias de seguridad trajera a mi hermana de la tribuna, le conté lo que había pasado y le dije que nunca volvería a trabajar con John y

Kevin. Le dije que quería que se quedara en la orilla de la pista, donde estaban los demás entrenadores, y que terminara la sesión de práctica como mi entrenadora. Sé que Laura estaba renuente, pero hizo lo que le pedí.

Con Laura parada en la orilla de la pista me divertí de verdad. A diferencia de John y Kevin, su presencia era muy tranquilizante y me sentía respaldado, nunca me levantó la voz. Cuando me tambaleaba al realizar un salto me decía: "Estuviste cerca; inténtalo otra vez, Rudy. Vé y enséñales lo que puedes hacer". Yo quería complacerla, así que hice mi mejor esfuerzo.

Después de la sesión de práctica, mientras regresábamos al hotel, le dije a Laura que no quería que John y Kevin estuvieran parados junto a la pista durante mi programa largo. Quería que ella tomara su lugar. Sin pensarlo, la había puesto en una situación muy difícil, porque ellos eran sus amigos cercanos y yo era su hermano temperamental, que estaba a punto de una crisis nerviosa.

Luego de discutir el asunto, Laura convenció a John y a Kevin de que no renunciaran y a mí me convenció de que era mejor terminar la competencia con ellos como mis entrenadores. Me dijo que estaba demasiado nerviosa para asumir el puesto y que los jueces no verían bien el hecho de que John y Kevin desaparecieran de repente. Acepté porque quería complacer a mi hermana, pero no me agradaba la idea.

Al día siguiente, detrás del escenario, yo seguía enfadado con John y Kevin pero traté de ocultarlo. No fue fácil. Seguían diciéndome que tenía que apretar, apretar, apretar. Necesitaba ir rápido, rápido, rápido. Yo estaba pensando: "Sólo déjenme concentrarme en mis saltos". Por fin dejaron de parlotear cuando íbamos caminando hacia la pista, pero justo antes de que yo saliera a patinar, me dijeron por última vez que era necesario que apretara. Yo me dije por última vez: "Es necesario que aterrices tus saltos".

Asumí mi posición en la pista, hice un par de respiraciones profundas, y se inició la música d *El pájaro de fuego*. Patiné para realizar mi primer salto y ejecuté un enorme triple axel, double toe. Salió hermoso. Hice el triple lutz y aterricé maravillosamente. Entonces se inició la parte lenta y, por alguna razón, se me acabó la energía. Hice el triple flip y aterricé suavemente, pero entonces me resbalé en el borde del patín y me caí. Hacía años que no me caía durante mi programa largo en una competencia, así que estaba sorprendido. Me levanté y realicé el triple loop sin ninguna falla. Después inició la parte rápida y patiné para realizar un triple salchow. Aterricé y el público me vitoreó. Después me volví a resbalar en el borde del patín y me caí otra vez.

Pensé que John y Kevin estarían furiosos conmigo porque me había caído, pero estaban felices porque me había esforzado. No me pareció que iba rápido, pero supongo que tanto entrenamiento al fin sirvió de algo y patiné a una velocidad mayor que la de costumbre, que es lo que le gusta a los jueces.

Mis calificaciones estuvieron bien, pero la competencia era fuerte ese año e incluía a Scott Davis y Todd Eldredge. Para cuando terminaron los demás patinadores, me encontré en octavo lugar en el programa largo. Laura y yo estábamos sentados en las tribunas cuando aparecieron los resultados definitivos. Yo quedé en octavo lugar general.

Después de tanto trabajo y de gastar tanto dinero, yo no había llegado a ningún lado. Laura me volteó a ver y me preguntó: "¿Qué vas a hacer este año? ¿Aún quieres competir? ¿Quieres volverte profesional?". Yo no sabía qué quería hacer. Cuando iba camino a Providence pensé en sostenerme hasta 1996, pues quería competir en San José, pero ahora que había quedado en el nivel más bajo posible después de haber trabajado tan duro, no estaba tan seguro. Tendría que pensarlo. Tal vez era hora de retirarme.

14

En la Encrucijada

Después de Providencia, no tenía nada que hacer. Ya no tenía que cuidar a mi hermano enfermo. Ya no había que entrenar para los campeonatos internacionales, no después de mi desastrosa actuación en el campeonato nacional. No había entrenadores gritándome para que me esforzara más y más. Ya no tenía nada que hacer con John y Kevin y aparentemente ellos también habían terminado conmigo. No había becas de entrenamiento por parte de la USFSA—estaba demostrado que yo no representaba exactamente una buena inversión. No estaba Laura para decirme lo que necesitaba hacer—ella quería que yo decidiera por mi cuenta. Por primera vez en mi vida, ya como adulto, era libre y estaba solo para hacer lo que quisiera. Así que me hundí en una total desesperación.

Desde mi punto de vista, tenía todas las razones necesarias para sentir lástima por mí mismo. Tenía 25 años de edad, lo que representa la edad límite para un atleta. Mi carrera de patinaje había terminado—¿cuántos años faltaban para que pudiera seguir gastando el dinero de Laura entre uno y otro intento de llegar a la cima? Sentí que no tenía amigos. No tenía dinero. De hecho, no tenía ninguna educación. No tenía novio y no había mantenido una relación verdadera. Estaba viviendo con mi madre en un trailer al este de San José. Mi padre había muerto. Mi hermano había muerto. Mis dos entrenadores habían muerto. Ni siquiera tenía un automóvil en buenas condiciones. Así que durante las primeras semanas después de mi regreso, me limité a rondar la casa y tratar de sentirme mejor viendo *All My Children* en la televisión. No importa lo mucho que pensara acerca de los problemas de mi vida, esto no se comparaba en nada con lo que a Erica Kane le sucedía cada semana.

Lo último que necesitaba hacer cuando me sentía tan deprimido era ver los campeonatos mundiales en la televisión, pero por supuesto eso era exactamente lo que hacía. En años pasados, cuando veía los campeonatos mundiales, sentía que era tan bueno como el mejor de los patinadores. Pensaba que merecía estar con el equipo norteamericano. Pero no este año. Todos se esforzaban por hacer lo mejor y realizar los mejores saltos. Eran combinaciones difíciles que yo no había practicado. Al observarlos, pensaba que no había manera de competir contra estos patinadores y ganarles. Así que si de alguna forma alcanzaba unirme al equipo mundial—lo que hasta ahora parecía remoto—no tendría alguna oportunidad contra los mejores patinadores del mundo. Me dí cuenta que estaba acabado.

Ahora sé que Laura y su nuevo novio, Andy Black (con quien se casó posteriormente), estaban muy preocupados por mí porque continuaban insistiendo para que viera a un psicólogo; yo me encontraba en un estado tal de introversión y depresión que temían me pudiera suicidar. Pero incluso cuando me sentía realmente miserable, el suicidio fue algo que no consideré. Algunas noches me iba a la cama pensando que sería mejor no despertar, pero nunca hice algo al respecto.

A pesar del aliento de Laura y Andy, no sentía la necesidad de recurrir a la terapia. Pero quizá si acordaba acudir en algún momento, podría hacer que me dejaran de molestar. Así que finalmente fui, pero no con una mente abierta; no pensaba que hablar con alguien pudiera ayudarme a resolver mis problemas, cualesquiera que éstos fueran. Esto era algo que yo debía resolver por mí mismo.

No recuerdo de qué hablé con la psicóloga, pero mi actitud fue la de "estoy bien, no necesito esto". Ningún psicólgo te forzará a que patees y grites en terapia, y esta psicóloga no era la excepción. Ella me lo dejó a mi consideración. De forma que le dije a Laura y a Andy que mi psicóloga había dicho que yo estaba bien y que no necesitaba regresar. Si me creyeron o no, es algo que no volvieron a mencionar.

Normalmente, después de una largo mes posterior al campeonato nacional, estaría de vuelta en el hielo para fines de febrero, principios de marzo, haciendo lo que había hecho desde que tenía ocho años; practicar mis saltos, aprender nuevos programas, y patinar, patinar, y patinar. Pero no sabía lo que iba a hacer, por lo tanto, no tenía caso conseguir un nuevo entrenador y regresar al hielo sin una meta determinada. Además, yo estaba pasándomela bien regodeándome en mi propia lástima para hacer algo útil, así que lo único que hacía era quedarme en casa y ver televisión.

Después de un par de meses de *All My Children* y de sentir lástima por mí mismo, decidí que más me valía hacer algo o terminarían viniendo por mí con una camisa de fuerza. Así que una tarde fuí a la pista para hablar con la directora para analizar la posibilidad de recuperar mi antiguo empleo. Había trabajado intensamente con los estudiantes de Laura durante los últimos años y pensé que sería constructivo hacerlo de nuevo mientras resolvía qué hacer con mi vida.

De camino hacia el recibidor de la pista, me percaté de un desplegado que anunciaba el campeonato nacional de 1996, mismo que tendría lugar en enero en la pista cerca de San José. Me detuve a mirar el desplegado y me vi envuelto en el sueño de lo divertido que sería patinar frente a los "fans" de mi ciudad natal. De mis años como patinador recordé el sinfin de ovaciones que recibían los patinadores de San José, aun si llegaban en vigésimo lugar. Pero me detuve a la mitad de mi sueño. Esta no era la razón por la que me encontraba ahí. Yo quería conseguir trabajo y ganar un poco dinero.

Subí las escaleras para hablar con la directora y le dije que estaba interesado en regresar a trabajar con los estudiantes de Laura. No pensé que se fuera a rehusar, especialmente porque sabía que Laura estaba de acuerdo, pero me ayudó mucho ver su actitud tan positiva al respecto.

Una semana después, estaba de regreso en el hielo, pero en un papel diferente. Mi día comenzaba como siempre lo hacía cuando estaba entrenando. Me levantaba a las 5:30 A.M. y subía al auto para dirigirme a la pista hacia las 5:55. Gracias a Laura tuve auto para conducir; ella pagó para que lo arreglaran. A las 6:15 estaba en el hielo, pero en lugar de practicar mis saltos y aprender una nueva coreografía, trabajaba con niñas de seis, diez, y catorce años de edad para ayudarlas en sus giros y enseñarles nuevas coreografías.

Después de más de tres horas de trabajo, me dirigía al gimnasio para hacer una rutina de una hora y media. Aun para enseñar, necesitaba una condición física de primera. Después del gimnasio, me iba a casa, tomaba una siesta y regresaba a la pista para enseñar de 3 a 5:30 P.M. y algunos días hasta las 7:30 P.M.

En realidad me gustaba enseñar y era buen entrenador. Había aprendido tanto de todos mis diferentes entrenadores acerca de lo que se debe y no se debe hacer que instintitiva- mente sabía dar a cada estudiante lo que éste necesitaba. Cada niño o niña era diferente, de forma que hay que saber cuando apretar y cuando aflojar. Algunos niños adoran que se les force, así que si eres duro con ellos, se perfeccionan. Tuve una estudiante, la pequeña Joan, que le encantaba la presión. Durante el entrenamiento le decía, "No quiero ver otra caída como esta", o "esa pierna está doblada. Yo no te enseñé a hacer eso. No vuelvas a patinar así. Quiero ver que saltes como te enseñé."

Con otros niños, si presionas mucho y eres demasiado

crítico, se rebelan y no trabajan tan duro. Yo pertenecía a éste último grupo. Si tratas de divertirte con ellos y hacer sus errores más ligeros y utilizas el humor, entonces se esfuerzan más. Para un estudiante así, que necesita a un entrenador que le dé confianza, si se equivocaba yo le decía: "Uff, te caíste en tu trasero", o "Esa sí que fue una caída en serio". Comentarios como estos lo hacían reir y entonces le explicaba cómo hacerlo diferente la siguiente vez.

Otra clave para ser un buen entrenador es conocer la forma en la cual explicar a un estudiante si lo está haciendo mal. Cuando veo que un patinador acaba de sufrir una caída, después de que aterriza en el hielo, vuelvo a recorrer en mi cabeza lo que acaba de suceder, y puedo ver exactamente lo que ha hecho, segundo a segundo. Después divido cada elemento y le explico de tal forma que entienda y utilice lo que ha aprendido para mejorar su técnica. Mi énfasis siempre está en la forma en la cual corregir el problema, no en lo que el patinador ha hecho mal.

Regresar a trabajar fue lo mejor que pude haber hecho. Me tenía fuera de casa. Me hacía sentir productivo, para variar, estaba ganando mi propio dinero y estaba aprendiendo a apreciar el valor de cada dólar. Realmente me gustaba trabajar con niños. Lo mejor de todo era que a ellos les encantaba trabajar conmigo; yo lo sabía porque siempre me estaban abrazando.

También me gustaba cuando los padres volvían después de una competencia y me enseñaban sus videos. Los programas en los que yo ponía la coreografía casi siempre ganaban el primer o segundo lugar, y podía ver las sonrisas en las caras de mis estudiantes cuando lo hacían bien. El sentimiento que esto me generaba era casi tan bueno como cuando yo mismo recibía un reconocimiento. Estaba realmente orgulloso de mis estudiantes así como del trabajo que realizaba con ellos. Después empecé a recibir llamadas de otras pistas, de gente pidiendo que yo hiciera la coreografía en un programa infantil. Eso me hacía sentir aun mejor, porque significaba que estaba haciendo un buen trabajo, incluso mejor que el de otros entrenadores. Como se podrán imaginar, todo este refuerzo positivo me ayudó a levantarme de mi amilanamiento.

Durante todo el tiempo que enseñé, la gente me preguntaba: "¿Cuándo regresa? ¿Cuándo empieza a entrenar para el campeonato nacional?". Mi respuesta usual era "No lo he decidido". Al principio, no sabía realmente lo que deseaba hacer, pero conforme pasaron los meses, me dí cuenta de algunas cosas acerca de mi forma de patinar que me ayudaron a tomar una decisión.

El trabajar con todos esos niños en el Ice Centre, y viendo lo divertido que era que aprendieran nuevas cosas y lo mucho que gozaban expresándose a través del patinaje, redescubrí, por encima de todo, cuánto amaba patinar. Desde los años en que rompí con Kristi, olvidé que yo amaba patinar por las mismas razones que mis estudiantes. Era la forma en que me expresaba emocional y artísticamente. Y eso era divertido.

Como secuela al rompimiento, sentí que patinar era todo lo que tenía, que sin esto no podría hacer nada en mi vida. También se convirtió en un arma y una forma de demostrarle a Kristi, Carole y toda la comunidad del patinaje, que podía llegar a ser campeón. Pero esas eran las razones incorrectas para patinar, y esto fue lo que arruinó mi desempeño. Después de tomar un descanso, después de trabajar como maestro y habiendo tenido la oportunidad de reflexionar, me dí cuenta que aún quería patinar, pero por las razones correctas, las mismas razones por las que mi estudiantes estaban en el hielo cada mañana a las 6:15.

Aunque para mediados del verano ya sabía que sí quería competir, no se lo dije a nadie. Ni siquiera a Laura. Simplemente no quería la presión de ninguna expectativa por parte de nadie. Pero el guardarlo en secreto no me impidió comenzar a trabajar en un programa largo. Comencé a escuchar diferentes piezas de música clásica, tratando de escoger la que utilizaría para el programa largo. Uno de los discos compactos que compré traía la grabación de *El lago de los cisnes* interpretada por la Orquesta Franco-Canadiense. El tema me parecía tan hermoso que lo tocaba una y otra vez, juntando las piezas que utilizaría para mi programa. Era la música perfecta para patinar. Tenía una gran fuerza al principio, con fanfarrias de trompeta, y muchos "crescendos" a todo lo largo de la obra, lo que daba perfecto espacio para realizar los saltos. Tenía una gran sección para la parte lenta del programa. Y al final era una total exaltación. Se piensa que va a acabar, pero entonces se convierte en otro crescendo. Pensé que sería perfecto para mis giros finales.

Llegué al punto donde me era difícil conciliar el sueño, y entonces tocaba el compacto una y otra vez. Me emocionaba tanto escucharlo que saltaba de la cama, prendía la luz, y practicaba los pasos con la música en mi pequeña habitación. En el pasado, siempre había ensayado mis programas con un entrenador, pero ahora estaba haciendo lo que sentía que era correcto para mí, y lo estaba haciendo todo yo solo.

Para fines de septiembre, Laura me estaba presionando para tomar una decisión. Me dijo que no le importaba si yo quería competir, unirme a una compañía de espectáculos en hielo, o enseñar, pero si deseaba competir, necesitaría tomar una decisión pronto, porque el tiempo transcurría rápidamente. Ella temía que si esperaba demasiado, no tendría suficiente tiempo para participar en las competencias de división que serían en diciembre. Si deseaba competir, ella pagaría por todo, incluyendo a un entrenador de primera categoría.

Laura tenía razón: si yo iba a competir, tenía mucho trabajo que hacer. Yo sabía que el escoger la música para mi programa largo y practicar los saltos y giros era solamente el principio. De forma que le dije a Laura que había decidido entrenarme para el campeonato. "Pero", añadí, "no quiero que tú pagues por nada". Laura había gastado mucho dinero en mí a lo largo de los años, y yo no quería la presión de saber que si fallaba una vez más, estaría desperdiciando su dinero otra vez. "Sin embargo, sí hay algo que quiero de tí, Laura. Deseo que tú seas mi entrenadora".

Laura pensó que yo estaba bromeando. Ella me vió y dijo

"Si, seguro, quieres que me ponga a la par de los entrenadores más destacados". Pero hablaba en serio. pensé que nadie podría ser una mejor entrenadora para mí que Laura. Ella es una gran entrenadora, sabía cómo entrenarme, y yo confiaba en ella, y sabía que ella me quería sin importar lo que sucediera en el campeonato. Esta última parte no era algo insignificante. El saber que Laura, como mi entrenadora me querría igual, me quitó un gran peso de encima, lo cual me ayudó bastante.

Durante toda mi vida, Laura estuvo ahí cuando la necesité. Cuando vivimos con mi tía Cindi en el este de Los Angeles, Laura nunca me perdió de vista. Cuando nos fuimos a casa, ella me protegió cuando mamá tenía sus arranques. Cuando no había nadie para llevarme a la práctica de la mañana, Laura me llevaba. Pienso en todo esto ahora y no puedo creer que una persona de treinta años se pusiera al volante del auto y me llevara a mis prácticas a las seis de la mañana. Laura renunció a las competencias de patinaje y se comenzó a trabajar para pagar mi entrenamiento. Por años recurrí a Laura para que me aconsejara en todo, desde la música, hasta la coreografía, pasando por el vestuario. Y nos conocíamos tan bien. Así que para mí era perfectamente natural el tener a Laura como mi entrenadora.

Fue muy divertido trabajar con Laura. Yo comenzaba a practicar como a las 6:15. Mientras tanto Laura enseñaba a sus alumnos, me veía y ofrecía sus sugerencias cuando las necesitaba. A las 8:30, cuando ella acababa de dar clases, se pasaba de quince minutos a media hora ayudándome con mis saltos y mi programa.

Una de las mejores cosas de haber trabajado con Laura fue que ella me alentaba, siempre me hizo sentir seguro de mí mismo, pero nunca me decía qué es lo que tenía que hacer. Durante toda mi carrera de patinaje, la gente me había dicho lo que tenía que hacer. Ellos tomaban las decisiones por mí, y aunque no me gustaran, me salvaban de tener que decidir algo por mí mismo. "Participa en ese campeonato. Usa ese traje.

Coloca tus manos de esta manera. Córtate el cabello. Patina más rápido. Salta más alto."

En el pasado, Laura había sido una de las personas con las que yo contaba en que me dijera que hacer. Yo le preguntaba y ella me decía. Ya no. Cuando practicaba, la primera vez le pregunté si tenía que realizar todo el programa y me dijo: "es tu decisión, tienes 26 años. Y yo no voy a estar aquí parada para decirte lo que tienes que hacer y perseguirte por toda la pista. Si quieres ganar tienes que estar aquí y tienes que trabajar. Esa es tu decisión." Después de esa vez, Laura nunca me tuvo que decir nada. Yo no quería decepcionarla y eso significaba tratar de hacer lo mejor.

No importaba como lo hiciera, Laura nunca se enojaba. Ella siempre estaba tranquila y feliz, esto era muy similar a mi situación con mi antiguo entrenador Jim Hulick. Si yo estaba teniendo un mal día, ella no me gritaba o me decía que necesitaba trabajar más duro. Al contrario, me consolaba. Ella sabía que era lo mejor para mí.

Muchas veces Laura y yo no necesitábamos hablar cuando yo estaba patinando, porque a diferencia de otras personas con las que había trabajado, ella se podía comunicar con solo mirarme. Nosotros nos conocíamos tan bien que cada uno sabía lo que el otro estaba pensando con tan sólo una mirada. Y cuando necesitábamos hablar, siempre fue como en taquigrafía. Otras personas no tenían idea de que estábamos hablando, porque usábamos muy pocas palabras.

Me encantaba que Laura me dejara ser yo mismo. Nunca trató de cambiar mi estilo de patinar. Nunca me dijo que me afeitara o que me cortara el cabello. Nunca me dijo que mi estilo debía ser más masculino o con menos elementos de ballet. Ella sabía que lo mejor era dejarme ser con mis propias preferencias artísticas y de estilo. Eso significaba que tenía que escoger la música y los trajes, y cuando le pregunté acerca de ir con un coreógrafo para mi programa largo, Laura me ayudó a encontrar a alguien que complementara mi estilo.

Después de describirle a Laura el tipo de programa que tenía en mente, con movimientos modernos de música clásica, ella sugirió a Sharlene Franke, una maestra de Jazz de un lugar llamado Dance Attack. Sharlene había sido la coreógrafa de uno de los alumnos de Laura y me había gustado mucho su trabajo. Eran movimientos libres con altas zancadas y saltos como los que se ven en MTV. También me gustó que a excepción del alumno de Laura, nunca había trabajado con nadie más. Ella se involucraría en mi programa con la mente completamente abierta.

Pedí una cita para conocer a Sharlene en su estudio. Le enseñe el programa, con los saltos y los giros y después con la música ella me hizo todos los movimientos. En lugar de hacer las típicas posturas de brazos del ballet, para *El lago de los cisnes* ella me enseñó movimientos de Jazz-Funk. Nos tomó 4 o 5 sesiones de una hora para tener todo el programa.

Laura estuvo conmigo y con Sharlene, y con una gran sonrisa en su rostro, en todas las sesiones. Cuando le preguntaba, ella me decía lo que le gustaba y lo que no. Casi siempre estábamos de acuerdo.

Mientras trabajaba en el nuevo programa largo, se descompuso mi auto. Por semanas había estado teniendo muchos problemas, se sobrecalentaba, así que lo usaba para ir a la pista de patinaje y regresar. Pero una mañana ya no encendió. Le hablé a una de las mamas de uno de los patinadores para ver si ella me podía recoger. Cuando llegué, le conté a Laura lo que había pasado. Me dijo que lo teníamos que llevar a que lo repararan. Apenas hacía unos meses, Laura había invertido $1,500 en el auto para que encendiera. Decidí que ninguno de los dos debía gastar ni un centavo más en el auto. No valía la pena, así que le dije que lo olvidara, que usaría mi bicicleta para ir a la pista en vez del auto.

Yo no tenía mi propia bicicleta pero heredé la de George cuando murió. Es muy bonita, rosa y morada, y es una de las mejores bicicletas de montaña. George la había comprado para hacer ejercicio. Pero ya estaba enfermo cuando la compró y después la trajo a casa y nunca la usó. Me sentía afortunado de tenerla, porque me veía obligado a usarla mucho. Todos los días andaba en mi bicicleta 3 millas y media desde el estacionamiento de trailers hasta la pista de hielo. Después eran 4 millas al gimnasio y después cerca de 8 millas para llegar a casa.

Yo sé que muchas personas sentían pena por mí por tener que andar en bicicleta para llegar a practicar todos los días, pero la verdad es que me sentía muy bien por ser independiente y no tener que pedirle dinero a Laura para arreglar el auto. El andar en mi bicicleta cerca de 16 millas todos los días también tenía su lado positivo. Realmente me ayudó a elevar mi resistencia. Tomaba clases de aerobics en el gimnasio y corría en la pista. El andar en bicicleta era un elemento más.

No tenía mucho tiempo para preocuparme sobre lo duro que era la vida sin un automóvil. Tan sólo me quedaban tres semanas antes del campeonato de división y todavía no tenía un programa corto. Ni siquiera había escogido la música. Entonces escuché todos mis CDs y decidí que usaría el Cánon en D de Johann Pachelbel. Siempre me gustó el Cánon de Pachelbel, pero tenía miedo de patinar con una música que no había utilizado anteriormente. Es una pieza clásica lenta y casi todo el mundo elige música rápida para el programa corto. Pero decidí que no me importaría la opinión de la gente, a excepción de Laura. De forma que toqué el Cánon de Pachelbel para ella y pensó que era hermoso.

A pesar de mi rompimiento con John y Kevin, decidí que quería que John pusiera la coreografía. Me gustaba su estilo y sabía que la música que había elegido era perfecta para ello. Desde que comencé a enseñar en el Ice Centre, veía con frecuencia a John y Kevin, y comenzamos a retomar nuestra amistad, pero todaíva me daba miedo pedirle a John que trabajara conmigo. De forma que Laura se lo pidió y John aceptó. Hicimos una cita para el día siguiente, y en menos de una semana ya tenía un nuevo programa corto.

Mi programa corto consistía básicamente en lo mismo que el año anterior, pero esta vez, en lugar de hacer un flip triple, decidí hacer un triple lutz. Es un salto mucho más difícil, pero no quería preocuparme por caerme en el triple flip de nuevo, lo que había hecho dos años consecutivos en el campeonato nacional. También decidí dejar de hacer mi traveling spin y en su lugar hacer el camel sit spin normal ya que toma menos tiempo. Esto me dió mas tiempo para hacer una coreografía interesante.

Después de que terminé de trabajar con John en la coreografía, tuve que mandar a hacer mi traje. La mujer que me había hecho mis trajes en el pasado, se había cambiado, de forma que fui con Julie Rosa, una fabricante de trajes de la localidad a quien yo admiraba por su trabajo. Para el programa largo, le dije que quería un traje de una pieza con algodón de licra en negro. Quería que el traje fuera ajustado, con puntas en las mangas y cuello alto. El único elemento decorativo sería una franja blanca alrededor del cuello, las puntas y los dos botones al final de cada manga. Mi plan era plasmar, posteriormente, cisnes al frente.

Le expedí a Julie un cheque por $120, lo que era increíblemente barato para un traje, y ella prometió tenerlo listo para mí en unos cuantos días. Era realmente satisfactorio para mí el poder pagar los trajes y la coreografía de John y Sharlene con mis propios cheques. Había tenido una cuenta bancaria por mucho tiempo, pero la había usado únicamente para depositar y retirar efectivo. Nunca había expedido mis propios cheques antes, así que esto me hizo sentir como un adulto que podía encargarse de estas cosas con su propio dinero.

Tres días después me entregaron el traje, y no pude esperar para probárlo en el hielo. Cuando adquieres un traje nuevo, siempre tienes que ver como se siente, y saber si te puedes mover libremente en tus saltos y giros. Cuando salí del probador, todos comenzaron a decirme lo elegante que se veía. Les mencioné a varias personas que estaba pensando plasmarle dibujos de cisnes y todos me dijeron que lo dejara como estaba. Por supuesto que esto sólo me hizo desear poner los cisnes aún más.

Laura me llevó a una tienda que se especializaba en aerografiar. Le describí al tipo lo que tenía en mente y me dijo que podría hacerlo, pero me advirtió que en vista de que el traje era demasiado ajustado, no garantizaba que la pintura no se cayera al momento de estirar la tela. No podía correr el riesgo, de forma que tuve que renunciar a mi idea.

Julie también hizo el traje para mi programa corto. Le pedí que me hiciera pantalones negros con una camisa plegada, en color crema. Debía de ondear y las mangas debían de caer hasta mis manos, de forma que no necesitábamos picos. Me puse un chaleco marrón sobre la camisa. Yo quería que Julie hiciera algo realmente romántico para que la música encajara, y eso fue lo que obtuve exactamente.

Antes de darme cuenta, estábamos de camino al campeonato de división en el sur de California; el campeonato se llevaría a cabo en la pista Pickwick en Los Angeles, la misma pista en donde Kristi y yo competimos como pareja por primera vez. Para ahorrar dinero, nos quedamos con la hermana del novio de Laura, Kathryn, en Ventura. En un día tranquilo, en automóvil, la pista nos quedaba a una hora y quince minutos.

La hermana de Andy era sensacional y tenía una casa pequeña pero muy acogedora. Era mucho mejor quedarse en la casa de alguien que en un hotel. El sitio era muy cómodo, de forma que pensé que lo mejor sería dormir. No hubo oportunidad. Estaba tan emocionado que apenas podía cerrar los ojos. Ya se me hacía tarde por levantarme e ir a practicar y mostrar a todo el mundo que Laura era mi entrenadora y que yo estaba patinando realmente bien. Eramos un gran equipo, y yo deseaba que todos los otros patinadores y entrenadores lo supieran.

Me levanté antes que todos y me puse mi traje de prácticas para estar listo e irme. Había aprendido mucho de John y Kevin, de forma que mi traje de prácticas era sencillo. Consistía en unos pants negros y una camisa roja de manga corta y cuello alto. Pero a pesar que lo que me sugirieron John y Kevin, y tal vez con mayor razón, me quedé con la barba de candado, me puse mi arete de nuevo y me peiné con pelo erizado y plano al frente. Hice lo que consideré me hacía sentir cómodo, y si los jueces no lo aprobaban, pues, ya pagaría las consecuencias.

Me puse mi traje de práctica y le dije a Laura: "Vámonos, vámonos, vámonos". Me sorprende que no me pegara. A esa hora del día cuando yo estaba completamente exaltado, podía ser realmente muy molesto.

Manejamos a la pista, el lugar estaba lleno de entrenadores y patinadores, cerca de setenta y cinco personas en total—no había espectadores. Los campeonatos de división no se organizan de la forma en que se hace con los nacionales, asignando a todos un tiempo para practicar. Por el contrario, debes comprar tu tiempo en el hielo, y después le toca al primero que pueda hacer que le toquen su música. Mucho depende de lo agresivo que sea tu entrenador para hacer que te toquen la cinta. Laura es pequeñita, pero no dejó que ninguno de los entrenadores nos bloqueara el paso. Desde donde estaba parado, pude oir que dijo: "Sigue Rudy. Sigue Rudy". Y por supuesto que seguí yo.

En la sesión de prácticas, todos los demás patinadores están en el hielo al mismo tiempo, así que cuando haces tu programa, tienes que cuidar de no caer en alguien más. Tomé mi posición de entrada para el programa largo, y comenzó la música. Hice mi primera combinación, un axel triple, un triple toe, y escuché algunos aplausos. Después continiué haciendo mi triple lutz, triple toe. Para ese entonces pude ver a la gente arremolinarse en los rieles, y a los entrenadores empujar a sus estudiantes para poder ver. Entonces hice el triple flip, triple toe. Me quedaba aún un minuto y medio más, y para entonces ya me sentía a mis anchas en el hielo. Todos los demás dejaron de patinar, y estaban observándome.

Realicé un programa limpio, desde el principio hasta el fin, y cuando terminé, comencé a hacer laps alrededor de la barandilla. Todos me daban golpecillos en la espalda diciéndome lo increíble que les parecía el programa. Pude ver a Laura sonriéndome desde la barandilla. Supe que estaba orgullosa de mí, y yo estaba orgulloso de lo que habíamos logrado juntos.

La siguiente práctica no fue hasta esa noche, de forma que manejamos de regreso a la casa de Kathryn y después hasta Los Angeles para mi sesión de práctica para el programa corto. Fue igual que en la mañana. Todos dejaron de patinar y me obsrvaron, y al final obtuve alabanzas y aplausos.

Por tres día consecutivos hice programas limpios. Yo sé que mucha gente se sorprendió de la forma tan buena en que estaba patinando después de retirarme durante ocho meses. No esperaban verme regresar patinando mejor de lo que lo había hecho anteriormente, especialmente con mi hermana como entrenadora.

Finalmente, comenzó la competencia. Llegamos a la pista con suficiente tiempo para calentar. Conforme ingresé a la pista, todos venían a desearme suerte. Aquí fue donde empecé a sentirme nervioso. John me dijo después que Laura estaba tan nerviosa que estaba temblando, pero ella nunca me lo hizo notar. Cuando estaba haciendo mis ejercicios de estiramiento, la gente trataba de acercarse, y Laura los retiraba con toda calma. Y siempre que la miraba, ella me respondía con esa cálida sonrisa. Todo iba a estar bien.

Después de calentar, me fuí a cambiar. Todos los demás patinadores eran super buenos conmigo, me preguntaban acerca de mi programa y acerca de la hora en que practicaría al día siguiente. Yo era cortés con todos, pero trataba de concentrarme en lo que debía hacer cuando saliera al hielo, así que hablaba lo menos posible.

Salí del vestidor y encontré a Laura, la tomé de la mano y caminé hacia donde practicaban los hombres durante seis minutos de calentamiento. Había únicamente seis hombres, y nos anunciaron en el orden en que competiríamos. Yo era el cuarto, salí al hielo e hice mis saltos, y cada vez que aterrizaba, la gente me aclamaba. Eso fue muy bueno, especialmente por el hecho de que yo no era un patinador local; generalmente los patinadores que vienen de otras partes no tienen una gran recepción.

Después de calentar, salí al hielo y caminé la mitad de camino por el corredor por debajo de la pista. No llegué muy lejos ya que quería escuchar como reaccionaba el público ante los programas de los primeros tres patinadores. Yo no solía escuchar al público porque de esa forma sabes si el patinador lo está haciendo bien y eso te pone nervioso.

Fue un error escuchar, ya que me puse nervioso y comencé a dudar de mi mismo ya que los tres patinadores anteriores lo habían hecho realmente bien. Tenía miedo de haber quedado fuera de la competencia. Para cuando finalizó el tercero le estaba apretando el brazo a Laura tan fuerte que le estaba cortando la circulación.

Entonces siguió mi turno y mencionaron mi nombre. Es una pista muy pequeña de forma que sólo caben unos cientos de personas, pero todos aplaudieron entusiastamente desde que empecé a patinar. Conforme comenzó la música, me sentí calmado. De hecho, me sentía increíblemente ligero, como si casi pudiera volar. Patiné hasta mi primera triple combination y aterricé suavemente. ¡Bien! Cada uno de los saltos que realicé después fue bueno. Todo el programa fue limpio y rápido. Sin un solo error.

Laura estaba esperandome para darme un gran abrazo tan pronto salí del hielo. Entonces la abracé para esperar los resultados. Yo esperaba tener 5.3s y 5.4s. Estaba equivocado. Mis calificaciones técnicas eran de casi 5.6 y 5.7, y tuve tres 5.8s en mis calificaciones de estilo. Nunca antes había recibido calificaciones tan altas. Laura y yo estábamos tan emocionados, y conforme salíamos mucha gente, incluso algunos de los jueces, se acercó y nos dijo lo hermoso que había sido el programa. Fue un programa lo suficientemente bueno para que me colocara en el primer lugar del programa corto.

Al día siguiente tuvimos otra sesión de práctica, y un día después tuvo lugar el programa largo. Al momento de pisar el hielo me sentí muy seguro, aunque me dolían los músculos. Me había sobrepasado en la práctica del día anterior.

Me coloqué en mi posición de apertura, la música empezó y patiné mi triple axel, triple toe. Fue perfecto, y la gente se volvió loca. Patiné alrededor de la pista y cuando hice mi triple lutz la gente aún estaba gritando y aplaudiendo por mi último salto. Yo quería que se callaran porque me estaban poniendo nervioso, pero nunca lo hicieron en todo el programa, y cuando terminé toda la pista era un verdadero estruendo.

Todas mis calificaciones fueron 5.7s, 5.8s y 5.9s lo que nunca antes en las competencias de división. Nadie había obtenido calificaciones tan altas y nadie más lo hizo esa noche. ¡Gané!

Yo creo que podría decir que el ganar las competencias de división no fue nada nuevo para mí ya que esta era la cuarta vez consecutiva que alcanzaba un primer lugar. Pero después de un retiro de ocho meses, con una completa y nueva actitud, y con Laura como mi entrenadora, esto representó un nuevo comienzo para mí. Las dudas se alejaron, el enojo también, y me sentí seguro, y me sentí amado. Y por primera vez en años, el patinar se volvió una diversión. Con tan solo un mes para el campeonato nacional en San José, podrían pensar que estaba nervioso. ¡Se me hacía tarde porque llegara el momento!

15

EL CAMPEONATO NACIONAL DE 1996

Laura y yo nos fijamos una meta durante el mes que transcurrió entre el campeonato de división y el campeonato nacional, y esa fue: congruencia. Como había patinado tan bien durante el campeonato de división, quedaba muy claro que ya estaba en perfectas condiciones, así que lo único que teníamos que hacer era mantener ese nivel de desempeño en mi práctica diaria normal y continuar con una sesión de hora y media en el gimnasio. Laura me hizo ver muy claro que no quería que le hiciera un drama, sólo esperaba un trabajo tranquilo y a conciencia conforme se acercaba el campeonato nacional.

Nuestro plan era muy sencillo, el único problema se presentó dos días antes del campeonato. Empecé a toser. Traté de ignorarlo, pero en cuanto Laura me oyó una mañana durante los ejercicios de práctica, me sacó de la pista y nos fuimos directo al consultorio. Como si me hubiera enfermado a propósito, me advirtió: "No me lo vas a volver a hacer. No hay excusas. Nos vamos al médico. Vas a tomar antibióticos. Te mejorarás". Y así sucedió después de varios días de tomar la medicina. Yo tampoco quería excusas.

Había algo que podía alterar la tranquilidad de nuestra rutina diaria: los medios de comunicación. Cada uno de los periódicos de la bahía publicó un artículo sobre mí, resaltando el hecho de que iba a competir en mi pueblo natal. Durante mucho tiempo había reclamado que la prensa nacional me tuviera abandonado. Me sentía un poco herido, pero tomando en cuenta mis dificultades para enfrentar la presión pública, quizá había sido una bendición el que no fuera un foco de atención. En parte tengo que agradecerle a la USFSA por haberme mantenido alejado de los reflectores; no me incluyeron en la guía impresa para los medios de comunicación. No puedo culparlos por la exclusión. En su opinión, no había razón para ponerme atención, pues era un venido a menos.

A pesar de las pocas expectativas de la USFSA, yo tenía una evaluación más optimista de mis posibilidades. Basado en lo que había logrado en el campeonato de división, pensaba que podría quedar en quinto o sexto lugar. En ese caso, seguiría compitiendo como amateur para mantener mis posibilidades de ir a las Olimpiadas. Si quedaba en una clasificación menor, me volvería profesional y obtendría trabajo en alguno de los espectáculos sobre hielo que reclutaban patinadores que no habían llegado a la cima.

El verdadero centro de atención del próximo campeonato nacional era la esperada batalla entre Scott Davis, Todd Elridge y Aren Nielsen. Scott había ganado dos campeonatos nacionales. Todd, que había quedado en sexto lugar, después de mí, en el campeonato nacional de 1993, se había convertido en el campeón nacional. Aren había ganado la medalla de bronce en el campeonato de 1995. Los tres habían estado en campeonatos mundiales por lo menos una vez; Todd había ganado medalla de plata en 1995, y tanto Todd como Scott habían competido en las Olimpiadas. Los magníficos records que ambos tenían aniquilaban cualquier ilusión que yo pudiera tener de ganar una medalla en el campeonato nacional, porque, a menos que ocurriera algún desastre en el último minuto, ellos tenían amarrados los tres primeros lugares. Sin duda se los habían ganado.

La semana anterior al campeonato nacional, yo realizaba dos sesiones oficiales de ejercicios de práctica al día. Por lo general, esa semana anterior a una competencia me tornaba callado y me aislaba, al punto de que casi no conversaba con nadie. La gente le preguntaba a Laura si me pasaba algo, pero ella les decía que no pasaba nada malo. El silencio era mi manera de manejar la presión. Eliminaba todo lo que me rodeaba y me refugiaba en mi propio mundo.

Esta vez no fue así. Sin la presión y con mi nueva/antigua actitud sobre mi estilo de patinar, me sentía relajado. Podía sostener una conversación y contestar preguntas como una persona normal. Al irse acercando la competencia, en lugar de aumentar mi aislamiento me centré, me calmé y me fui sintiendo más y más confiado. Me ayudó el hecho de que no se me fuera ni un solo salto durante las sesiones de práctica de toda la semana, y que mis rutinas fueron limpias hasta el final.

Era tan divertido que el campeonato nacional se realizara en mi pueblo natal. Podía dormir en mi propia cama y estar en casa con mi madre, en lugar de alojarme en un hotel con los demás competidores. Andy, el novio de Laura, no trabajó en toda la semana y durante el día, entre una y otra sesión de práctica, Laura, él y yo nos íbamos al Valley Fair Mall a comer y pasear.

Lo mejor de que el campeonato nacional se realizara en el gimnasio San José era que mi madre podría asistir. Ella no había podido ir a ninguna de mis competencias en los años recientes, porque temíamos que sus nervios no aguantaran los viajes. La medicina mantenía sus problemas mentales bajo control, pero aún estaba demasiado frágil. Sin embargo, ahora que la competencia se realizaría a unos cuantos kilómetros de casa, no había ninguna razón para que no asistiera.

Me quedé sorprendido cuando mi mamá se presentó a una de las sesiones oficiales de práctica durante la semana. Sin embargo, después de verme, y sabiendo que solía equivocarme en el programa corto, decidió que asistir a esa parte de la competencia sería demasiada presión para ella. Además, no quería que yo me preocupara por sus nervios, sabiendo que ella estaba en la tribuna. Le agradecí su interés, pero le hice prometer que estaría entre el público durante el programa largo.

La semana pasó volando y por fin llegó la víspera de la competencia nacional. Me acosté temprano, alrededor de las 9:30, pues tenía una sesión de práctica al día siguiente, a las 5:30 de la mañana. Como siempre, recé antes de dormirme, sólo que esta vez además de pedirle a Dios su bendición para mis seres queridos, le recé directamente a mi padre y a mi hermano. Les dije: "Papá, George: por favor, ayúdenme a realizar un programa corto sin fallas. Necesito hacer un buen papel aquí en San José".

Antes de quedarme dormido, visualicé mi programa corto. Empecé con un triple axel limpio y fácil. Después ejecuté el resto del programa sin que me fallara nada. En la visualización, al terminar el público estaba vitoreando de pie y yo me sentía feliz. Fue como en un sueño, tal vez lo fue, porque lo siguiente que recuerdo es la alarma del despertador, sonando a las cuatro y media de la mañana.

Después de tantos años de levantarme antes del amanecer, ya no me molestaba hacerlo, pero tampoco me habría molestado estar en uno de los grupos que iba a practicar más tarde, en especial cuando la competencia era hasta las seis de la tarde. Sin embargo, no podía hacer nada al respecto, así que me levanté, me bañé y me puse mi traje de práctica. Estaba demasiado nervioso para comer, por lo que me dirigí al gimnasio en el auto de Laura, ya que me lo había prestado durante toda la semana.

El gimnasio estaba casi vacío, sólo los seis patinadores de mi grupo estábamos ahí, con nuestros entrenadores y unos cuantos curiosos. Mi buen amigo Wayne se apareció por detrás de mí y me sorprendió dándome un gran abrazo de oso. Pensé que estaba loco al haber manejado media hora desde Belmont a esa hora, pero me dijo que quería estar ahí para apoyarme y me alegré de que así fuera. Tanto como me quejé durante mis momentos de depresión porque no tenía amigos, y aquí estaba Wayne, a las cinco de la mañana, parado junto a Laura, en la orilla de una pista helada y lanzándome una gran sonrisa cada vez que lo volteaba a ver. Si eso no es ser un amigo, no sé qué sea.

La práctica sólo duró veinte minutos, así que apenas si tuve una oportunidad para practicar mis saltos. Hice todas mis combinaciones de triples y triple-triple; di unos cuantos giros, y terminé con mi traveling camel spin. Todo parecía estar en su lugar: mis giros eran rápidos y estrechos, mis saltos de gran altura, y mis aterrizajes limpios. Me sentía mejor preparado y más relajado en este campeonato nacional, que al principio de mi carrera, cuando estaba con Kristi.

Después de la sesión de práctica, Laura, Wayne y yo nos fuimos a desayunar. Me estaba muriendo de hambre y me comí un enorme desayuno de huevos con tocino, papas, pan tostado y jugo de naranja. Wayne y Laura sólo me miraban comer. Yo no lo sabía, pero ella estaba tan nerviosa que no pudo comer en todo ese día. Cuando terminamos, Wayne se fue a trabajar, yo llevé a Laura a su casa y me regresé a la mía.

El resto del día fue muy tranquilo, tal y como lo deseaba. Aprovechando que tenía el auto de Laura, llevé a mi mamá al Fairview Mall y caminamos un rato antes de sentarnos a comer. Casi no hablamos, pero era normal, la mayor parte del tiempo mi mamá no habla mucho, y sé que se sentía nerviosa por mi competencia, así que habló todavía menos. Después de comer caminamos un poco más, y de regreso a casa pasamos a la tienda de abarrotes.

Cuando llegamos dormí una siesta de dos horas y me desperté como a las cuatro de la tarde, una hora antes de que tuviera que salir hacia el gimnasio, para llegar a tiempo de hacer mis ejercicios de piso, ponerme el traje y salir a la pista al calentamiento. La competencia estaba programada para empezar a las seis en punto, y yo estaba en el onceavo lugar de diecisiete patinadores.

Antes de irme metí bajo las cobijas de mi cama a los dos osos de peluche que Kristi me había regalado una Navidad; los acomodé uno al lado del otro, con sus cabezas sobre la almohada, como si estuvieran durmiendo juntos; después los besé y les dije: "Los amo, Boo Boo y Goo Goo (esos nombres les había puesto). Dénme buena suerte".

Encontrar a mis gatos para darles un beso en la frente a cada uno no era tan fácil, porque a mi última adquisición, Sky, le gustaba esconderse. El gato de George, Trucker, que es una mezcla de siamés, estaba parado en el centro de mi habitación, mirándome, así que me arrodillé y le di un beso. Star, que también es mezcla de siamés, estaba en el sillón de la sala durmiendo, y no se movió cuando la besé. Sky, mi gata nueva, a la que rescaté de las calles, todavía era una bebita; era una gata negra diminuta y se asustaba con facilidad, pero me las arreglé para encontrarla debajo de la cama, en la habitación que había sido de George.

Después de darle un beso de despedida a cada uno de los gatos, le dije adiós a mi mamá, le di un beso y le dije que no se preocupara, que me iría bien. Luego fui a casa de Laura para encontrarme con ella y con Andy, quien nos iba a llevar al gimnasio. Creo que ninguno de nosotros dijo ni una palabra en el auto. A pesar de que intentábamos relajarnos, todos estábamos muy tensos. Andy nos dejó en la puerta trasera y nos dio un abrazo a cada uno, nos deseó suerte y se fue al estacionamiento. Nos vería desde las tribunas.

Detrás del escenario, antes de una competencia de importancia nacional, el ambiente siempre se siente como una gigantesca olla de presión. Todos los entrenadores están parados junto a sus patinadores mientras calientan, y eso fue lo que hizo Laura. John Brancato, mi antiguo entrenador que diseñó la coreografía de mi programa corto, nos encontró ahí y se quedó junto a Laura. Se veían muy elegantes juntos. Todo el vestuario de John era de Ralph Lauren, y Laura vestía una falda larga estampada estilo oriental, con un chaleco de mezclilla.

Laura estaba totalmente concentrada en mí, mientras yo hacia mis estiramientos y air turns. Cada vez que volteaba a verla, ella me estaba mirando, asintiendo con la cabeza, asegurándome de que lo estaba haciendo bien. No dijo una sola palabra. No había necesidad de hacerlo, porque habíamos establecido una línea de comunicación silenciosa.

Luego de unos quince minutos, Laura me señaló con la cabeza en dirección al camerino. Era hora. Yo asentí y me dirigí hacia allá para vestirme y ponerme los patines. Sólo me tomó unos cuantos minutos el desvestirme y ponerme mi traje, después me puse los patines, que debía haber reemplazado hacía más de un año. Por lo general compro patines nuevos dos veces al año, pero estos eran los mismo patines que había utilizado durante el campeonato de 1995. Un par nuevo costaba cerca de 600 dólares, y aunque Laura me había ofrecido pagarlos, yo quería lograr todo por mí mismo. Desafortunadamente, para cuando había ahorrado el dinero suficiente, ya no tenía tiempo de acostumbrarme a los patines nuevos, así que tuve que usar los viejos. Terminé de amarrármelos, les puse las protecciones a las navajas, para caminar afuera de la pista, y salí del camerino.

Laura me estaba esperando con John, justo atrás de la puerta y los tres nos dirigimos por el pasillo que lleva a una área abierta junto a la pista. Mientras caminábamos, yo realicé todos y cada uno de mis tics, que ya no eran tan inconscientes. Me aclaré la garganta, me acomodé el pelo hacia atrás, giré los hombros y jalé la pretina de mi pantalón. Estoy seguro de que todas estas cosas eran inconscientes cuando empecé a hacerlas, pero con el tiempo tomé conciencia de ellas y ahora temía que, de no hacerlas, tendría mala suerte.

Nos quedamos parados cerca de la orilla, esperando al grupo de seis patinadores que serían llamados para su calentamiento, mientras tanto hice flexiones de rodillas, sosteniéndome de los brazos de Laura, que los tenía cruzados sobre el pecho. Me sentía bien y confiado, aunque un tanto impaciente.

Quería que anunciaran mi nombre para los ejercicios de calentamiento, para ver como respondía el público de 9,500 personas. ¿Qué tipo de bienvenida me darían?

Esperamos sólo unos minutos, que me parecieron eternos. Por fin empezaron a nombrarnos en el orden en que estábamos programados para patinar. El nombre de Scott Davis se escuchó justo antes que el mío, y la gente aplaudió. Cuando anunciaron: "Rudy Galindo", el público se volvió loco. Emitieron un rugido ensordecedor. Por un segundo me asusté, porque el sonido casi me hizo brincar de mis patines, pero también fue increíblemente emocionante.

Pisé la pista de hielo, hice un back spin y después patiné hacia la orilla, donde estaba parada Laura. Le di un traguito a la Coca Cola que me estaba sosteniendo y le pregunté si debía hacer un triple lutz. Me contestó que hiciera lo que yo quisiera. Todo dependía de mí. Así que hice un triple lutz que estuvo perfecto, y miré a Laura, que hizo un ligero movimiento de aprobación con la cabeza. Entonces hice cada uno de mis triples y combinaciones de triple-triple, y cada vez que tocaba el hielo el público vitoreaba. Tenía una sensación increíble al saber que estaban de mi lado, concentrados en cada uno de mis movimientos, al igual que Laura. Algunos de los muchachos me hicieron bromas después en el vestidor. Decían que podría haber hecho un simple waltz jump y me hubieran aplaudido. Después de todo era mi pueblo natal, y lo mismo hubiera pasado si la competencia se hubiese celebrado en el pueblo natal de cualquiera de ellos.

Tras realizar todos mi saltos, patiné hacia John y Laura para descansar, y ella me puso la mano en el brazo. Me encontraba mirando a los demás competidores en la pista cuando el locutor dijo: "Queda un minuto". Decidí que ya había hecho todo lo que quería y me salí de la pista para dirigirme hacia la parte trasera del escenario.

Scott Davis patinó justo antes que yo, así que mientras estaba detrás del escenario haciendo algunos stretches finales, oí a la gente gritar cuando él aterrizaba después de su triple axel y la combinación double-toe. Esperé a escuchar el aplauso para su triple lutz y, al parecer, también libró ese salto. Era el momento de regresar a la pista, así que caminé con Laura y John por el pasillo bien iluminado. Sacudía la cabeza de un lado al otro para simular lo que siento al hacer mis giros, sólo para acostumbrarme a lo que veo cuando los estoy haciendo.

Cuando llegamos a la pista, vi a Scott patinando. En ese momento estaba aterrizando de su double axel, y puso la mano en el hielo para evitar una caída. El público quedó sin aliento. Ese es uno de los movimientos obligatorios, por lo que representaba una reducción de dos décimas de punto. Me sentí aliviado al no ser yo el que estaba ahí, poniendo la mano sobre el hielo. Pero antes de que pudiera empezar a aparecer cualquier duda sobre mí mismo, eliminé ese pensamiento. Yo iba a patinar un programa limpio. Eso es lo que había visualizado y eso es lo que tenía toda la intención de hacer.

Mientras anunciaban las calificaciones de Scott, entré a la pista para hacer un waltz jump junto a las tablas, tan sólo un salto de calentamiento. El público estaba callado, esperando los resultados, pero cuando entré a la pista para mi pequeño calentamiento se podía escuchar a varias personas gritando desde diferentes partes del gimnasio: "¡Vamos, Rudy! ¡Vamos, Rudy!" Yo sonreí y miré hacia el hielo. Me dio pena, pero me encantó que me pusieran tanta atención.

Regresé a la orilla de la pista, junto a Laura, y ella me volvió a poner la mano en el brazo. El público seguía en silencio cuando el locutor anunció: "Con selecciones de música del *Canon en Re*, de Johann Pachelbel, y representando al Club de Patinaje St. Moritz, de Berkeley, California: Rudy Galindo". Mientras el público vitoreaba, yo me incliné para darle un beso a Laura. Ella me dijo: "Mantente firme. Mantente firme". Lo que me quería decir era: "No permitas que esos diablillos que tienes dentro de la cabeza te dominen. Yo sé que puedes lograrlo".

Con las últimas palabras de Laura, patiné hacia mi posición de inicio mientras el público se tranquilizaba. Yo nunca patino directo al lugar donde debo empezar, hago círculos hasta que siento que estoy listo, y en esta ocsión eso me ayudó, pues mientras iba haciendo los círculos mi patín derecho se resbaló en algo, lo cual no importa gran cosa cuando sólo se está patinando, pero al realizar un salto, un pequeño resbalón puede ser la diferencia entre un aterrizaje perfecto y caer en el trasero. En cuanto tomé mi posición, levanté el patín y le quité algo de basura que se le había pegado a la navaja cuando salí del tapete de hule al hielo.

Me ajusté el traje, puse las manos a los lados, levanté la cabeza, miré hacia la pared de cemento que estaba en las tribunas y me concentré en ella, mientras esperaba que empezara la música. En esos cuantos segundos, me dije a mi mismo, con tranquilidad: "Sólo recárgate en ese círculo, inclina tu hombro derecho en el primer triple axel y, cuando aterrices, limítate a realizar el triple toe.

La música comenzó y yo me dirigí a mi primer triple-triple: golpe, golpe, golpe, salto. En esa décima de segundo en que terminé tres y media revoluciones en el aire, mientras aterrizaba, vi con el rabillo del ojo que Laura, que estaba junto a la pista con las manos enlazadas, deteniendo la respiración y recargada en John, daba un pequeño salto. Fui de inmediato al triple toe y al levantarme, los hombros de Laura se levantaron conmigo. Siguió haciendo eso durante todo el programa, contando conmigo, concentrándose en el arranque, y saltando tras cada aterrizaje limpio. John me diría después que, a la mitad de mi programa, le había tenido que recordar a Laura que respirara.

Desde el momento en que aterricé mi primer triple axel, tenía una sonrisa en la cara. Con cada salto, y al tiempo que el público gritaba más fuerte, mi sonrisa se fue ampliando más y más. Era el tipo de sonrisa que no se puede borrar de la cara, aún cuando uno quiera. No había razón para que yo dejara de sonreír, porque no perdí ni un movimiento y me estaba divirtiendo muchísimo.

Inicié mi tercer, y último, triple obligatorio, el triple lutz. Al dar una vuelta en el hielo, pensé: "Haz un doble, haz un doble". En realidad yo no iba a realizar un doble, pero al pensar en hacerlo se evita girar anticipadamente. Cuando uno está tan ansioso por realizar un salto, ese truco mental ayuda a evitar que, al prepararse para golpear el hielo con la punta del patín para lanzarse al salto, uno empiece a girar la parte superior del cuerpo antes que la parte inferior. Me dije a mí mismo: "No gires anticipadamente, sólo fusiona todo al mismo tiempo".

Golpeé el hielo, me levanté en el aire, giré tres veces y realicé el aterrizaje para lograr un triple lutz perfecto. Restaba el double axel final, un salto fácil que había realizado mal en varias ocasiones Laura me confesaría después que cuando yo lo estaba iniciando ella pensaba: "Oh, Dios, este es un salto fácil. Mantén a esos malditos demonios lejos de tu mente. Este es tu último salto. Sólo házlo, Rudy". Yo salté, arrebaté dos revoluciones y media y aterricé en un colchón de aire. Al empezar mi siguiente movimiento, una espiral, vi que Laura estaba sonriendo, con los puños en alto y diciéndome: "¡Lo hiciste!".

Lo había logrado, y se me notaba en la cara. El público también lo sabía, y ya estaba de pie y vitoreando cuando yo realizaba mi footwork final y patinaba para hacer mi última combinación de giros. Fue una ovación enorme, la sensación que tuve fue por completo didistinta a todas las que había experimentado antes. Cuando terminé mi giro y me detuve, levanté las manos al aire y salté varias veces. Ese fue uno de los momentos culminantes de mi vida y durante unos cuantos segundos me quedé ahí parado, disfrutándolo.

Cuando por fin me serené, hice una caravana rápida, patiné tan rápido como pude y salté de la pista directo a los brazos de Laura. "¡Lo logré, lo logré!". Había logrado un programa corto limpio, y lo había hecho frente al público de mi pueblo natal. Fue un momento delicioso, con el que me sentí recompensado por todos esos años de fracasos.

Laura y yo nos sentamos tranquilamente a esperar que aparecieran mis calificaciones. Yo pensaba: "Tal vez pueda obtener un quinto lugar, tal vez lo logre". Yo sólo quería alcanzar el quinto lugar, porque eso significaría que me podrían incluir en el reportaje deportivo de la ABC, que transmite las rutinas de los primeros seis lugares de patinaje.

Cuando aparecieron las calificaciones de técnica el público empezó a abuchear, aún antes de que yo tuviera oportunidad de asimilarlas. Mientras el locutor estaba leyendo las calificaciones, los abucheos se tornaron más y más fuertes. La mayoría estaba en el rango de 5.7 a 5.8, lo cual me pareció bueno, considerando que no había logrado un programa corto limpio desde hacía varios años. En el patinaje, los jueces tienden a tomar en consideración el desempeño anterior, y yo tenía una mala trayectoria en competencias.

Cuando las calificaciones de estilo aparecieron fueron ligeramente más altas. El público seguía abucheando. Mis calificaciones me llevaron al tercer lugar, después de Todd y Scott. Era obvio que el público pensaba que me merecía estar más arriba, pero yo me sentía emocionado por haber logrado el tercer lugar, y me abrazaba con Laura mientras caminábamos a los camerinos.

Durante la conferencia de prensa que se realizó después de que finalizaron los programas cortos, los reporteros me preguntaron si pensaba que mis calificaciones debían haber sido más elevadas, tomando en cuenta que yo había sido el único de los tres patinadores dominantes que había realizado una combinación triple-triple (Scott y Todd habían hecho triple-doble y Scott había bajado la mano en el double axel), pero yo estaba tan satisfecho de estar en tercer lugar, dos escaños más arriba de lo que me había imaginado, que con toda honestidad les dije que estaba contento de estar en tercer lugar, y que si terminaba en tercer lugar general sería fantástico, pues eso significaría que podía ingresar al equipo mundial por primera vez, desde que me separé de Kristi. Lo que nadie mencionó y que ni siquiera a mí se me ocurrió, fue que el tercer lugar me ponía a una corta distancia del primero. El programa corto representa sólo una tercera parte de la calificación final. Si terminaba en primer lugar en el programa largo, ganaría la medalla de oro. Pero todos sabían que Todd iba a ganar, así que esa idea ni siquiera nos cruzaba por la mente.

Durante los siguientes dos días, en la prensa se publicaron muchas especulaciones sobre la forma en que se calificó el programa corto. Jere Longman, del *New York Times*, escribió que me "habían dado lo que parecían ser calificaciones artificialmente bajas". También dijo que mi desempeño era lento y que me "faltaba footwork creativo", con lo que, desde luego, no estaba de acuerdo. No obstante, hizo notar que la gente del mundo del patinaje especulaba que lo que en realidad me frenaba eran otras cosas, como por ejemplo mi barba de perilla, el hecho de que no contaba con los títulos que tenían mis competidores, y que en el nuevo libro sobre patinaje de figura de la periodista Christine Brennan yo había declarado que era gay. Me extrañaría que alguien se sorprendiera de tal descubrimiento, pero en el mundo del patinaje, si uno es gay se lo debe callar.

Por fortuna, por lo general evito leer cualquier cosa que se escriba sobre mí, así que no vi ninguno de esos recortes sino hasta que ya habían pasado varios meses después de la competencia. Lo último que necesitaba hacer en el lapso entre el programa corto y el largo era verme envuelto en chismes, rumores y especulaciones.

Después de la conferencia de prensa, Laura y yo bajamos al pasillo para participar en el sorteo para el programa largo. Teníamos los brazos llenos de las flores que me habían traído mis fanáticos, y nos íbamos riendo por los esfuerzos que hacíamos para no tirar ninguna, y para evitar tropezar con otras personas.

En el sorteo, que se llevó a cabo en una de las salas de juntas del gimnasio, los patinadores que ganamos los cinco primeros lugares nos sorteamos los últimos cinco puestos —del trece al diecisiete— en el programa largo. Como yo quedé en tercer lugar, fui el tercero en escoger. Al meter la mano a la bolsa tomé sin querer dos hojas de papel; me quedé con el que tenía más cerca y dejé caer la otra. Saqué la mano de la bolsa y desdoblé el papel: tenía el número diecisiete, el último lugar, y eso no me agradó nada. Me gusta ser el primer o segundo patinador, en cuanto terminan los ejercicios de calentamiento. No me agrada estar esperando, haciendo esfuerzos por no escuchar cómo les va a los demás. Laura trató de convencerme de que ser el último era bueno, ya que, por lo general, los jueces guardan las calificaciones más altas para el final, previendo que las van a necesitar para los mejores patinadores. Yo no estaba muy convencido, pero no iba a dejar que el sorteo acabara con la emoción que aún me invadía al salir del gimnasio y subirme al auto de Laura para regresar a casa.

Cuando llegué, le conté a mi mamá lo bien que me había ido y se sintió aliviada. A mí me hacía sentir muy mal que ella se pusiera tan nerviosa a causa de que yo patinara, pero no podía hacer nada al respecto, excepto asegurarle que todo iba a salir bien, a pesar del lugar en que quedara.

Teníamos un día entero entre el programa corto y el largo, que estaba programado para el sábado a las cuatro de la tarde. Era mucho tiempo para pensar sobre lo que ya había pasado y para anticipar el futuro. El viernes, mientras me encontraba en casa, recibí varias llamadas telefónicas de reporteros de periódicos locales y nacionales que querían saber cómo me sentía por el hecho de haber quedado en tercer lugar y qué esperaba para el programa largo. La noche anterior, Laura me había recordado durante el camino a casa que no me sintiera demasiado confiado, así que les di la misma respuesta a todos: "Pueden suceder muchas cosas, y lo que pase, pasará". Desde luego, yo sí estaba pensando en lo que podía pasar. Antes que nada, esperaba mantenerme en el tercer lugar, pero me recordé que no debía ser tan ambicioso, porque tan sólo un día antes de la idea de quedar en cuarto o quinto sitio me hacía muy feliz. Sólo necesitaba concentrarme en hacer las cosas lo mejor posible y en divertirme, sin pensar en el lugar en que iba a quedar, pero lograr eso implicaba un gran esfuerzo.

Lo único malo del tercer lugar era la presión a la que me

sometía para que ejecutara el programa largo igual de bien, o mejor. Ahora la gente esperaba algo de mí. ¿Qué pasaría si yo no salía tan bien como esperaban? ¿Se desilusionarían? Me tuve que detener a la mitad de ese pensamiento y recordarme que nada de eso importaba. Lo que importaba más era que, saliera como saliera, mi familia y mis amigos me seguirían queriendo, y el público de mi pueblo natal me iba a querer porque patinaba para ellos.

Ese día comenzó con las sesiones de práctica, y después anduve paseando con Laura y con Andy la mayor parte del día. Por la noche, antes de dormirme, recé igual que siempre y les di las gracias a mi papá y a George por haberme cuidado. Les pedí que lo hicieran una vez más, y que me ayudaran a realizar un programa limpio.

Me costó trabajo quedarme dormido, así que hice lo mismo que la noche anterior del programa corto. Visualicé que realizaba un programa largo perfecto, que me aplaudían de pie, y que yo me inclinaba ante el público. Para la tercera vez que lo repasé, me quedé profundamente dormido. Después de tantas emociones y de dormir poco la noche anterior, necesitaba descansar.

A la mañana siguiente, Laura y Andy me recogieron a las diez para ir a una última sesión de práctica. Camino al gimnasio traté de imaginar que sólo se trataba de una sesión de práctica como cualquier otra; como si no se fuera a celebrar una competencia más tarde. Laura se paró junto a la pista de hielo, sosteniendo mi té de limón con mucha azúcar y una lata de Coca Cola. John Brancato asistió a la práctica de esa mañana, y Laura le pidió que sostuviera mi botella de agua.

En algún momento durante la sesión de práctica miré mis manos, y vi que el guante derecho tenía un hoyo. Sé que esto suena absurdo, pero casi me perdí. En estado de pánico, patiné hacia Laura y le mostré el guante: "Hay un hoyo en mi guante". Laura me miró y yo la miré. En ese momento me di cuenta de que estaba corriendo riesgos. Bueno, pues no era una sesión de práctica como cualquier otra. Me encontraba bajo una fuerte presión, pero el solo hecho de que tuviera un hoyo en el guante no quería decir que el día entero iba a ser un desastre. No se trataba de un mal presagio. Era tan sólo un hoyo y nada más.

A los quince minutos de haber realizado todos mis saltos, salí de la pista y empaqué mis cosas para irme a casa. Antes de separarnos, le pregunté a Laura qué pensaba ponerse para asistir al programa largo. Ella me contestó: "No lo sé, algo informal y profesional". Yo pensé que algo profesional estaba bien para los demás entrenadores, pero yo quería que Laura se viera profesional y hermosa. Por lo tanto le pedí que usara su vestido negro que le quedaba maravillosamente, y ella me prometió que lo haría.

Andy llevó a Laura a casa para que yo me pudiera llevar otra vez su auto; en el camino fui al cementerio a visitar la tumba de mi padre. Era fácil encontrar el lugar donde estaba enterrado, porque se encuentra en la orilla del terreno, entre las tumbas nuevas. Sólo había un rótulo provisional con su nombre y sus fechas de nacimiento y defunción. Cuando murió, no teníamos dinero suficiente para una lápida.

Me paré ante la tumba de mi padre y le dije: "Por favor, papá, ayúdame a mantenerme en pie esta noche. Es hora de que yo le pague a mi familia algo de lo que le debo". Yo sé que a mi padre le habría gustado que cuidara a mi mamá y a Laura. Sabía que si salía bien en la competencia nacional estaría en una mejor situación para pagarle a Laura todo lo que había invertido en mí y para ayudar a mi mamá a cambiarse a una casa mejor.

Puse sobre la tumba de mi padre una rosa roja que había tomado de la gran cantidad de flores que me habían regalado después del programa corto. Luego regresé al auto y me fui a casa. Deseé que mi padre estuviera vivo, para acompañarme a la pista esa tarde. Se habría sentido tan orgulloso.

Sólo me quedaban unas cuantas horas para pasarlas en casa antes de tener que pasar por Laura para ir al gimnasio. Andy pasaría más tarde a recoger a mi mamá. Ambos planeaban sentarse a ver la competencia al lado de Reuben y Wayne.

Como siempre, antes de salir metí a Boo Boo y a Goo Goo a la cama y después me despedí de mis gatos con un beso. Sólo que esta vez no podía encontrar a Sky, y no me iba a ir sin besarla. La busqué por todas partes y por fin la encontré acurrucada, durmiendo en el montón de flores que estaba en la mesa de la cocina. La levanté y le di un beso en la frente y ella me lamió la nariz. Creo que esa fue su manera de desearme buena suerte. Mi mamá me acompañó a la puerta y me dio un beso de despedida. Antes de subirme al auto, les dirigí una última oración a mi papá y a George: "Por favor, ayúdenme a realizar un programa largo perfecto".

Conduje el auto a casa de Laura, toqué a la puerta y cuando salió me dejó sin habla: Traía el vestido negro que le había pedido que se pusiera, y se había peinado hacia arriba, con una provocativa trenza estilo francés. Nos subimos al auto y casi no dijimos una palabra durante el corto trayecto al gimnasio. Cuando hablamos sobre eso al día siguiente, descubrimos que ambos estábamos pensando lo mismo: que lo único que yo tenía que hacer era sostenerme en el tercer lugar, para así ingresar al equipo mundial. Ninguno de los dos nos permitimos pensar lo que sucedería si caía al cuarto lugar. Y no nos atrevimos a ilusionarnos con lo que pasaría si lograba algo mejor que el tercer puesto. No quisimos echarlo todo a perder.

En el gimnasio, Laura y yo pasamos por la misma rutina de calentamiento de dos días antes. Después de que hice mis estiramientos, me dirigí al camerino para ponerme mi traje y mis patines. Me encontré con Laura afuera del camerino y caminamos juntos hacia la pista.

En la orilla de la pista me volví a sostener del brazo de Laura para realizar mis ejercicios de flexión de rodillas. En realidad estaba tranquilo, pero me puse nervioso cuando llamaron a mi grupo para que calentara.

A pesar de lo que sentía, realicé un buen calentamiento. Desafortunadamente, como estaba programado para patinar al final, me quedaba una espera de 45 minutos antes de que me llamaran a ejecutar mi programa. Así que me fui detrás del escenario y me quité los patines. Le pedí a Laura que me prestara su walkman, sintonicé una estación de rock y puse el volumen muy alto para amortiguar el sonido del público. No quería escuchar cómo reaccionaba ante las actuaciones de los demás patinadores. Me senté en un rincón, cerré los ojos y me imaginé que estaba en casa, en mi habitación.

Cuando faltaban dos patinadores, Laura se acercó y me dijo que era hora de ponerme los patines, lo hice de inmediato, y luego caminamos hacia la pista. Una vez más repasé mis tics de rutina: me aclaré la garganta, giré los hombros, me pasé las manos por el pelo y ajusté mi traje.

Todd Eldridge patinó antes que yo, y estaban anunciando sus calificaciones cuando ingresé a la pista para realizar un calentamiento rápido. Después de un par de waltz jumps regresé hacia donde estaba Laura, miré las calificaciones de Todd, me reí entre dientes y me dije: "Sí, correcto". Todd no realizó ninguna combinación de saltos y triple-triple, y sólo hizo cinco triples en general, pero patinó un programa limpio con el que logró calificaciones tan altas, que imaginaba que yo ni siquiera me le podría acercar.

Justo antes de que anunciaran mi nombre, me di cuenta de que Laura se había puesto el saco para que nadie viera su vestido. Le pedí que se lo quitara y que me lo diera, cosa que ella hizo; yo lo dejé en una silla. Se veía espléndida y yo me sentía muy orgulloso de que todos supieran que mi entrenadora era mi hermana.

Por fortuna, antes de ingresar a la pista no sabía en qué lugar habían quedado los demás patinadores, porque me habría sentido amedrentado. Todd estaba en primer lugar y Dan Hollander, un nativo de Michigan de 23 años, famoso por sus potentes saltos, había salido de la nada y saltado al segundo lugar, después de realizar siete triples, incluyendo una combinación de triple-triple. Scott Davis, quien había tenido problemas con sus triples, había caído al tercer lugar.

Mientras esperaba que me presentaran, estaba pensando: "Sólo tienes que lograr esa primera combinación de saltos y luego te puedes relajar un poquito". Ya me estaba poniendo muy nervioso, cuando me anunciaron: "Patinando al compás de selecciones del ballet *El lago de los cisnes,* y representando al Club de Patinaje St. Moritz, de Berkeley, California: Rudy Galindo". El público rugió; fue el rugido más potente que he escuchado en mi vida. Pensé: "Dios mío, voy a tener que patinar bien porque esta gente espera un programa imponente".

Le tomé la mano a Laura. Ella me dijo que me mantuviera firme y me dio un beso. Yo patiné hacia la pista para tomar mi posición de inicio. Al ir patinando, el vitoreo se hizo aún más fuerte. Yo quería decirles: "Silencio". La gente en los tribunas me estaban poniendo tan nervioso que me temblaban las piernas. Miré hacia arriba y vi que mi mamá estaba congelada en su asiento y que Andy ya estaba llorando.

Al ir patinando hacia el centro de la pista, me sentí como si estuviera soñando; la única diferencia era que, de haber estado dormido, el sonido de los latidos de mi corazón me habría despertado. Parecían aún más fuertes que la gente.

Seguí patinando hacia el punto de inicio y vi a los jueces a mi izquierda, pero miré por arriba de sus cabezas. No quería sentir una presión adicional al ver las expresiones de sus caras. Me detuve en el punto de la pista en que terminaban la mesa de los jueces y un pilar de concreto. Traté de disminuir los latidos del corazón haciendo un par de respiraciones profundas, porque no quería utilizar esa energía valiosa que iba a necesitar durante el programa de cuatro minutos y cuarenta segundos.

Tomé mi lugar. Se suponía que debía evocar a un cisne, con los brazos atrás de mí, la pierna izquierda doblada—casi un lunge—y la pierna derecha estirada hacia atrás. La espalda arqueada y la cabeza volteada, mirando sobre mi hombro izquierdo.

Sólo transcurren diez segundos entre el momento en que uno toma su posición y el inicio de la música. Durante ese lapso yo me preguntaba: "¿Cuándo va a empezar la música?

¿Ahora? ¿Ya viene? Que se apuren, porque es difícil mantenerse inmóvil". De repente, empezó la música, tomé una última respiración profunda y pensé: "Allá voy".

Cuando empecé a patinar me sentía confiado, pero al iniciar mis pasos me fui hacia atrás y casi me tropiezo. Nadie lo podía ver, pero yo lo sentía en la navaja. Me rehíce y pensé: "Nada me va a detener esta vez". Estaba decidido a no caerme, así que, al hacer un círculo patinando para enfocarme a mi primer triple axel, doblé las rodillas más de lo normal, para estar más apoyado en las navajas. Al acercarme al punto de despegue levanté los brazos y salté: tres y media revoluciones y un segundo después aterricé con suavidad, mirando hacia atrás. Después volví a levantarme en la punta del patín para hacer el triple toe loop—giro, giro, giro. El público rugió tan fuerte que apenas podía escuchar la música. Al aterrizar pensé: "Esto es demasiado fácil". Y aparentemente fue un triple-triple sin falla, porque después escuché que el locutor, Dick Button, estaba a punto de gritar: "¡Este ha sido el mejor momento de esta competencia varonil hasta ahora!"

Con una enorme sonrisa en la cara, realicé otra combinación triple-triple: un triple lutz, triple toe loop. Fui el único patinador de la competencia que realizó dos triple-triples. Era tan raro, no sentía que estuviera trabajando árduamente y estaba obteniendo una gran velocidad y altura, y aterrizando con limpieza. En parte tenía que ver con el árduo entrenamiento que realicé, así que tenía mucha energía. Pero había algo más. Sé que suena como una locura, pero cuando patinaba hacia un salto, me sentía como si me estuvieran levantando de la pista desde arriba, como si George, mi padre y mis entrenadores Jim y Rick estuvieran ayudándome desde el cielo a lograr mis saltos. En verdad me sentía como si ellos fueran el viento bajo mis alas.

Mi padre, George, Rick y Jim estuvieron conmigo el resto del programa. Ni siquiera tuve que pensar en lograr altura porque me estaban levantando de la pista como si estuviera en un arnés. Era una sensación sorprendente. De vez en cuando le echaba un vistazo a Laura, que en la orilla realizaba todos los movimientos junto conmigo.

Con cada salto, el rugido del público aumentaba más y más, hasta que casi me hizo volar de la pista. Hacia el final del programa sentí que quería realizar otro salto, sólo para demostrarle a 11,000 personas en las tribunas lo que podía hacer y para escucharlas rugir; era embriagante.

Cuando me faltaba menos de un minuto, me quedaba mi octavo triple y habría terminado con los saltos. Me sentía tan relajado que al patinar frente a la mesa de los jueces, hice contacto visual con uno de ellos, que es algo que no había hecho en muchos años, pero me sentía tan confiado que lo hice y el juez me sonrío. Después vi a una de las alumnas de Laura en la primera fila y al pasar frente a ella al final de la pista, la saludé con la mano. Nunca, nunca había hecho eso en una competencia, pero me pareció que era algo natural. Después realicé mi último triple, lo fijé y me dirigí a mis últimos giros de la competencia.

Para entonces estaba volando por el hielo, embriagado con el rugido de la gente y con mi propia emoción, estaba seguro de que por lo menos había logrado ingresar al equipo mundial. Inicié mi última combinación de giros, apretando todos los músculos, luchando contra la increíble fuerza centrífuga, casi sin poder respirar, y esperé mi pauta para terminar, pero estaba girando en el hielo demasiado rápido para fijar la vista, y tenía problemas para escuchar la música. No había ningún problema con mi sentido del oído ni con el sistema de sonido. Era el público. Estaban todos de pie, aplaudiendo y vitoreando enloquecidos, y lo hacían tan fuerte que tuve que esforzarme para escuchar mi última pauta.

Al terminar mi giro ya estaba llorando y adopté mi última posición. Puse mi brazo derecho alrededor de la cintura y subí el izquierdo hacia el cielo. Miré hacia la alfarda y aún cuando no podía ver a mis ángeles guardianes, sabía que ahí estaban. Me abracé, me incliné para darle las gracias a los miles de personas que estaban aplaudiendo en las tribunas, y miré hacia el lado de la pista en el que estaba parada Laura. Pude percatarme de que estaba llorando y patiné hacia ella tan rápido como pude, salí de la pista y la abracé gritando sobre su hombro: "¡Gracias, Papá. Gracias, George. Gracias, Jim. Gracias, Rick!". Sin ellos no lo habría logrado.

Laura y yo caminamos con John Brancato al área de felicitaciones, donde esperamos a que aparecieran mis calificaciones. Sentado entre Laura y John, sosteniendo la mano de Laura y con previo conocimiento del lugar en que quedaron los demás patinadores, supuse que lo mejor que podría lograr sería un segundo lugar. Estaba seguro de que los jueces no me darían calificaciones más altas que las de Todd.

Las calificaciones técnicas fueron principalmente de 5.9. Le apreté la mano a Laura, eran magníficas, pero estaba seguro de que las de estilo serían más bajas. Sostuve la respiración en espera de esas calificaciones, y en ese momento el público empezó a corear: "¡Seis, seis, seis!" Reuben fue el que inició el coro. Miré a Laura y me sonreí entre dientes: "Sí, claro, cómo no". Era imposible que algún juez me otorgara un 6.0, sobre todo porque nunca antes me habían dado uno.

Por lo general, al decir las calificaciones anuncian: "Las calificaciones de Rudy Galindo de competencia y estilo son . . .", y entonces aparecen en la pantalla de la computadora mientras el locutor las va leyendo. No sé por qué, pero las cifras aparecieron sin que las anunciaran, habían dos 6.0. El público hizo erupción. Estos eran los primeros 6.0 que se le habían concedido a un patinador en competencias nacionales desde 1988. Yo estaba impactado, y antes de que pudiera reaccionar, la clasificación final apareció en la pequeña pantalla de la televisión que estaba en el área de felicitaciones: yo aparecía en primer lugar, por encima de Todd. Grité y brinqué varias veces, y Laura, John, y yo nos abrazamos. En un par de segundos los resultados finales aparecerían en el tablero del gimnasio, y cuando eso sucedió, se armó un gran alboroto. Pensé que el ruido iba a volar el techo del edificio.

Nos abrazamos y lloramos más, y luego nos salimos del área

de felicitaciones (que justifica su nombre por buenas razones) y de inmediato nos encontramos con un par de alumnos de patinaje de Laura. Estaban trabajando como voluntarios y como tales tenían que ser muy profesionales, pero nos abrazaron y besaron; todos estábamos saltando. Hay pocos momentos en la vida que se pueden describir como totalmente felices, pero para mí ese fue uno de ellos.

Al llegar detrás del escenario, las medallistas Olímpicas de patinaje de figura, Peggy Fleming y Debi Thomas, se me acercaron; Peggy me dijo: "Bienvenido a tu nueva vida". Debi agregó: "Ya nada será igual". Yo no estaba seguro a qué se referían, pero no tuve tiempo para pensarlo, porque me arrastraron por el corredor a la sala en la que estaba por empezar la última conferencia de prensa.

La conferencia se llevó a cabo en un salón alejado de la pista, justo donde termina el corredor por el que salen los patinadores de la pista. Había espacio para unas cien personas, pero parecía que muchas más estaban apiñadas ahí, junto con los representante de la USFSA, los jueces, las cámaras de televisión y todos los reporteros locales y nacionales. Cuando entré a la sala con Laura, el ambiente se sentía electrificado, como si todos los que estaban ahí le hubieran imbuído la emoción de la competencia al salón. Por lo menos Laura y yo seguíamos flotando.

En la parte delantera del salón había una mesa larga sobre una tarima elevada. Yo estaba sentado en el centro de esa mesa con Laura a mi lado. Todd Eldridge y Dan Hollander estaban sentados a mi izquierda y mi derecha, con sus entrenadores. Dan estaba tan entusiasmado como yo, pero dadas las expectativas que todos habían tenido acerca de Todd y las expectativas que Todd tenía de sí mismo, no era sorprendente que estuviera algo callado.

La mayoría de las preguntas estaban dirigidas a mí: "¿Cómo te sientes?". "¿Qué estás pensando?". "¿Alguna vez imaginaste que ésto pasaría?". "¿Es un sueño hecho realidad?". "¿Qué se siente ganar en tu pueblo natal?". Era tan divertido contestar satisfactoriamente todas las preguntas. "Se siente como un sueño . . .". "Todavía estoy en estado de conmoción . . .". "Ayer visualicé que realizaba un programa limpio y que salía de la pista con la gente de pie y vitoreando . . .". "Mis saltos parecían ligeros y fáciles. No sé si fue a causa del entrenamiento adicional o de ayuda celestial . . .".

Un reportero me preguntó cómo podía comparar ésto con la ocasión en que gané la competencia nacional con Kristi, y yo contesté: "Es mucho más dulce hacerlo solo". También me preguntaron acerca del dinero, de lo que iba a hacer con él. Como campeón nacional tendría muchas oportunidades de ganar dinero. Incluso antes de entrar a la conferencia de prensa, Laura y yo ya habíamos hablado con Harris Collins, una de las personas que manejan la Gira de Campeones Mundiales de Patinaje de Figura, una gira prominente patrocinada por Tom Collins Campbell's Soup. Él nos había pedido que no firmáramos nada antes de hablar con él.

En respuesta a la pregunta del dinero, dije: "Supongo que podré pagar mi tiempo en la pista el año próximo. No tendré que pararme en una esquina con un rótulo que diga: "Trabajo a cambio de comida". Me hicieron una pregunta acerca de cómo me había mantenido durante el año anterior y yo les expliqué: "Tuve que impartir clases y ahorrar para la coreografía y para mi vestuario. Desde luego, mi hermana viene gratis". Sin parpadear siquiera, Laura dijo: "Ya no". Todos se rieron, incluyéndome a mí.

Durante la conferencia de prensa no se me ocurrió que alguien me hiciera preguntas acerca de mi homosexualidad, pero cuando Laura y yo intentábamos salir de la sala de conferencias, nos rodearon algunos reporteros que aún tenían preguntas y ahí fue donde me preguntaron cómo se sentía ser el primer campeón nacional que no ocultaba su homosexualidad. No había pensado en ello. Dos cosas pasaron por mi mente: "No sé qué debo decir, y lo último que quiero hacer es hablar de algo que me vaya a meter en problemas con la USFSA". Así que dije: "Sin comentarios". Supuse que más adelante habría tiempo de manejar esto.

ICEBREAKER

En cuanto terminó la conferencia de prensa, me llevaron a hacerme análisis anti-doping, lo cual es un procedimiento normal. Entré al laboratorio y me dieron un vasito envuelto para que orinara en él, lo cual es todo un reto. A causa de la emoción, tuve que hacer un verdadero esfuerzo de concentración para que mi mano no temblara.

Después del análisis, salí con Laura y John hacia el lado de la pista, donde esperamos junto con Todd, Dan y Scott Davis, quien había quedado en el cuarto lugar, para que pusieran el podium de premiación en el centro. Dan y yo parecíamos niños con la nariz aplastada en el escaparate de una dulcería, mirando las medallas. Estábamos tan emocionados. Traté de decirle algo a Todd, pero estaba muy concentrado y al parecer no me escuchó.

Una vez que acomodaron el podium desenrollaron el tapete rojo—literalmente—desde la orilla de la pista hasta la base de la tarima. Luego, cuatro jovencitas que llevaban las medallas ingresaron a la pista y patinaron hasta el estrado. Iban vestidas con uniforme negro y chalecos multicolores, y cada una llevaba una medalla en una almohadilla.

Alguien estaba parado junto a esas cuatro chicas, sosteniendo una gran charola de plata que yo no había visto al principio, pero Dan me la señaló y dijo: "Tienes suerte; te toca la charola grande". No lo podía creer, pero por si me quedaba alguna duda de que en realidad había ganado el campeonato nacional, el locutor me hizo olvidarla.

"Damas y caballeros, nuestro ganador de la medalla de oro, el campeón nacional varonil de 1996, del Club de Patinaje sobre Hielo St. Moritz, de Berkeley, California: Rudy Galindo". Una vez más el público se puso de pie, vitoreando. Dan casi tuvo que empujarme para que saliera a la pista. Una cosa es actuar, otra salir a tomar mi puesto en el podium, yo estaba avergonzado. No me malinterpreten, estaba muy emocionado de haber ganado y estaba orgulloso de lo que había logrado, pero en ese momento me sentí algo tímido.

Desde donde estaba parado, a la orilla del hielo, saludé al público e hice una caravana para un lado y luego para el otro.

Luego patiné hacia el podium, pasé por atrás del mismo y subí los escalones a la posición número uno. Estaba parado ahí, solo, agradeciendo a la gente, sonriendo y saludando a todos. Yo agitaba la mano y pensaba: "Por favor, dénse prisa en llamar a los otros chicos. No quiero estar aquí yo solo".

Mientras llamaban a los otros patinadores, yo empecé a pensar en todo lo que había tenido que hacer para llegar a este punto, y cuánto tiempo había pasado desde que me habían honrado de esta manera en una competencia nacional. Era una sensación conocida, pero al estar ahí, parado solo en lugar de acompañado por una compañera de actuación, sentía que iba a explotar del orgullo, por la sensación de haberlo logrado sin ayuda. Después pensé en mi papá y en lo orgulloso que habría estado y se me llenaron los ojos de lágrimas. Quería irme a casa y mostrarle la medalla a mi padre, como siempre lo había hecho antes. Él estaría sentado en su silla, esperando a que yo entrara por la puerta.

Durante los últimos años que patiné con Kristi, cuando mi papá estaba demasiado enfermo para asistir a las competencias, había un diálogo que intercambiábamos siempre antes de que saliera a competir; él decía: "Que la estrella dorada del cielo brille sobre ti". Cuando llegaba con una medalla me decía: "Te dije que la estrella dorada brillaría sobre ti". Estaba casi ciego a causa de la diabetes y sostenía la medalla muy cerca de los ojos. Luego la acariciaba y sólo sonreía. Un par de veces lo escuché hablando con mi mamá y diciéndole lo orgulloso que estaba de mí. Traté de imaginar que él estaba en el cielo en ese momento, mirando desde arriba, y que él era la estrella dorada que brillaba sobre mí esa noche.

Estaba tan absorto en mi contemplación, que casi no me di cuenta cuando empezaron a dar los premios. Diferentes representantes de la USFSA son los que los entregan, y cuando uno de ellos me puso la medalla alrededor del cuello, me dijo: "Felicidades. Un gran trabajo". Yo sólo contesté: "Gracias".

Esa noche había una fiesta para competidores después de la ceremonia de premiación. Yo planeaba ir, pero estaba tan agobiado por tanta gente, que Laura y yo decidimos que sería más divertido ir y celebrar en un rincón tranquilo de un restaurante italiano que a ella le gustaba y que estaba cerca del gimnasio.

Eramos un grupo pequeño: Laura y yo, Andy, John Brancato y Kevin Pecks, Reuben y Wayne y un par de amigos de Laura. Mi mamá estaba agotada después de la competencia, y una vez que tuvo la oportunidad de abrazarme, después de la conferencia de prensa, Andy la llevó a casa para luego reunirse con nosotros en el restaurante.

Nos sentaron en la parte trasera del local, en una esquina en penumbra, pero eso no evitó que la gente se acercara a la mesa a felicitarme. Lo más chistoso fue cuando alguien dijo: "Gracias por poner a San José en el mapa". Yo pensé: "San José ya está en el mapa, ¿para qué me necesita a mí?" Gracias a Dios que tuve la discreción de no decir lo que estaba pensando, y que me limité a sonreír y decir: "Gracias". Sonreí tanto durante esa cena, que me dolían las mejillas, y con toda esa gente que se acercaba a la mesa apenas si podía meterme un bocado de ziti en la boca sin que me interrumpieran. Sin embargo, era un precio muy pequeño que pagar por todo el apoyo. Podría comer más tarde, cuando llegara a casa.

Después de la cena y de todos los abrazos de despedida, Andy y Laura me llevaron a casa. Nos estacionamos frente a ella; todo el costado estaba cubierto de globos dorados y tenía una manta enorme que decía: "Felicidades". Una de las entrenadoras del Ice Centre, amiga cercana de Laura, había corrido por todos lados después de la competencia para que los niños que toman clases la firmaran. Luego corrió a la casa a colgar los globos y la manta.

Mi mamá salió de la casa móvil: "Miren todos estos hermosos globos", nos dijo. Le contesté que era imposible no hacerlo, y entramos. Me dio un beso. Estaba tan cansada de tantas emociones, que enseguida se regresó a su cama.

Fue un día tan frenético que me sentía raro de estar solo en la casa. Me fui a mi habitación, me desvestí, y antes de meterme a la cama puse un CD que Reuben me había regalado antes del campeonato nacional. Era la música de la película *Waiting to Exhale*, y traía una tarjeta deseándome buena suerte, en la que Reuben había escrito la letra de una de las canciones: "Cuenta conmigo," que habla acerca de la amistad. Puse esa canción con el volumen muy alto, y mientras escuchaba la letra y pensaba en lo buenos amigos que eran Reuben y Wayne, empecé a llorar. Después de un día como el que había tenido, pensé que tenía derecho a llorar a mis anchas. Por esta vez, las lágrimas no tenían nada que ver con tristezas, pérdidas o desilusiones.

Cuando la canción se acabó apagué el CD, les di el beso de buenas noches a mis osos y recé. Le di las gracias a mi papá y a George por darme la fortaleza para ganar y por ser mis ángeles guardianes. Después le pedí a Dios que bendijera a todos mis amigos y a mi familia, a los gatos y a Boo Boo y Goo Goo. Terminé con las palabras: "Dios, te amo. Amén".

No sé por qué imaginaba que iba a dormir; después de la noche que había tenido ni siquiera podía mantener los ojos cerrados. Así que pensé en el programa largo y me imaginé que lo estaba ejecutando de nuevo, y que el público me aplaudía de pie. Pensé en todo lo que había logrado después de la separación de Kristi y de lo afortunado que era. También pensé acerca del amplio significado que tenía el que la medalla de oro se la hubieran concedido a alguien como yo: un mexiconorteamericano afeminado y gay. Pensé que mi triunfo representaba que cualquier discriminación que existiera en el patinaje en la actualidad, o en el pasado, no habría evitado que ganara, siempre y cuando mi actuación fuera la de un ganador. Como dijo Morry Stillwell, el presidente de la USFSA, durante la entrevista que dio en el gimnasio, después de que gané, si cuestiones "externas y secundarias" fueran los elementos decisivos en las competencias de patinaje, "el panel de jueces no habría hecho lo que hizo hoy". Después agregó: "En este deporte, hay gente mucho más extraña que Rudy". ¡De eso no hay duda!

16

La Fama

Los dos meses transcurridos entre el campeonato nacional y mundial en Edmonton, fueron como una metáfora en mi vida. Hubos altibajos increíbles y sorpresivos, pero realmente pocos puntos medios.

Primero, algunos de los bajos. Si alguna vez albergue la fantasía de vivir feliz después de ganar el campeonato nacional, mis esperanzas se esfumaron durante mi primera semana como campeón nacional. De pronto me convertí en el blanco de los frenéticos medios de comunicación, mismos que me tomaron por sorpresa. El teléfono nunca dejaba de sonar, y no tan sólo el de mi mamá y el de Laura. En San José vive un pobre individuo de nombre Rob Galindo, quien se encuentra en la lista del directorio telefónico bajo R. Galindo. El primer día después del campeonato, el pobre hombre recibió treinta llamadas telefónicas. Todos los medios de comunicación nacionales llamaban para pedir entrevistas. Llamó todo tipo de gente para felicitarme, incluso personas que yo ni siquiera conozco. Incluso recibimos una llamada de la oficina del presidente felicitándome e invitándome a la Casa Blanca. La llamada que sí quería recibir era la de Kristi, pero iba yo de entrevista en entrevista y el teléfono seguía bloqueado.

Laura y yo no habíamos tenido experiencia alguna de este tipo. De la noche a la mañana me convertí en el centro de una noticia nacional; fue más de lo que podíamos aguantar. No nos dimos cuenta de que simplemente podría haber dicho no a todo. Al contrario, estábamos tratando de hacer un espacio a todas las solicitudes, corriendo de un lugar a otro, apenas con un momento para descansar y comer algo. Sentía la presión por todas partes, Laura atendía las llamadas y después me pedía ayuda para decidir cuales solicitudes aceptar y cuales rechazar. Fue algo horrible.

Desde el primer día me quedó claro que necesitábamos contratar a alguien que manejara las solicitudes de los medios de comunicación y las presentaciones personales. También para que negociara un contrato con los encargados de la gira Tom Collins, quienes querían que me uniera a su gira de invierno bajo un contrato de tres semanas y media y que después continuara con ellos en su gira nacional de sesenta y seis ciudades posterior al campeonato mundial. Laura y yo no podíamos realizar este tipo de negociaciones por nuestra cuenta.

Decidimos contratar a un renombrado representante de patinaje, Micheal Rosenberg. La contratación se llevó a cabo justo a tiempo ya que al finalizar la primera semana Laura y yo nos sentíamos con el agua hasta el cuello. Ambos estábamos bajo tanta presión y tan exhaustos que tuvimos un gran disgusto sobre una tontería. Laura terminó hecha un mar de lagrimas y yo salí corriendo del restaurante en donde estábamos cenando. Me supongo que fue inevitable, dadas las circunstancias, pero representó un aterrizaje difícil después de haber llegado a la cima con el campeonato nacional.

Incluso algo tan sencillo como ir a entrenar se volvió un reto. Antes de convertirme en campeón nacional, podía entrenar sin que todo el mundo estuviera observándome, salto tras salto. Sin embargo ahora estaban los papás, los jugadores de las ligas de hockey infantiles, los patinadores principiantes, los reporteros. Todos, concentrados en mis movimientos. Por ello, me sentía con la enorme presión de tener que patinar como lo había hecho en el campeonato nacional. Cada salto tenía que ser perfecto pero con todos observando, me volví muy consciente de mí mismo. Después de una hora de práctica, me salía, daba las gracias a todos por haber estado presentes para apoyarme y me iba. Habría que acostumbrarse a toda esta atención.

El lado positivo, todo el apoyo que recibí de la gente de San José en verdad me sorprendió y me sentí realmente muy animado. En el gimnasio se me acercaban algunos jovenes para decirme lo mucho que habían gritando durante mi actuación y lo orgullosos que estaban por lo que había logrado. Un día a la hora de la comida se me acercó una mesera y me dijo lo emocionada que se sentía de haber visto que alguien que había trabajado tanto, había logrado sus sueños y había triunfado. Pero a pesar de las predicciones de mis amigos, y a pesar de mis propias esperanzas—¡nadie me invitaba a salir!

Mucha gente mencionaba el campeonato mundial y me decía: "Patina como lo hiciste en el campeonato nacional y serás el campeón mundial'. Yo sabía que no podría volver a patinar de la misma forma otra vez. En el campeonato nacional, todo se había conjuntado de tal forma que nunca podría repetirse, sin importar lo bien que patinara. Por ello, el que la gente me mencionara el campeonato mundial o lo orgullosos que se habían sentido por mi actuación, sólo aumentaba la presión que sentía por tener que comprobar que el campeonato nacional no había sido una casualidad ni un evento único. Por otro lado, no quería defraudar a toda esa gente que contaba conmigo para seguir patinando bien. ¿Cómo iba a patinar bien con toda esa presión?

Entre los varios eventos que se realizaron en mi honor durante las primeras semanas, el que más me impactó fue el que organizó la Agencia Mexicana-Americana de Servicios para las Comunidades en San José. Como primer campeón de patinaje artístico nacional mexico-norteamericano, me dí cuenta de que parte de esa gente que compartía mi ascendencia, se sentía particularmente orgullosa de mis logros. Después del campeonato nacional, mucha gente se me acercaba en la calle y me felicitaba en español y empezaba a conversar. Y todo lo que yo podía lograr decir en español era "gracias, pero no sé nada de español". Los padres de mi papá fueron mexicanos y al igual que muchos norteamericanos de una segunda generación, yo nunca aprendí la lengua materna. Me sentía como un tonto.

Cuando llegamos en el auto a la Agencia, ubicada en la parte este de San José, había muchos policías montados a caballo, y voluntarios conduciendo el tráfico, indicándole a la gente dónde estacionarse. Esperaban cerca de doscientas personas pero llegaron ochocientas.

Me llevaron a una zona de espera adyacente al gimnasio, en donde ya no había ni un sólo lugar. Mi madre, junto con algunos de sus familiares, estaban esperándome para saludarme. Me dió gusto que estuvieran ahí y el estar unos cuantos minutos con todos ellos, me ayudó a calmarme. Después de un rato, me presentaron ante la muchedumbre y me escoltaron hasta el gimnasio. Tomé asiento en el estrado, la gente empezó a aplaudir, a zapatear y a chiflar. Esto duró por varios minutos antes de que guardaran silencio.

Primero, tocó el turno a un par de personas que hablaron sobre lo que mi logro representaba para la comunidad y luego me cedieron la palabra. Cuando me coloqué ante el micrófono, la gente aplaudió nuevamente durante largo rato, las sonrisas en sus rostros me animaron enormemente y me sentí tranquilo.

Hablar ante una multitud fue algo totalmente nuevo para mi, así que me limite a comentarios cortos. Les dije: "No puedo explicar lo increíble que es estar parado aquí frente a ustedes y recibir todo este amor. Quisiera decirles que si ustedes tienen un sueño y si realmente lo desean y trabajan con empeño por ello, se les concederá. Véanme a mí. Yo soy la prueba", y con ésto estaban de pie aplaudiendo de nuevo.

Después firmé más de trescientos autógrafos, cuando terminé no aguantaba el dolor del brazo. Pero valió la pena, especialmente cuando los jovenes en la fila me dijeron que yo los había inspirado para continuar en la escuela y a seguir buscando con afán sus sueños. No podía creer cuanta gente se había visto influenciada por lo que yo había realizado.

Lo más sorprendente fue cuando mi maestro de historia de octavo año, Ross Jackson, me pidió firmara un anuario viejo de cuando fui su estudiante. Todavía sigo sin creer que mi maestro haya querido mi autógrafo.

Otro momento de gran emoción fue cuando Kristi y yo finalmente pudimos hablar. Desde la separación, nos habíamos topado, en algunas ocasiones, en ciertos eventos, pero nunca habíamos sostenido una conversación. Se portó muy amable y me felicitó por mi triunfo. Así comenzamos a platicar y platicar sobre lo que se sentía ser campeón, y lo extraño que era ser famoso de la noche a la mañana. Ella me dijo que mi vida había cambiado para siempre y que me asegurara de disfrutarla.

Antes de despedirnos, Kristi me me mencionó lo orgullosa que estaba de mí, lo cual me importaba mucho. Me dió gusto que estuviéramos en contacto otra vez después de tanto tiempo.

Una de las cosas que traté de disfrutar fueron las recompensas financieras que vinieron después de ganar el campeonato nacional. La primera sorpresa inesperada fue un cheque, por una buena cantidad, que me llegó de Tom Collins Productions antes de firmar un contrato para su gira de invierno para ayudarme con los costos del entrenamiento.

Cuando abrí el paquete de Federal Express y ví el cheque, pensé que alguien me estaba jugando una broma. Pero Laura estaba ahí, y ella vio la carta y el cheque y en realidad fue un cheque muy generoso hecho a nombre de Rudy Galindo. Para alguien que estaba pagando los honorarios de un médico de $300 a través de pagos mensuales de $20, el regalo de Tommy representaba una cantidad enorme de dinero. Me dejó sin palabras.

Durante mucho tiempo, había vivido con poco dinero, o sea que ni siquiera sabía qué hacer con el dinero que Tommy me envió. Por lo tanto, le dí el cheque a Laura para que ella lo guardara y los dos salimos y nos compramos un par de zapatos deportivos, para mí una videocamara para poder grabar mis prácticas y un saco de piel para Laura. Yo no tenía tarjetas de crédito por lo cual Laura usó las suyas y yo le pagué cuando se cobró el cheque. Me daba miedo gastar cualquier cantidad de dinero pues sentía que debería ponerlo todo en el banco, pero Laura me dijo que no me preocupara y que podía darme el lujo de gastar unos cuantos dólares, especialmente con todas las ofertas que estaban llegando y las ganancias anticipadas de la próxima gira.

Pero eso fue todo lo que compré, aunque sí me dí el gusto de sacar a prueba un auto nuevo, pensé que sería divertido. Andy sabía, por medio de Laura, cuanto había yo siempre querido tener un Corvette, y entonces hizo los arreglos para que pudiera sacar el auto durante un día. Fue tan divertido cuando fuimos con el concesionario porque me pidieron mi tarjeta del seguro. Yo nunca necesité la tarjeta para mi bicicleta. Asi que Laura manejó esto con el concesionario dándole su tarjeta del seguro y me pasó a mi las llaves de un Corvette T-top color verde bosque. El tipo de automóvil al que se le puede quitar el capote y hacerlo convertible.

Cuando Laura y yo salimos del lote de autos, me sentí fascinado por estar al volante, pero luego cuando manejamos por la avenida la gente me empezó a reconocer y tocaron los claxons levantando los pulgares de sus manos. Empecé a tomar conciencia de lo que significaba manejar un auto tan lujoso y empecé a temblar. Una vez más estaba impactado. Orillé el auto y apagué la máquina. Estaba sudando y apoyé mi cabeza sobre el volante. Laura me preguntó si me sentía bien.

Pero no. Todo esto era demasiado y estaba sucediendo con demasiada rapidez. Me esperaría a comprar un automóvil.

Lo mejor de saber que ganaría mucho dinero era que le podría pagar a Laura por todo lo que había hecho y podría llevar a mi mamá de compras a las tiendas departamentales y tal vez hasta le compraría una casa. Sin embargo lo que me entristecía era que mi papá no vivió lo suficiente para poder pagarle. Había invertido tanto en mi patinaje, dejó escapar el sueño de tener una casa, de salir de vacaciones, y ahora que yo tener un mejor futuro y así poder retribuir a mi familia, mi padre ya se había ido.

Una vez que mi representante, Michael Rosenberg, había empezado con las negociaciones de varias ofertas que se habían recibido, le pedí a Laura que no me dijera la cantidad de dinero que se estaba manejando, me hacía sentir muy nervioso. Me daba miedo siquiera salir al hielo. ¿Qué pasaría si me caía y no podía patinar? Había tanto en juego en cada salto que ahora tenía problemas para concentrarme lo suficiente y poder patinar.

Por mucho que Laura y yo intentábamos concentrarnos en la preparación previa al campeonato mundial en marzo, era imposible mantenerse al margen de esta constante locura. Esa fue la razón principal por la cual Laura decidió que era una buena idea aceptar la oferta de la gira de invierno de Tom Collins, misma que duraría tres semanas y media. Esto me alejaría de casa y aún así estaría de regreso en San José a tiempo para prepararme para el campeonato mundial. Para esa fecha esperábamos que las cosas se hubieran calmado.

Un día antes de salir de gira, quise practicar un poco en la pista. Ya habían pasado varios días sin la oportunidad de entrenar y no sé en qué estaba pensando, pero pasé a la pista sin calentar y empecé con mis saltos. Tenía demasiadas cosas en la mente, desde mis programas para la gira, hasta la presión por el próximo campeonato mundial y realmente no me concentré en lo que estaba haciendo.

Cuando uno está girando en el aire y aterriza sobre una pieza de acero con un cuarto de pulgada de diámetro, no es bueno pensar en otras cosas, especialmente cuando no se ha calentado. Y claro, derrapé por la orilla de mi patín después de dar un triple lutz y me caí. No fue hasta que traté de levantarme que me dí cuenta que me había falseado el tobillo. No pensé que fuera una lesión severa o sea que seguí practicando otros saltos y luego me fui a casa. No le dije nada a nadie, parte porque no me dolía mucho y porque también salía a la mañana siguiente en el vuelo a Pittsburh para unirme con la gira y tenía miedo de decir algo. Me tendría que quedar en casa y perderme de la gira.

Para cuando bajé del avión, mi tobillo estaba tan hinchado que tuve dificultad para caminar sobre la rampa de la terminal. Durante mi primera práctica no pude hacer nada, ni siquiera un waltz jump. Afortunadamente, un terapeuta físico viaja con la gira y en los días siguientes y después durante el resto de la gira, trabajó sobre mi tobillo y cada noche me lo vendaba para poder realizar mis saltos. Al final de la gira, aún con todo lo que estaba patinando, mi tobillo casi estaba como nuevo.

Me la pasé de maravilla en la gira junto a todos estos patinadores famosos, desde Brian Boitano hasta Oksana Baiul. Más de una vez me pellizcaba para asegurarme que no estaba soñando. Había visto a todos estos patinadores en televisión siempre con la envidia de su éxito, y ahora yo era uno de ellos, patinando ante llenos totales cada noche, absorbiendo la adulación como una esponja. A todas las ciudades que íbamos nos quedábamos en hoteles de primera y nos daban trato de realeza. Todo era tan irreal y aún así no tuve problemas para acostumbrarme a ello, sin embargo nunca lo acepté como un hecho. Después de luchar durante tantos años no iba a olvidarme cuál era mi origen.

Antes de regresar a San José a entrenar para el campeonato mundial, tenía un compromiso más. Durante la gira, recibí una invitación para ir a San Petesburgo, Rusia para una competencia importante "EUA contra Rusia". Sería una gran oportunidad poder competir contra los mejores patinadores rusos, quienes generalmente eran los mejores del mundo, como preparación previa al campeonato mundial. Sería también mi primera oportunidad de demostrar que yo podía competir a nivel mundial.

Dos días antes de partir para San Petesburgo andaba de compras en Savannah, Georgia, con algunos de los patinadores de la gira; en el trayecto pisé sobre una roca y me torcí el tobillo izquierdo de nuevo. Era la primera vez que había salido a caminar sin vendar el tobillo y fue un gran error. Tiré las bolsas y me quedé de rodillas llorando de dolor. Esta vez, de inmediato supe que me había lastimado en serio.

Después de haberme lastimado el tobillo nuevamente, lo correcto hubiera sido cancelar el evento de San Petesburgo. A tan sólo tres tres semanas del campeonato mundial, lo más imporante era irme a casa y dejar descansar mi tobillo por unos días. Pero me encontraba bajo tanta presión de probarme a mí mismo y todos a mi alrededor decían que no me podía retirar porque se vería mal, como si yo tuviera miedo de ponerme a prueba contra los mejores patinadores rusos. Fue una decisión difícil y tomé la equivocada. No me retiré.

Para cuando Laura y yo llegamos a San Petesburgo, la hinchazón había bajado pero en la práctica ninguno de mis saltos era consistente y debido a que fue mi tobillo izquierdo el que me había falseado, no podía ni siquiera intentar un triple lutz La presión en el despegue era muy dolorosa. Logré pasar las prácticas y hasta realicé el programa corto, pero sentía gran dolor todo el tiempo y toqué con dos pies al aterrizar el lutz triple. Para el final del programa mi tobillo estaba entumecido y sabía que no podía regresar al hielo para el programa largo. Correría con suerte si me recuperaba para el mundial. Me retiré del resto de la competencia y volé a casa. Además del daño adicional a mi tobillo, todo lo que logré en San Petesburgo fue otorgarles la razón a aquellos que decían yo era un buen patinador de una sola ocasión.

17

EL CAMPEONATO MUNDIAL

Regresé a San José de Rusia completamente exhausto y emocionalmente devastado, que no era exactamente la condición en la que quería estar tres semanas antes del campeonato mundial. Pero afortunadamente después de un par de días de descanso, Laura me restableció rápidamente a mi programa diario de entrenamiento y al mismo tiempo fui a ver a una terapeuta física maravillosa, Donna Burden, quien trabajó con mi tobillo todos los días.

A pesar de que esperábamos que las cosas se hubiesen calmado, con el campeonato mundial tan cerca, todo seguía como cuando nos habíamos ido. Pero ya habíamos aprendido a manejar todos esos aceleres un poco mejor y mi representante se aseguraba de que no me excediera con las entrevistas. Sin embargo, ansiaba mi sesión diaria de media hora con la terapeuta física porque era el único momento del día cuando no tenía que lidiar con los fanáticos, la prensa, el teléfono o las decisiones. Todo lo que tenía que hacer era sentarme y relajarme mientras Donna le daba masaje a mi tobillo.

Una vez en el hielo, Laura me fue acondicionando gradualmente hasta que pude realizar mi programa completo y todos mis saltos. En una semana ya dominaba cada uno de los movimientos, excepto el triple lutz y el triple flip. Faltaba una semana más para que mi tobillo estuviera lo suficientemente fuerte como para realizar esos saltos y cuando los hice, pude ver la expresión de alivio en el rostro de Laura. Me dolía un poco al hacerlos pero sabía que con el tiempo desaparecería totalmente. Fue fabuloso hacer el programa completo de nuevo y hacerlo con confianza. Unos días antes de salir para Edmonton, sentía que estaba en excelentes condiciones.

El único reto real que sentía ante el conteo regresivo de días para el campeonato mundial era mantenerme emocionalmente concentrado. Una y otra vez en las entrevistas con los medios de comunicación y en los comentarios de la gente que me había visto en la pista o me había parado en la calle, decían que si yo patinara en el mundial como lo había hecho en el nacional, iba a ganar la medalla de oro. Me encontraba a mí mismo explicando una y otra vez que ésta era mi primera vez en campeonato mundial en la categoría individual y que lo único que quería era quedar dentro de los primeros diez lugares. Nadie participa en un mundial por primera vez y gana una medalla de oro. Sería tonto de mi parte pensar que lo haría tan bien como para ganar una medalla en mi debut mundial.

A pesar de la presión por las expectativas de los demás días antes de partir para Edmonton, me sentía realmente muy positivo. Mi tobillo estaba mejor, mis prácticas iban muy bien, y yo me sentía seguro de que podría hacer un papel suficientemente bueno en el mundial para demostrarles a todos aquellos que dudaban que estaban equivocados. Para celebrar, Reuben y yo decidimos ir a San Francisco a un club de homosexuales que a mí me gustaba. Así que me puse mis mejores pantalones de mezclilla y una camisa planchada y condujimos a la ciudad. Estaba entusiasmado porque no había regresado allá desde el campeonato nacionales y tenía curiosidad por ver qué tipo de reacción obtendría.

Reuben y yo entramos al lugar y fue como si un viento frío hubiese cruzado el salón. Caminamos hacia el bar y saludé al cantinero que siempre me había recibido cordialmente en el pasado. Con un tono más bien fría dijo: "Hola, ¿cómo te va?" Esto me pareció raro, pero más tarde se acercó un tipo a quien ni siquiera conocía y me dijo: "Muchas gracias, Rudy, idiota". Salimos rápido de ahí y Reuben me preguntó si había insultado al tipo. Nunca antes lo había visto.

Fue muy confuso, porque desde el campeonato mundial, a todo lugar donde iba, los heterosexuales, siempre me habían saludado con cortesía. No podía comprender porqué mi propia comunidad me había dado la espalda y me sentí realmente herido. Le dije a Reuben que quería irme a casa, nos subimos al auto y regresamos a San José.

Lo que yo no sabía era que el haber dicho "sin comentarios" en la conferencia de prensa del campeonato nacional y que al negarme hablar con la prensa gay, había dado lugar a varios artículos en los cuales se me había condenado por tratar de negar mi inclinación sexual. También descubrí que había algunas personas que tenía la esperanza de que yo fuera el vocero de los homosexuales. Sin embargo, creo que la gente no comprendió que yo no tenía ningún antecedente en la lucha por los derechos civiles de los homosexuales y no tenía ni la más leve idea de que debía contestar cuando me preguntaban: ¿Qué se siente ser el primer gay declarado que es ahora campeón nacional?" Yo sólo era un patinador que resultó ser gay y no tenía por qué ocultarlo. Después de la conferencia de prensa temía decir otra cosa que no fuera "sin comentarios". Después cuando los periódicos homosexuales empezaron a pedirme entrevistas, yo estupidamente dije no, pensando que debía concentrarme sólo en mi patinaje.

Afortunadamente cuando después me enteré de lo que estaba sucediendo, pude aclarar los malos entendidos en un par de entrevistas que sostuve con la prensa gay. En las entrevistas expliqué que no podía creer que la gente pensara que yo trataba de convertirme en heterosexual. No me sentía apenado por ser gay, No tenía nada que ocultar. Simplemente no supe qué decir al principio y no quería meterme en problemas, y resultó que justo por no hablar de ello me metí en problemas.

Rápidamente, y en parte después de leer la autobiografía de Greg Louganis aprendí mucho sobre lo importante que es estar en mi posición como un atleta reconocido y gay declarado; además para mí era muy importante no dar la impresión de que en alguna forma me avergonzaba o apenaba por mi inclinación sexual.

Cualquiera que me conozca sabe que yo creo que todos los gays y las lesbianas deberían poder vivir sus vidas abiertamente y sin la amenaza de la discriminación. Pensaba que no había dudas al respecto. Y si yo puedo ser el ejemplo de un gay que ha podido ser él mismo y aún así lograr sus sueños, me siento feliz por ello. Solamente espero que los demás no se sienta decepcionados al no poder llevar la batuta en asuntos sobre los derechos de los homosexuales. Sucede que soy homosexual y soy un patinador y no creo justo que la gente espere que yo sea un experto en otra cosa que no sea el patinaje.

Entonces cuando me preguntaron qué se siente ser el primer campeón nacional de patinaje gay declarado, debí haber dicho "Estoy orgulloso de haber ganado el campeonato nacional y estoy orgulloso de ser quien soy. El hecho de que no trato de ocultar mi verdadera naturaleza y de que aún así gané comprueba que en el deporte del patinaje artístico no existe la necesidad de esconderse. Espero que mi ejemplo inspire a otros a ser ellos mismos. Esto es mucho más fácil que esconderse".

Desde que tuve la oportunidad de aclarar las cosas, la gente homosexual en todo el país me ha recibido cordialmente. Se me extendió una invitación para ser el invitado de honor en el Desfile Gay Pride en Ft. Lauderdale de 1996; también me invitaron para ser el primero en arrancar la carrera "Front Runner's Gay Pride" de la Ciudad de Nueva York. Desgraciadamente estaba de gira en ese momento y no pude asistir a ninguno de esos eventos pero me dio gusto que me invitar- antado y realmente ansío que llegue el momento de poder aceptar algunas de las muchas invitaciones que he recibido.

Laura y yo salimos a Edmonton para el campeonato mundial una semana antes de que empezara la competencia. Queríamos asegurarnos de que yo tuviera suficiente tiempo para establecerme y acostumbrarme al hielo en el Coliseo Northlands, que fue donde Kristi y yo habíamos entrenado.

Fue curioso estar de regreso en Edmonton. Fue como si mi vida hubiera girado 180o pero en vez de encontrarme en uno de los puntos más difíciles de mi vida, regresé a Edmonton como campeón nacional de los EUA. La gente en las calles y en el coliseo se porto muy amable conmigo y me hicieron sentir como un chico de casa. A cualquier lado que iba la gente me deseqaba buena suerte, me daba palmadas en el hombro y me pedían autógrafos.

Traté de no pensar mucho sobre las expectativas que lo demás tenían. Sabía que algunos creían que les había fallado miserablemente y que otras también se preguntaban cuál sería el final del cuento si ganaba la medalla de oro. Traté de alejar de mi mente todo esto porque enfocar mi energía en ello sería desgastante. Estaba en Edmonton para hacer mi mejor esfuerzo y claro, planeaba patinar por el primer lugar; pero si quedaba dentro de los primeros diez, regresaría a casa satisfecho.

Para evitar que la presión me agobiara y para calmar mis nervios, llevé a Laura, Andy, Reuben y Wayne, quienes nos habían alcanzado para estar conmigo en el mundial, al Centro Comercial West Edmonton para subirnos a la montaña rusa Mindbender. Nos subimos en tres días diferentes. Yo sé que para algunos quizá esto no sea lo más relajante, pero ninguna otra cosa me ayudaba a desconectarme mejor que una vuelta tras otra en la montaña rusa. Todos esaban verdes después de las primeras vueltas pero yo creo haberme subido diez veces el día anterior a la ronda de calificación. Después para rematar me subí al Zipper. para mí era como hacer giros sobre el hielo y simplemente me reía vuelta tras vuelta. Me temo que fui único que estuvo riéndose hasta que terminó el juego.

Una de las etapas de mayor tensión en un campeonato mundial es la ronda de calificación. Los patinadores del campeonato mundial del año anterior que hubieran llegado a los primeros diez lugares no tenían que competir en esta ronda, o sea que Todd Eldredge quedó exento. Pero esta era mi primera vez ahí o sea que tenía que ganarme el derecho a competir. Traté de no pensar en "Qué pasa si no califico?" Pero la idea me perseguía.

Algunos de los patinadores y entrenadores que habían estado ya en el campeonato mundial me dijeron que no me preocupara por calificar, lo único que tenía que hacer era un par de triple jumps y no tendría ningún problema para ingresar al campeonato. Pero yo no quería arriesgarme a tener una mala actuación al último momento así que planeaba hacer todo el programa completo con los ocho triples.

Estuve tan nervioso en la sesión de calentamiento que me faltaron dos de mis triples y erré haciendo dobles en cambio. Para cuando Laura y yo estábamos en la orilla del hielo esperando a que anunciaran mi nombre, yo ya estaba pidiendo aire. Me sentía como si me fuera a desmayar y me sujeté de la mano de Laura, sólo para mantenerme de pie. Además, estaba sosteniendo una vieja pelea en mi mente contra los pensamientos negativos ya conocidos. Oía esta voz que me decía que cómo iba a poder salir a ejecutar un programa limpio, después de haberlo hecho tan mal en el calentamiento, pero luego esta otra voz me decía: "Tú puedes. Tú sabes que lo puedes hacer".

Cuando anunciaron mi nombre, recibí una bienvenida tan calurosa de las cinco mil personas en los estrados que esto me ayudó a romper el hielo y alejé todos los pensamientos negativos cuando pisé el hielo, tomé mi posición y me esperé a que la música empezara.

Había planeado abrir con mis usuales triple axel, triple toe, pero tuve problemas con la aterrizada del triple axel o sea que corté el triple toe a un double. Para sustituitlo agregué un triple flip y un triple toe más adelante en el programa. No me iba a arriesgar.

Terminé el programa con una ovación de pie y alcancé las marcas más altas que cualquiera en mi grupo de diecisiete patinadores. Pero lo más importante no fuer ser el primero de mi grupo, sino el hacerlo tan bien me dio confianza para saber que lo que había logrado en San Jose no había sido por casualidad. Había logrado llegar al mundial porque merecía estar ahí. Podía despedirme de esas voces negativas para siempre.

El campo de los competidores en el mundial era intimidante, por ello pienso que no estaba equivocado al decir que estaría satisfecho siempre y cuando quedara dentro de los primeros diez. Los contendistas mejores incluían a Elvis Stojko de Canadá, quien previamente había ganado dos campeonatos mundiales; Philippe Candeloro de Francia, quien había ganado las medallas de plata y bronce en los últimos mundiales; Ilia Kulik de Rusia, quien tan sólo contaba con dieciocho años pero había llegado a noveno lugar en sus primeros mundiales de 1995 y había ganado la compentencia de San Petesburgo de la cual yo me había retirado; Aleksei Urmanov, también de Rusia, el medallista de oro de las Olimpiadas de Lillehammer y Todd Eldredge. El que yo haya logrado llegar al mundial por primera vez y ganara una medalla de oro, era definitivamente una fantasía y les puedo decir honestamente que yo soy muy realista como para que esa fuera *mi* fantasía.

Pensé que no me pondría nervioso la noche del programa corto, mi meta había sido sólo pasarla bien. Pero cuando caminé a la pista con Laura para mi calentamiento y ví a las dieciseis mil personas en los estrados, me puse muy nervioso. Respiré profundamente varias veces y pensé para mis adentros que todo lo que tenía que hacer era calificar en los primeros diez. Sin embargo, ahí habían treinta patinadores y si no lo hacía bien, el décimo lugar podría resultar ser una meta inalcanzable. Afortunadamente no tuve mucho tiempo para pensar así y antes de que me diera cuenta ya había terminado el calentamiento y el anunciador me estaba presentando para el programa corto.

El público me dió una calurosa bienvenida. Dentro del público había una sección bastante grande en donde estaban todos los norteamericanos que agitaban pequeñas banderas estadounidenses mientras me vitoreaban de pie. Ahí estaban sentados Andy, Reuben y Wayne. Tomé mi posición y luego empezó las música.

Fuera de convertir mi segundo salto en un triple-double en lugar de un triple-triple, mi actuación fue perfecta y me recompensaron con mi segunda ovación de pie de la competencia. Simplemente adoro esas ovaciones de pie, pero el sentimiento caluroso que recibí del público esa noche no se asemejó por mucho a lo que había sentido en San José. Sabía que nunca volvería a ser igual, pero me era difícil no sentirme un poco decepcionado.

Los resultados finales del programa corto fueron mucho mejor de lo que yo había imaginado. Como predijo el destino, Elvis se cayó en su combinación triple-triple y se colocó en el séptimo lugar y Candeloro realizó un single axel en vez de su combinación planeada y quedó en dieciseisavo lugar. Eso les impidió tener la oportunidad de ganar una medalla, y me colocó a mí en cuarto lugar detrás de Ilia Kulik, Todd Eldredge y Aleksei Urmanov. No podía creerlo porque ahora yo tenía la oportunidad de ganar una medalla. Siempre es bueno tener expectativas realistas porque uno puede realmente disfrutar las cosas cuando las excede.

Pasé gran parte del día siguiente en la montaña rusa o sea que para cuando regresé al hotel me sentía totalmente relajado y tenía toda la esperanza de que no estaría nervioso en la competencia de esa noche. Pero al caminar por el corredor del cuarto de mi hotel rumbo a la pista, con Laura y Andy a mi lado, me sentía más nervioso que nunca. Estaba temblando y sudando. Allí estaba yo, mi primera vez en un mundial como patinador individual y estaba patinando en la ronda final de calentamiento con los mejores patinadores del mundo. Me sentía un poco como un impostor y que en cualquier minuto descubrirían que habían cometido un error y me pedirían me retirara del hielo.

Le pregunté a Laura si estaba nerviosa y con un gran esfuerzo mintió y dijo que no. No tenía ni idea de que debajo de rostro relajado y tranquilo, estaba luchando por sostenerse sin que le temblaran las piernas. No sé como lo logró pero su actitud tranquila me reanimó una vez que llegamos a la pista.

Hice mis estiramientos normales y la rutina de calentamiento y para cuando anunciaron mi nombre para el programa largo, ya me había restablecido y mi corazón ya no saltaba. Le dí un beso a Laura, sonrió y me dijo que continuara siendo fuerte y patiné hacia mi posición de inicio. Conforme patiné alrededor tratándome de relajar aun más, miré hacia arriba y ví a varias personas entre el público que sostenían letreros con mi nombre: "Rudy!". Y también detecté un par de banderas con un arcoiris que son los símbolos del orgullo gay. Eso fue una gran motivación.

Me puse en posición de inicio y mientras esperaba que tocara la música, recordé que yo ya me había probado a mí mismo y que sólo tenía que patinar lo mejor posible y que Laura, mi mamá y mis amigos me seguirían queriendo sin importar el resultado final de mi actuación.

Patiné increíblemente bien. Llegué a mis dos primeros saltos de combinación triple sin una falla y tampoco fallé en ninguno de mis otros saltos o giros. Fue otro programa limpio y al llegar a mi final combination spins, el público estaba de pie. Fue sorprendente. Pero aún más sorprendente fue la sonrisa de Laura. Reflejaba alivio, felicidad y gran orgullo mientras las lágrimas corrían por sus mejillas. Simplemente nos abrazamos una y otra vez.

Mis calificaciones no fueron tan altas como yo lo hubiera deseado, pero ya había terminado y por el momento estaba yo en primer lugar. Como era yo el primero de mi grupo no sabríamos los resultados finales hasta después del último patinador. O sea que lo único que podíamos hacer ahora era observar a los otros patinadores. Ahora ya todo había terminado para mí, disfruté mucho ver los programas de los otros patinadores.

Cuando se calcularon los resultados finales y apareció el orden final en el pizarrón de la pista, no podía dar crédito a lo que mi ojos veían. Abracé a Laura y gritamos y saltamos de arriba a abajo. Todd Eldredge quedó en primer lugar. Ilia Kulik quedó en segundo y por difícil que parezca, yo quedé en tercer lugar. Fue la primera vez que los EUA ganaban dos medallas en el campeonato mundial desde que Scott Hamilton y David Santee terminaron en primero y segundo lugar en 1981. Fue un momento maravilloso en el que me invadía un sentimiento de orgullo por ese logro.

Por primera vez en mi vida no tuve que imaginarme lo que sería estar parado en el podio de un campeonato mundial mientras tocaban el himno nacional. Estaba parado en el podio viendo a miles de personas mientras colocaba mi mano en el pecho. Miré hacia donde estaba parada Laura y pude ver que estaba llorando. Pensé en mi papá y en mi hermano, me hubiera gustado que estuvieran con nosotros, y entonces mis ojos también se llenaron de lágrimas.

Después de la ceremonia de premiación fuimos a la conferencia de prensa y después de la conferencia de prensa antes de regresarnos al vestidor, retiré la medalla de bronce de mi cuello y la coloqué sobre el cuello de Laura. Ella se la merecía tanto como yo. Inclusó más.

El día siguiente empezamos temprano porque teníamos que ensayar para lo que yo sospechaba iba a ser la parte de más importancia para mí de los campeonatos mundiales, el programa de exhibición. No era una competencia, era una oportunidad para hacer lo que uno quisiera sobre el hielo sin la preocupación de nuestras marcas o de nuestros competidores. Todos los medallistas estaban invitados a actuar la última tarde del campeonato y yo planeaba dedicar mi programa a George, Rick, y Jim.

Afortunadamente había estado trabajando con Laura en un programa nuevo para la próxima gira de Sopa Cambell's o sea que tenía algo especial y nuevo. Iba a utilizar música que George me había ayudado a escoger. Dos años antes había tenido una exhibición y George estaba muy enfermo para asistir, entonces para hacerlo sentir que era parte de la exhibición, le pedí que escuchara diferentes tipos de música y que me ayudara a escoger algo para mi programa. Lo que más le gustó fue la versión instrumental del "Ave Maria". Es preciosa.

Para el mundial utilizaría una versión del "Ave Maria" cantada por el Coro Fleet Street en la Universidad de Stanford. Es tan espiritual y conmovedora que las voces del coro me llevaban a otro lugar más alto de mi mente, me hacían sentir como si estuviera flotando. Para acompañar la música, Laura y yo pusimos una coreografía utilizando un lenguaje corporal espiritual, pero además muy personal porque todo reflejaba mi propia vida , y por ello no estaba seguro si la gente lo aceptaría.

Mi traje también formaba parte de esas imágenes. Era un traje de terciopelo negro de una pieza y alrededor de mi cuello había una cinta de tela de color rojo de seis pulgadas de ancho con la forma como los listones que se utilizan para representar al SIDA. Era mi forma de recordar a la gente que amé, que había muerto de SIDA y eso era lo que quería comunicarle al público. La mayoría de esa gente conocía mi historia por los reportajes de la prensa y sabían qué impacto tan grande había tenido el SIDA en mi vida. Podría haber usado uno de esos listones de tamaño normal pero de haberlo hecho así, la gente sentada hasta la parte de arriba no lo hubiera visto y se hubieran perdido el mensaje de lo que estaba haciendo.

Pero antes de que me diera cuenta, llegó mi turno. Anunciaron mi nombre y patiné hasta mi punto de inicio en el hielo y me coloque en posición. Coloqué mis brazos a los lados y miré hacia abajo. Un momento antes de que empezara la música, pensé: "¿Comprenderán esto?" Pero una vez que comenzó la música, me transportó por completo y me dejé conducir.

Al inició de la primera nota, levanté la mirada y miré alrededor dando la cara al público como para decir "Aquí estoy". Luego dí un par de strokes y adopté la posición de Cristo sobre la cruz al deslizarme sobre el hielo. Simplemente levanté mis brazos como si estuviera colgado de la cruz, luego levanté una pierna y la crucé sobre la otra y contorsionié mi cabeza hacia un lado. Para mí eso era la representación total de la pieza y como George y Rick y Jim estaban arriba en la gloria y Jesús los estaba cuidando. Y ahora ellos me estaban cuidando. Al tomar esa posición estaba tratando de decirle al público que mis seres queridos estaban a salvo en el cielo.

De ahí patiné alrededor e hice un double axel y me deslicé sobre el hielo y extendí mi brazo derecho para poder ver las luces filtrándose a través de mis dedos. Y al ver hacia la luz imaginé que podía ver a George. Luego patiné alrededor e hice un triple loop y cuando aterricé me paré sobre el hielo y me estiré hacia el público como si estuviera sufriendo. Luego apreté mi puño, bajé la mirada hacia el hielo, cerré mis ojos y llevé mi puño hacia mí para mostrar que no quería dejar que George se fuera.

Después de eso hice un spin y un turn y me adelanté levantando ambos brazos hacia el cielo. Me dió tristeza que mis seres queridos ya se hubieran ido pero estaba tratando de alcanzarlos en el cielo para mostrarles que yo sabía que se encontraban bien. Luego con una rodilla me arrodillé, limpié el hielo con mi mano y al ver hacia abajo, visualicé cuatro rostros: mi papá, George, Jim y Rick. Y pensé: "Desearía que estuvieran aquí, los amo". Al levantarme, realicé un backbend y ví como las gotas de agua del hielo derretido goteaban por mis dedos.

Terminé con una serie de movimientos y giros. El giro final fue mi shotgun, en el cual sostengo mi pierna como si fuera un rifle frente a mí y me recargo hacia atrás, para asemejar una Y girando sobre el hielo. Luego suelto mi pierna y me colapso en el hielo, como si cayera muerto. Pero eso no fue el final porque conforme la música llegaba a su fin y la luz se iba difuminando hacia lo negro, yo me estiraba hacia el cielo, hacia la vida.

A la mañana siguiente iba en un avión hacia Boston para alcanzar a la gira en la que participaría los siguientes cuatro meses. Debi Thomas y Peggy Fleming tenían razón; mi vida había cambiado para siempre y en forma tal que yo todavía ni podía imaginar.

Anexo—
Diciembre 1ª, 1997

El último año y medio ha sido maravilloso. Es increíble que ya haya pasado tanto tiempo desde que inició la gira 1996 de Patinaje Artístico de Tom Collins Sopa Campbells. No sabía lo que significaría estar de gira durante cuatro meses y sentía cierto temor. Tendría que patinar noche trás noche en ciudades diferentes, lejos de mi familia, especialmente de Laura. ¡Fue fenomenal, pero vaya ajetreo!

En la gira experimenté muchos momentos agradables. En primer lugar, cada uno de los detalles de la gira estaba ya planeado y resuelto, desde la transportación y los hoteles hasta la terapia física. Todo era una especie de mezcla de algún show de Broadway, con una revista de Las Vegas, los Hermanos Ringling, y el Circo Barnum y Bailey, además de un concierto de rock. Esta increíble puesta en escena requería de más de treinta patinadores, cinco miembros de personal de apoyo. y un grupo de trece personas que se encargaban de la producción y el montaje del equipo en cada ciudad. Diez de ellos viajaban en un autobús junto con cuatro trailers y los otros tres restantes volaban a cada ciudad anticipadamente para preparar la gira y la llegada de los autobuses. Nunca antes había visto a nadie trabajar tan duro.

En el momento mismo en que dábamos la última reverencia de agradecimiento ante las multitudes que aclamaban nuestro éxito total, el personal de apoyo ya estaba trabajando para coordinar a todo el equipo, para empacar las lavadoras, secadoras, oficinas de viajes, todo. Y una vez que la audiencia se había marchado, y nosotros estábamos de regreso en el hotel, y las luces se apagaban, se enrollaban las alfombras, el equipo de sonido y las computadoras se empacaban, se embarcaban en contenedores y se subían a los autobuses, y de nuevo se descargaban en la ciudad siguiente. No cabía duda sobre quién hacía el trabajo duro durante la gira, y definitivamente no eran los patinadores.

Una de las cosas que más me gustó de la gira era conocer a otros patinadores campeones y hacer amigos. Yo era el nuevo de la gira, así que era como cuando te cambias de escuela y ya todos se conocen entre sí. Era un grupo increíble conformado más o menos por algunas docenas de patinadores entre los que estaban: Brian Boitano, Michelle Kwan, Elvis Stojko, Chen Lu, Surya Bonaly, Nicole Bobek, Nancy Kerrigan, Oksana Baiul, Todd Eldredge, y Victor Petrenko, En más de una ocasión, al subirme al autobús o al esperar en una sala del aeropuerto, miré a mi alrededor a todos estos patinadores famosos y pensé "¿Qué estoy haciendo aquí?"

La mayoría de las veces, todos se llevaban bien, especialmente si se considera el hecho de que éramos varios campeones viajando juntos. Tomando en cuenta los egos, y el mío incluído, y viajando en espacios tan reducidos, era un grupo que congeniaba sorprendentemente, con momentos ocasionales de tensión.

Durante gran parte de la gira de 1996, me junté con la campeona nacional de 1995, Nicole Bobek y la mamá de Nicole, Jana. Nicole y yo compartimos el mismo sentido del humor de adolescentes y pasamos mucho tiempo en la parte trasera del autobús molestándonos mutuamente, haciendo bromas, y riendo acerca de las cosas más ridículas. No creo que todos nuestros compañeros de viaje disfrutaran del escándalo que hacíamos, pero eran bastante tolerantes con nosotros.

Una de las cosas que me preguntaba antes de partir de gira, era la forma en que me tratarían los demás patinadores ahora que se sabía abiertamente que yo era gay. Esperaba no tener problemas, y de hecho no los tuve; Se me hizo sentir completamente bienvenido. Algunos de los otros patinadores y varios miembros del personal de apoyo me molestaban ocasionalmente, señalaban a algún tipo y me preguntaban si me parecía atractivo, pero creo que fue sensacional. Era el tipo de bromas que me hacían saber que la gente se sentía bien con respecto a mi manera de ser. Si hubo alguien en contra, nunca me enteré.

No se imaginan cuántas veces me han preguntado en privado si había algunos otros patinadores gays en la gira. Por supuesto que los había, aunque yo fui el único que lo hizo público, y ninguno de los otros patinadores que yo supuse que eran gays confiaron en mí. Vale la pena mencionar que si yo hubiera sido jugador de football y me preguntaran si hay otros jugadores gays en el equipo, de igual manera hubiera respondido afirmativamente. El hecho es que existen gays en cualquier deporte, y en cualquier ámbito de la vida. ¿Existen más patinadores artísticos gays que jugadores de football? Yo creo que sí, pero y ¿qué importa?

Lo que me importa a mí es poner el ejemplo de forma que otros atletas gays y lesbianas no se sientan obligados a ocultarse. Yo esperaba que mi ejemplo cambiara rápidamente las cosas, al menos dentro del patinaje, y que los patinadores gays o lesbianas se sintieran con una mayor seguridad respecto a sí mismos. Este no ha sido el caso, y he aprendido una valiosa lección. El decidir hacer pública la propia homosexualidad, es una decisión muy personal, y esto es algo que no se puede hacer por nadie. Dado el historial que existe con respecto a la forma en que se trata a la gente homosexual en los deportes y en el gran mundo que existe más allá, es perfectamente razonable que hombres y mujeres se sientan atemorizados de salir a la luz, especialmente cuando están en la cúspide de su profesión. Espero que mi ejemplo inspire a otros a ser ellos mismos—es más fácil que esconderse—pero esto no me corresponde.

Lo más duro de la gira durante el primer año, y creo que lo mismo le sucede a muchos otros patinadores, fue el estar lejos de casa por tanto tiempo y las emociones tan cambiantes e impredecibles que se viven casi todos los días. Cuando se está compitiendo durante la temporada regular, se experimentan corrientes de adrenalina una o dos veces por noche durante un par de meses. Pero en la gira, esto sucedía cada noche. Aunque eran únicamente prácticas de exhibición, en cuanto empezaba la música y mencionaban mi nombre, mi corazón empezaba a latir aceleradamente y podía sentir la adrenalina fluir por mis venas. La sensación perduraba hasta el momento de los agradecimientos y las reverencias. Muchas veces regresamos al hotel y en lugar de ir directamente a la cama, porque sabía que no dormiría, me iba al bar del hotel y me tomaba algunos tragos para calmarme. Y en mis días libres, me iba con algunos otros patinadores e invariablemente ingería unos cuantos tragos más.

Analizando el pasado, me doy cuenta que estaba bebiendo en exceso, y también me doy cuenta que no bebía simplemente para relajarme después de una función. A pesar de que todo estaba bien en mi vida, aún siento que me encontraba peleando contra esos obscuros estados de ánimo tan familiares. Trabajé muy duro para mantenerme, para estar bromeando siempre y pasarla bien, pero a pesar de que lo intentaba, no dejaba de sentirme mal. La único que parecía ayudar era el alcohol.

El momento más triste de la gira fue cuando Harris Collins, hermano de Tommy y productor del espectáculo, murió de una falla del corazón a la edad de cuarenta y nueve años.

Fue toda una conmoción. Harris era uno de los grandes favoritos de los patinadores. Tenía un sentido del humor sensacional y era como un hermano mayor para todos en la gira. Siempre estaba lleno de energía, siempre contando chistes, y siempre de un lado a otro asegurándose que todos estuvieran bien. Yo lo extrañaba mucho y no podía creer que otra vez una de las personas que quería, se hubiera ido.

La gira terminó con dos presentaciones en San José a mediados de julio. Como se pueden imaginar, todos me recibieron como un héroe. Y después de tantos meses de andar de gira, estaba feliz de estar en casa. Yo sabía que no iba a ser fácil adaptarme a la tranquilidad de casa después de toda la actividad de la gira, pero ya estaba ansioso por desempacar y no tener que ir a ningún lado.

Pero antes de poder establecerme, tuve que empacar una vez más. Laura y Andy me invitaron a vivir con ellos en su departamento de dos recámaras, hasta que encontrara un lugar propio. Mi mamá me alentó para ir. Ella se las había arreglado muy bien sin mi, y sabía cuánto me gustaba estar con Laura y Andy. Así que otra vez tenía que empacar mis cosas y mudarme.

El 10 de agosto, unas semanas después de que llegué a casa, tuve el honor de entregar a Laura el día de su boda. Originalmente Laura y Andy planearon que la boda fuera el 10 de agosto de 1997, pero al papá de Andy le diagnosticaron un tipo raro de leucemia y no esperaban que viviera otro año. El papá de Andy era juez, así que querían que él celebrara la boda. Pero cuando se dieron cuenta de la magnitud de la enfermedad, cancelaron la gran boda que habían planeado y organizaron una boda íntima en el jardín de la casa de los papás de Andy en Aptos, cerca de Santa Cruz.

El día de la boda, nadie podría decir que el papá de Andy estaba enfermo. Fue un día tan feliz para todos nosotros, y para él también. Pero también fue un tanto triste. Todos sabíamos que el papá de Andy no iba a vivir mucho y yo como la escolta de Laura estaba parado representando a mi papá y a George. Sé que tanto Laura como yo estábamos pensando en ellos mientras la entregaba, así que fue difícil aguantar las lágrimas.

Tres semanas después de la boda, el papá de Andy murió.

Una de las cosas que ansiaba cuando llegara a casa, era ir con mi mamá a comprarle una casa nueva. Pronto descubrí que eso no era lo que ella quería. Ella me dijo que era feliz donde estaba, que después de vivir tantos años en el trailer con todos sus recuerdos, y conociendo a todos sus vecinos, ella no quería mudarse. Entonces, en lugar de la casa, Laura, Andy y yo la llevamos a comprar muebles nuevos y reacondicionamos su jardín. También la llevé a una bonita tienda departamental a comprar ropa nueva. Quizá el hecho de comprarle ropa fue más divertido para Laura y para mí que para mamá. Creo que ella estaba saturada por tanta actividad y aún guarda la mayoría de las prendas en su ropero con las etiquetas todavía puestas.

Como no le compré a mi mamá su casa, decidí comprar una casa de descanso en las montañas para que toda la familia la pudiera disfrutar. Los cuatro nos fuimos en el automóvil para realizar el cierre de la compra en agosto de 1996, después todos acampamos en la sala con sábanas y almohadas.

A medianoche mi mamá me despertó y escuché que gritaba "¡no puedo respirar!, ¡me duele el pecho!, ¡ayúdenme!" Yo no lo podía creer. Sin pensarlo dije: ¡Mamá no hagas esto. No puedes estar teniendo un ataque al corazón!" Pensé que esto no podía estar pasando otra vez, ahora que todo iba tan bien.

Laura y Andy se despertaron con mis gritos, y la conmoción despertó a mamá, quien aparentemente estaba soñando y hablando dormida. Con sus ojos a medio abrir, nos miró y preguntó: "¿Qué está pasando? ¿Por qué me están observando?" Yo empecé a reírme, después Laura hasta que todos empezamos a reírnos. Gracias a Dios había sido sólo un sueño. Lo último que mi familia necesitaba era otra tragedia.

Lo que pasó después fue una completa pesadilla, pero podía haber sido peor. Le doy gracias a Dios que no maté a nadie, o que no me maté yo, y de manera especial, doy gracias a Dios que me hayan arrestado.

Sólo un par de semanas después de que Laura se casó, salí a un bar con un amigo, y bebí demasiado. Cuando estuve de gira, si acaso bebía de más, no existía el peligro de meterme en problemas con un automóvil, ya que estaba o en el bar de un hotel o tomaba un taxi de regreso al hotel.

Esa noche en San José, estaba tan ebrio que ni siquiera me daba cuenta del estado de ebriedad en el que me encontraba, y traté de manejar a casa en mi auto nuevo. Apenas salí del estacionamiento, fui detenido por la policía y arrestado por manejar en estado de ebriedad. Antes de que me diera cuenta, ya estaba en la cárcel esperando que Reuben y Wayne vinieran a recogerme. Los llamé a ellos porque Laura estaba en las Vegas en una competencia, y eso resultó mejor. Después, Laura me dijo que si yo la hubiera llamado me habría dejado unos cuantos días en la cárcel como castigo por haberme portado tan tontamente.

Además de estar enojada por haber hecho algo tan peligroso, Laura estaba más enojada porque yo no había tomado una nueva actitud ante la vida. Yo era campeón nacional. Había niños que me admiraban. Y ahí estaba yo, ¡divirtiéndome, emborrachándome y manejando! ¿En que estaba pensando?

La humillación de haber sido arrestado me impresionó hasta el grado de darme cuenta de lo que había hecho y de que tenía un problema con la bebida. Desde ese día no he vuelto a tomar como antes, a lo mucho, si salgo a cenar a algún restaurante, tomo una copa de vino con la comida, y no más. Aprendí cuál era mi limite por las malas.

En medio de todo este ajetreo, tuve que tomar una decisión final con respecto al futuro de mi carrera. Desde que regresé a casa, después de la gira Tom Collins de 1996, Laura y yo hemos estado hablando sobre mi carrera como amateur y así concentrarme en los Juegos Olímpicos dentro de dos años, o volver al ámbito profesional. En términos prácticos, el volverse profesional significaría que no podría competir más en eventos nacionales o mundiales, y no podría competir para ganar un lugar en el equipo Olímpico.

Los pros y contras eran bastante claros. Como amateur siempre estaría bajo la presión de "hacer o morir" al competir en los campeonatos USFSA. Un solo error, y significaba el final de la temporada. Como profesional podría competir en eventos profesionales a lo largo de todo el año, y una mala actuación sería solamente una mala actuación. También, como profesional tendría la libertad de explorar nuevas posibilidades creativas sin tener que ver sobre mi hombro y preocuparme acerca de lo que podrían pensar los jueces de USFSA. Podría ser simplemente yo mismo, patinar como deseara, y—de manera segura—conseguir el tipo de tranquilidad financiera que mi familia se merecía. Los reconocimientos económicos del patinaje profesional son potencialmente más importantes que los de un amateur. Mi familia me mantuvo toda mi vida, y ahora sentía que era mi turno proveerlos a ellos, y sabía que esto lo podría hacer mejor como un profesional.

Fue una decisión sorprendentemente sencilla. Después de haber ganado el campeonato nacional, la meta de llegar a las Olimpíadas ya no tenía el mismo significado. Había estado compitiendo casi toda mi vida, de una temporada a otra, y estaba cansado de esta lucha. Tenía mi medalla de oro del campeonato nacional y una de bronce del mundial. Estaba por cumplir veintisiete años; parecía que era tiempo de hacer un cambio.

El 11 de septiembre de 1996, hice el anuncio oficial, y después, no podía creer el gran alivio que sentía. Por primera vez desde mi infancia, no me tenía que preocupar por mi carrera ni las competencias como amateur.

Desde el día en que anuncié mi decisión públicamente, nunca he mirado atrás. Incluso puedo ver por televisión los campeonatos nacionales y mundiales y realmente disfrutarlos, sabiendo que mi vida ya no depende de ello y que ya no tendré que pensar en los funcionarios de la USFSA y los jueces.

Esto no significa que ya colgué los patines. He tenido la oportunidad de competir en cuatro competencias profesionales al año y el resto del tiempo estoy ocupado con presentaciones especiales y con varios compromisos en giras, incluyendo la gira Elvis Stojko en Canadá, la gira "Gershwin on Ice" en California, y la gira Tom Collins por los Estados Unidos.

Este último año en la edición 1997 de la gira Tom Collins, me sentí como un viejo profesional. A diferencia del año pasado, ya sabía lo que era estar de gira durante cuatro meses. Logré hacer frente a los altibajos, y llevar mi propio ritmo. Fue maravilloso volver a ver a mis amigos y a toda la gente con la que había trabajado el año pasado. Este libro se acababa de publicar, así que muchos de los patinadores querían que les diera una copia del libro, pero los dije que ellos lo tendrían que comprar porque tenían el dinero suficiente para ello.

El público me respondió incluso más que el año pasado, especialmente algunos de los gays que vinieron a verme. Hice un programa realmente artístico, pero eso no impidió que la gente gritara: "Quiero salir contigo Rudy" "¡Te quiero Rudy! Gritaban todo tipo de cosas y chiflaban. A algunos patinadores no les gusta porque significa una distracción, pero a mí me encanta.

Lo único realmente frustrante de estar de gira es que tuve que rechazar todas las invitaciones que me hicieron para hablar en eventos especiales y de beneficencia, especialmente durante el "Gay Pride Month". La gira Tom Collins no termina sino hasta finales de julio y casi todos los eventos gay se llevan a cabo en junio. El año pasado no pude participar en nada, pero este año, participé como invitado de honor en el desfile gay de San Diego que se llevó a cabo a fines de julio.

Quién iba a decir que el desfile coincidiría con la caza humana, a nivel nacional, que se llevó a cabo por todo el país de Andrew Cunanan, el hombre que asesinó al diseñador Gianni Versace, y a otros gays. Al principio no me preocupé, pero después, el FBI y la policía local de San Diego decidieron asignar a un par de agentes especiales, dos policías secretos y dos uniformados para que me protegieran. Después del asesinato de Versace, el FBI y la policía estaban preocupados que Cunanan regresara a casa en San Diego para tratar de arruinar el desfile. Para mí todo aquello no tenía mucho sentido, pero me contagiaron su preocupación, especialmente porque tenía que dar un discurso en un rally e ir en un auto descubierto durante el desfile.

Hasta el desfile en San Diego, nunca antes había experimentado el lado negativo de ser una figura pública. Me encantaba que me reconocieran y firmar autógrafos. Y porque en realidad no soy tan famoso ni tan fácil de reconocer en la calle, excepto en San José o San Francisco, la mayor parte del tiempo puedo ir a donde quiera sin preocuparme porque me persigan.

Finalmente resultó que Cunanan se suicidó días antes del desfile, y se canceló toda la seguridad. Pude saludar a la gente y recibir libremente todos sus aplausos y porras a lo largo de todo el camino, sin estar rodeado de agentes de seguridad, y sin preocuparme de que alguien me fuera a disparar.

Otra de las cosas que logré hacer el año pasado, algo que nunca imaginé que haría, fue actuar en un video musical. Hay una cantante española de nombre Michaelina, y despúes de leer mi libro y verme patinar, decidió que me quería en el video de su canción "Y Todavía". Michaelina canta en Las Vegas con grandes estrellas. Canta tanto en inglés como en español. Para la grabación fui a una pista en California y todo el equipo de Warner Brothers estaba ahí. Colocaron una máquina de hielo seco, así que en el video parece como si estuviera patinando en las nubes. Diseñé un programa especificamente para la canción de Michaelina, y utilizaron varias partes de mi actuación para acoplarlas con la música. Cuando vi a Michaelina en julio me dijo que cuando estaba en Puerto Rico pasaban el video por televisión cada media hora. Me pareció algo fantástico.

¿Y ahora qué? Por un lado, es hora que me vuelva independiente. Andy y Laura viven en una nueva casa, la cual yo les ayudé a comprar, y ahora vivo solo por primera vez. Todavía no decido en donde me voy a establecer de manera permanente, pero estoy pensando comprar un terreno en San José o San Francisco.

Y como me lo preguntan muy a menudo, mejor se los digo, sigo soltero. No es que no salga con nadie. Eso lo hago muy frecuentemente, pero nunca sé los verdaderos motivos por los cuales me invitan. ¿Quieren salir conmigo porque les gusto o porque soy famoso? Es confuso, así que simplemente digo: "No, gracias". Por el momento, no me importa seguir soltero, porque la estoy pasando muy bien con el patinaje. Ni siquiera pienso en ello.

Como yo veo las cosas, realmente no me enfoco mucho en el futuro. Después de haber sobrevivido a las muertes prematuras de mi familia, entrenadores y amigos; los altibajos extremosos y volátiles de mi carrera como patinador, la lucha contra el alcohol y el abuso de drogas; y la superación de la depresión y el prejuicio racial y sexual, he aprendido a tomar las cosas una a la vez. Y estoy orgulloso de que a pesar de todo, he logrado conservar mi entusiasmo por la vida y mi sentido de humor. También he aprendido a no rendirme nunca. ¡Y no lo haré!

¡Nos vemos en el hielo!

Apéndice

El Récord

Patinaje Artístico Individual

1996	Hershey's Kisses Challenge	2ndo
1996	Campeonato Mundial	3ero
1996	Campeonato Nacional E.U.	1ero
1996	Costa del Pacífico Senior	1ero
1995	Campeonato Nacional E.U.	8vo
1995	Costa del Pacífico Senior	1ero
1994	Copa Viena	1ero
1994	Campeonato Nacional E.U.	7to
1994	Costa del Pacífico Senior	1ero
1993	Copa Nacional	4to
1993	Festival Olímpico E.U.	2ndo
1993	Campeonato Nacional E.U.	5to
1993	Costa del Pacífico Senior	1ero
1992	Prague Skate	2ndo
1992	Campeonato Nacional E.U.	8vo
1992	Costa del Pacífico Senior	1ero
1991	Festival Olímpico E.U.	5to
1991	Campeonato Nacional E.U.	11avo
1991	Costa del Pacífico Senior	3ero
1988	Campeonato Nacional E.U.	10mo
1987	Copa Asko	1ero
1987	Festival Olímpico E.U.	2ndo
1987	Campeonato Nacional E.U.	8vo
1987	Campeonato Mundial Junior	1ero
1987	Pacífico Central Senior	1ero
1986	Nacional Juniors	3ero

1986	Campeonato Mundial Junior	2ndo
1985	Pokal der Blauen Schwerter	2ndo
1985	Nacional Juniors	3ero
1985	Campeonato Mundial Junior	3ero
1984	Costa del Pacífico Junior	3ero
1984	Nacional Juniors	5to
1984	Grand Prize SNP	1ero
1983	Costa del Pacífico Juniors	6to
1982	Nacional Principiantes	1ero

En parejas con Kristi Yamaguchi

1990	Campeonato Mundial	5to
1990	Campeonato Nacional E.U.	1ero
1989	Trofeo NHK	4to
1989	Skate America	2ndo
1989	Campeonato Mundial	5to
1989	Campeonato Nacional E.U.	1ero
1988	Trofeo NHK	3ero
1988	Skate Electric	1ero
1988	Campeonato Nacional E.U.	5to
1988	Campeonato Mundial Junior	1ero
1987	Campeonato Nacional E.U.	5to
1987	Campeonato Mundial Junior	3ero
1986	Skate America	5to
1986	Festival Olímpico	3ero
1986	Campeonato Nacional E.U. Parejas Junior	1ero
1986	Campeonato Mundial Junior	5to
1985	Campeonato Nacional E.U. Parejas Junior	5to
1985	Pacífico Central, Parejas Junior	1ero

Saltos y Giros

Para describir los términos en esta sección, le solicité a Lorrie Kim, periodista (y amante del patinaje), su ayuda, ya que intentar describir los saltos y los giros principales del patinaje artístico en español no es tarea fácil. Antes de entrar de lleno en los términos, hay ciertos detalles que deben conocer respecto a la cuchilla del patín y un poco más respecto a mi forma de patinar. Primero la cuchilla.

En la parte inferior de la cuchilla, mide un cuarto de pulgada, encontramos, a la mitad, una ranura profunda y redonda, lo que le da a la cuchilla sencilla dos bordes o filos: el interior y el exterior. La cuchilla también está dividida (hablando en sentido figurado) en partes delanteras y traseras. Por ejemplo, si el peso del patinador se encuentra en la parte delantera del pie, entonces de igual manera está patinando con la parte delantera de la cuchilla. Si su peso está sobre su talón, entonces está patinando con la cuchilla trasera.

Ya con esta imagen geográfica de la cuchilla en mente, podemos seguir adelante. Existen ocho bordes en el patinaje: pie izquierdo, delantero interior; pie izquierdo delantero exterior, pie izquierdo trasero interior; pie izquierdo trasero exterior; pie derecho delantero interior; pie derecho delantero exterior; pie derecho trasero interior; y derecho trasero exterior.

Las cuchillas de patinaje artístico también tienen unos picos en la punta, que son los dientes filosos debajo del área de la punta del pie en la bota del patin. Los patinadores utilizan estos picos para primero hundir el patín en el hielo y después lanzarse para el salto.

Lo que necesitan saber respecto a mi forma de patinar es que soy zurdo y al igual que la mayoría de los patinadores que lo son, giro en dirección a las manecillas del reloj al momento de realizar mis saltos y giros. Así que todos los saltos y giros están descritos desde mi propia perspectiva. Por ejemplo, cuando realizo un salchow jump despego con el pie derecho y aterrizo con el izquierdo. El patinador que salta en dirección contraria a las manecillas del reloj, se lanza con el pie izquierdo y aterriza en el derecho.

Tomando en cuenta todo lo anterior, es momento de pasar a las definiciones.

Saltos

A la mayoría de la gente le cuesta trabajo distinguir entre los diferentes tipos de saltos. La razón es simple: Una vez que el patinador está en el aire, todos los saltos se ven muy similares, excepto por el número de revoluciones que el patinador ejecuta. (En una competencia, los saltos típicos son los dobles o triples, en otras palabras, con dos o tres revoluciones.) Lo que distingue a un salto de otro es el despegue y el aterrizaje.

Existen seis saltos principales en los campeonatos de patinaje artístico. En órden ascendente de dificultad, los saltos son los siguientes: el toe loop, salchow, loop, flip, lutz, y axel. Excepto por el axel, cada salto se lleva a cabo mientras se patina hacia atrás. El séptimo y último salto en la lista es el waltz jump, que no es uno de los principales, pero lo menciono varias veces en el texto del libro como un salto de calentamiento, por lo que decidí incluirlo.

Toe Loop

El patinador se apoya en el borde exterior izquierdo, encaja los picos del pie derecho en el hielo, gira una vez, y aterriza en el borde exterior posterior izquierdo. El toe loop es el único salto que utiliza los picos del pie derecho. (Cuando los patinadores relizan dos saltos, uno después del otro, lo que se denomina como una combinación de saltos, el toe loop es a menudo el segundo salto en la combinación).

Salchow

El patinador despega desde el borde interior trasero derecho, gira una vez, y aterriza en el borde exterior trasero izquierdo. Debido a que la pierna izquierda va tras la pierna derecha en el despegue, el salchow parece como si fuera un "crossing-over".

Loop

El patinador se lanza con el borde exterior posterior izquierdo, gira una vez, y aterriza en el borde exterior posterior izquierdo. Este salto se reliza como en cuclillas, con la pierna derecha ligeramente cruzada sobre la izquierda, como si se estuviera sentado en una silla imaginaria.

Flip

El patinador se apoya en el borde interior posterior derecho, clava los picos del pie izquierdo en el hielo, gira una vez, y aterriza en el borde exterior posterior izquierdo. A menudo, mientras se prepara para utilizar los picos para el despegue, el patinador raspa ligeramente el hielo con el pie izquierdo.

Lutz

El patinador se apoya en el borde posterior exterior derecho, encaja el pico del pie izquierdo en el hielo, gira una vez y aterriza en el borde exterior posterior izquierdo. Este es el único salto, de los más importantes, en donde el patinador se prepara mientras patina en una curva en sentido contrario a las manecillas del reloj. La mayoría de las veces, el patinador mira sobre su hombro durante la preparación y ejecuta el salto en una esquina de la pista.

Axel

Mientras el patinador va patinando hacia adelante, despega con el borde exterior delantero derecho, gira una vez y media, y aterriza mientras patina hacia atrás sobre el borde exterior posterior izquierdo. El patinador lanza la pierna izquierda hacia adelante y se balancea con ambos brazos durante el despegue. Como el patinador despega desde la posición delantera y aterriza hacia atrás, exite una media rotación adicional. Así que un triple axel es de hecho un triple y medio, es por ello que es tan difícil de realizar.

Waltz

Mientras patina hacia adelante, el patinador despega desde el borde delantero exterior derecho, realiza una media rotación, y aterriza hacia atras sobre el borde posterior exterior izquierdo. Este salto es propiamente la primera tercera parte de un axel sencillo.

Los patinadores relizan los waltz jumps como parte de la rutina, al igual que otros saltos de media rotación o rotación sencilla, pero éstos no cuentan como mérito técnico; se realizan como parte del impacto deseado en la coreografía, o como elementos de enlace.

Giros

Aquí nuevamente cabe mencionar que yo giro en sentido a las manecillas del reloj, y todas las descripciones que aparecen a continuación son para alguien que gira como lo hago yo. Para los patinadores que giran en sentido contrario a las manecillas del reloj, los pies van en sentido contrario.

Otra cosa que es importante que sepan respecto a los giros en general es que cualquier giro ejecutado con el pie derecho en el hielo se le denomina un giro "delantero" y a cualquier giro ejecutado con el pie izquierdo en el hielo se llama un giro "trasero". Por ejemplo, quizá escuchen a algún comentarista describir una serie de movimientos de la siguiente manera:

Apéndice

"En el giro de cambio de pie que el patinador acaba de realizar, inició con un camel delantero y aterrizó con un camel trasero, después hacia abajo con un back sit spin". Todo lo anterior tendrá mayor sentido una vez que lean las descripciones siguientes:

Combination Spin
El combination spin abarca varios cambios de posición.

Flying Spin
El patinador salta hacia adelante, similar al despegue de un axel, e inmediatamente realiza un giro mientras aterriza. Dos ejemplos de ello son el flying sit spin y el flying camel. (Más adelante encontraran la descripción del sit spin y el camel spin.)

Scratch Spin
Este es un giro muy rápido en un posición vertical en donde los dientes del pie libre rasga la superficie del hielo. El giro es tan rápido que el patinador se ve borroso para el público y el público a su vez, se ve borroso para el patinador.

Layback Spin
El patinador hace la cabeza y el torso hacia atrás hacia la cintura mientras gira hacia afuera la pierna libre de la cadera; la parte inferior de la pierna libre tiene que quedar paralela al hielo. (Soy uno de los pocos patinadores masculinos que cuentan con la suficiente flexibilidad para realizar un buen layback.)

Sit Spin
El patinador gira en una posición sentado sobre una pierna, mientras que la pierna libre queda extendida al frente.

Camel Spin
El torso del patinador y la pierna libre se encuentran en un posición horizontal, paralela al hielo. En ballet, esta posición se llama un "arabesque".

Death Drop
Con el borde delantero exterior derecho, el patinador salta a una altura considerable sosteniendo la pierna libre hacia fuera y el rostro y el estómago paralelo al hielo. En cuanto aterriza, el patinador se coloca inmediatamente en posición para un back sit spin.

Printed in the United States
By Bookmasters